MICHEL LAPORTE

Ulysse, le voyageur du bout des mers

ILLUSTRATIONS D'ANNE ROUQUETTE

Librement inspiré
de l'*Odyssée* d'Homère

Castor Poche

87, quai Panhard-et-Levassor – 75647 Paris Cedex 13
ISBN : 978-2-0813-0830-5

Prologue

Chez Nausicaa

Aussi loin que porte le regard, la mer est blanche d'écume sous le ciel assombri. Poséidon est en colère.

Un peu plus tôt, alors qu'il jetait un coup d'œil distrait sur l'étendue calme des eaux, il a aperçu un radeau. Et, en y regardant mieux, il a reconnu son passager. La rage l'a saisi.

— Le misérable ! s'est-il exclamé pour lui-même. Mais s'il croit s'en tirer aussi facilement !

Vite ! il a saisi son trident, assemblé les nuages et déchaîné tous les vents à la fois. Sur la surface de la mer, il fait rouler en tous sens une houle terrible. C'est que ce passager, le dieu puissant le déteste : il rêverait de le voir noyé sur-le-champ.

Du coup, alors qu'il atteignait presque le rivage, le radeau se trouve à nouveau emmené vers le large. Poussé par la tempête, il tangue, craque et grince en tournant sur lui-même. L'une après l'autre, des vagues énormes viennent le heurter. La violence des coups émiette les cordes qui tiennent attachées ensemble les planches dont il est fait. Les rafales de vent redoublent de violence ; la mer mugit comme un taureau furieux.

L'infortuné navigateur se cramponne comme il peut à ce qui reste du mât. Tremblant de tous ses membres, il se dit que sa dernière heure est arrivée. Mais Ino, la déesse marine, le voit. Elle prend pitié et lui dit :

— Abandonne ton radeau pour rejoindre la rive à la nage. Et tiens ! prends ce voile divin qui te protégera. Dès que tu seras arrivé sur la terre ferme, tu me le rendras en le lançant dans l'eau !

Il n'y a pas à hésiter : à ce même moment, Poséidon envoie une vague monstrueuse qui s'écrase sur le radeau. Elle le brise en mille morceaux. Le naufragé a sauté à temps : protégé par le voile posé contre sa poitrine, il nage en direction de la rive. Cent fois, il manque se noyer et croit bien que la Parque a coupé le mince fil qui le maintient encore en vie.

Enfin, il touche au bord. Mais à peine a-t-il pris pied sur la plage que ses jambes refusent de le porter plus loin. Il tombe, écrasé de fatigue. Rassemblant ce qu'il lui reste d'énergie, il obéit au commandement de la déesse et jette le voile dans l'eau.

Pendant un long moment, le naufragé demeure allongé à la limite de l'eau et du sable, comme s'il avait perdu la vie. Puis, peu à peu, sous l'effet du soleil qui le sèche et le réchauffe, il reprend quelques forces.

En haut de la colline qui domine la plage pousse un vieil olivier. Ses branches sont si serrées qu'elles ne laissent passer ni la pluie ni le soleil. Le naufragé s'y traîne et se glisse sous l'abri qu'elles forment. Il a l'heureuse surprise d'y trouver un épais tapis de feuilles sèches qui forme comme un lit. Alors, il s'allonge et ferme les yeux pour s'abandonner au sommeil réparateur.

Le lendemain matin, dès que paraît l'Aurore, Athéna entre dans la chambre de la belle Nausicaa, la fille du roi Alkinoos. Elle souffle à la jeune fille qui dort encore :

— Va demander à ton père de faire atteler les mules pour porter les voiles et les tuniques aux lavoirs.

Aussitôt, Nausicaa s'éveille et court à la recherche de son père.

— Papa chéri, dit-elle, je voudrais emporter notre linge au fleuve pour le laver. Voulez-vous bien faire atteler les mules ?

— Ce n'est pas moi qui te dirai non, ma fille, répond Alkinoos. Va ! et fais comme tu en as envie.

Aussitôt, on sort de la remise la charrette à roues hautes, on passe le collier au cou des mules. Les suivantes chargent les paniers de linge sale. Elles ont prévu aussi un sac de provisions, de l'huile et une outre de vin.

Les mules tirent de toutes leurs forces, allongeant le pas. Bientôt on atteint le bord du fleuve où sont installés les lavoirs. L'eau est claire, capable de laver la saleté la plus noire. Les jeunes filles tirent le linge des paniers, le plongent dans l'eau, le battent, le rincent jusqu'à ce qu'il ne reste plus une tache. Puis elles l'étendent sur les galets, tout le long de la plage, hors de portée des vagues. Ensuite, elles se baignent puis s'enduisent d'huile avant de faire honneur au repas. Enfin, en attendant que tout soit sec, princesse et servantes entament une joyeuse partie de balle.

Déjà, le moment de rentrer approche. Seulement, Athéna veut que Nausicaa rencontre le naufragé. Aussi, profitant de ce qu'une des jeunes filles a lancé la balle un peu trop fort, elle la fait rouler pour la faire tomber dans un trou d'eau du fleuve.

Jusqu'alors, l'inconnu a dormi : il était épuisé par sa lutte contre la tempête et les efforts qu'il a faits pour nager. Les cris des filles, quand elles voient la balle tomber, l'éveillent en sursaut. Pour savoir d'où ils viennent, il sort de sa cachette non sans avoir cassé une branche bien feuillue qu'il tient devant lui en sorte de voiler sa nudité.

En l'apercevant, les filles s'éparpillent en courant, pareilles à des agneaux lorsque paraît le loup. Seule Nausicaa ne s'enfuit pas, car Athéna remplit son cœur de courage.

L'inconnu s'avance vers elle et, parvenu à quelques pas, s'agenouille.

— Je te salue, dit-il, que tu sois humaine ou déesse, car pour la beauté, tu es semblable à une immortelle. Je t'en prie, aie pitié de moi. Je ne sais pas qui habite ce pays ; indique-moi le chemin de la ville. Et donne-moi un bout d'étoffe pour me vêtir. En retour, puissent les dieux t'accorder tout ce que ton cœur désire !

Nausicaa le regarde et répond :

— Étranger, puisque te voici chez nous, ne crains plus de manquer d'habits ni de nourriture. Je te mènerai en ville et te dirai le nom du peuple qui l'habite. Ce sont les Phéaciens qui vivent sur cette terre ; et moi, je suis la fille d'Alkinoos, leur roi.

Cela dit, elle rappelle les servantes, leur demande d'apporter une tunique, un manteau et de l'huile pour l'inconnu. Il s'éloigne un peu, se baigne dans le fleuve, se frotte d'huile, revêt les habits qu'on lui a donnés. Athéna le fait apparaître plus grand et plus fort, déroule sur son front des boucles aux reflets dorés. Lorsqu'il revient sur la plage, il est rayonnant de force et de beauté. Les jeunes filles s'empressent, lui offrent à manger et à boire. Puis on plie le linge, qui est sec, et on le recharge sur la charrette.

L'inconnu dit alors à la princesse :

— Il ne serait pas bon qu'on me voie entrer en ville avec toi : les gens ont tôt fait de jaser. Je resterai près des portes le temps que tu rentres chez toi. Après quoi, je me présenterai au palais de ton père.

On abandonne les bords du fleuve pour marcher vers le palais à pas pressés. Le soir est proche, déjà, quand l'étranger s'arrête près d'un petit bois : il laisse les jeunes filles aller devant. Dès qu'elles sont arrivées, pendant que les serviteurs dételllent les mules, les suivantes emportent les paniers de linge parfumé pour le ranger.

C'est au moment où on commence à servir le repas que l'étranger entre en ville. Athéna l'a enveloppé d'un nuage qui le rend invisible ; elle guide ses pas dans les rues.

— Voici la demeure que tu cherches, dit-elle en s'arrêtant devant un palais magnifique. Tu trouveras le roi et les nobles de ce pays en train de dîner.

Toujours invisible, l'étranger pénètre dans la grand-salle où sont réunis les seigneurs de Phéacie. Une coupe à la main, ils saluent les derniers rayons du soleil. La nuée dont Athéna avait enveloppé l'étranger se dissipe d'un coup. À la vue de cet homme qui apparaît de nulle part, le silence se fait brusquement.

— Grand roi et vous, nobles princes, commence l'inconnu, je viens vous supplier de me ramener dans ma patrie sans retard. Cela fait si longtemps que je suis loin des miens ! Et j'ai tellement souffert !

De surprise, tous restent muets un moment. Puis, l'un des Phéaciens, le plus âgé, suggère :

— Alkinoos, fais-le asseoir avec nous et dis à l'échanson de couper le vin afin que nous buvions tous à Zeus, le protecteur des voyageurs !

Aussitôt, le roi va prendre l'inconnu par le bras et le mène à un siège. On place une table devant lui. L'intendante y dépose ce qu'il faut pour qu'il mange à sa faim. Pendant ce temps, l'échanson mélange l'eau au vin qui sent bon le miel. Il en verse à chacun dans sa coupe.

Une fois que tous les convives ont fait leur offrande à Zeus et qu'ils ont bu, Alkinoos demande :

— Ce que je voudrais savoir, noble inconnu, c'est ton nom et celui de ton peuple. Et si tu y consens, j'aimerais que tu nous racontes les aventures qui t'ont conduit jusque chez nous.

— Tu me demandes, ô roi, de ranimer des souvenirs cruels ! répond le voyageur avant de s'interrompre pour exhaler un profond soupir. Mon nom... Je suis Ulysse, fils de Laërte, connu de tous pour ses ruses et ses stratagèmes de guerre.

Un murmure de surprise où se mêle de l'admiration parcourt l'assemblée. Alkinoos lui-même semble impressionné.

— Ulysse ? Le héros ? Le vainqueur de Troie ?

Ulysse soupire à nouveau.

— Oui, c'est bien moi. Mais il aurait mille fois mieux valu que je ne quitte jamais les rivages heureux du pays de mes pères. Je me serais évité tant de cruels malheurs...

Le récit d'Ulysse

Chapitre 1

Le cheval de Troie

Cela faisait dix longues années, déjà, que nous avions posé le camp devant Troie et tiré les bateaux au sec. Dix ans que la guerre durait, et durait. Par centaines, des héros étaient tombés. Patrocle et Sarpédon étaient morts. Morts, Hector et Achille !

Le moral des troupes était au plus bas, le découragement gagnait les soldats et les chefs qui soupiraient en pensant à leur patrie qu'ils avaient quittée depuis si longtemps. Beaucoup murmuraient que nous ne pourrions jamais renverser Troie, qu'il fallait cesser les combats, et repartir comme nous étions venus.

Un jour, nous étions réunis autour d'Agamemnon, le roi des rois. Quelqu'un a dit – il me semble bien que c'était Calchas, le devin :

— Ne tentons plus d'abattre Troie par la force, nous n'y parviendrons pas ! Il vaut mieux en finir avec cette guerre par la ruse et l'habileté !

Depuis longtemps déjà, j'étais de cet avis. Seulement, comment faire ? Quelle ruse inventer ?

En levant les yeux vers la plaine, j'ai vu passer au loin le char de Ménélas que menait son cocher. Un instant, la grâce des étalons magnifiques qui le tiraient m'a distrait. Puis il m'est venu une idée...

— Un cheval ! ai-je proposé. Bâtissons un grand cheval en bois. Construisons-le creux, pour que des hommes en armes se cachent dedans. L'armée fera semblant de s'en aller en l'abandonnant sur la plage. Alors, les Troyens viendront prendre le cheval, et le feront entrer en ville, derrière les hautes murailles.

En général, pendant ces réunions des chefs, tout le monde coupait sans arrêt la parole à tout le monde. Mais cette fois-là, on aurait pu entendre les mouches voler tant les autres m'ont écouté avec attention.

— Une fois la nuit venue, ai-je poursuivi, les guerriers dissimulés dans le cheval sortiront. En silence, ils iront ouvrir les portes des remparts. Et notre armée, qui sera revenue entre-temps sans faire de bruit, pourra entrer dans Troie. Enfin !

— Voilà qui est bien parlé ! ont crié les rois grecs en chœur. Ne cherchons pas plus loin ! Va vite trouver Épéios l'architecte, Ulysse, et demande-lui de fabriquer le cheval que tu viens de décrire !

Dès le lendemain à l'aube, des guerriers par dizaines sont partis pour les vertes vallées de la montagne voisine. Jusqu'au soir, la forêt a retenti des coups des haches et du grondement sourd des hauts sapins qu'elles abattaient. Puis les hommes ont dépouillé les arbres de leurs branches. Avec des mules, ils ont traîné les troncs jusqu'au rivage pour les découper en planches avec le fer tranchant.

Le jour d'après, Épéios a vraiment commencé son travail.

Il a d'abord fabriqué les pieds et les jambes du grand cheval de bois. Il a ensuite bâti son ventre avec des planches, il a fixé le dos par-dessus, les reins par-derrière et le cou par-devant. Il l'a doté d'une queue qui lui descendait jusqu'aux sabots. Sur le cou, il a fixé une longue crinière qu'un nœud retenait au-dessus de la tête. Quand cette dernière a été terminée, tous ceux qui l'ont vue ont poussé des cris d'admiration tant elle était expressive et pleine de vie. On aurait dit celle d'un vrai cheval ! Il faut dire que deux pierres précieuses, un béryl et une améthyste, placées dans chaque orbite, imitaient parfaitement l'éclat d'yeux bleus et violets.

Dans la mâchoire, des dents d'argent serraient un mors géant fait d'ivoire et de bronze. Enfin, les minces oreilles dressées semblaient attendre que résonne le signal du combat !

C'est à l'intérieur de l'énorme statue, cependant, que l'architecte a déployé le meilleur de son talent. Il a pris soin d'aménager une cache assez vaste pour que quarante guerriers y soient à l'aise. Au-dessous des côtes, il a dissimulé une porte pour les faire entrer. Et pour leur permettre de respirer, il a installé des tuyaux secrets qui amenaient l'air depuis la bouche et les naseaux.

En seulement trois jours, il est venu à bout de son œuvre avant de, finalement, la poser sur de grandes roues. De la sorte, et malgré sa taille et sa masse gigantesque, on pouvait traîner le cheval géant sans difficulté. Tous les Grecs sont venus le voir sur la plage. Et tous ont ressenti de l'admiration et de l'effroi. Épéios avait déployé tant d'habileté que l'immense statue semblait vivante. Moi-même, je m'attendais à tout moment à la voir bouger, à l'entendre hennir.

Nestor, le vieux roi de Pylos, a pris la parole :

— Enfin, nous allons voir la fin de cette guerre. Que les guerriers les plus vaillants s'arment et montent prendre leur place !

Le premier, Néoptolème a couvert ses épaules des armes divines d'Achille, son père, et s'est avancé pour pénétrer dans le cheval. Beaucoup d'autres héros à l'âme audacieuse se sont empressés de l'imiter. Parmi eux, il y a eu Ménélas, Diomède, Ajax, le fils d'Oïlée… – autant que le cheval pouvait en contenir. Bien sûr, je me suis joint à eux. C'était mon idée, et je n'aurais cédé ma place pour rien au monde ! Épéios est entré en dernier, lui qui savait manœuvrer la porte secrète. Il a tiré à l'intérieur l'échelle avec laquelle nous étions montés et refermé la porte avec soin.

Sans que nous puissions les voir, nos compatriotes ont mis le feu au camp, puis ils sont montés sur les navires et ont tiré au large. La flotte s'est éloignée au rythme lent des rames qui battaient l'eau. Quand ils ont aperçu de la fumée, les Troyens sont aussitôt montés sur les

remparts. D'abord, ils n'ont pas pu en croire leurs yeux : la plage était désertée, le camp, vide et en feu ! Au loin, sur la mer paisible, ils ont découvert la flotte des ennemis qui était déjà bien au large. Elle n'a pas tardé à disparaître derrière un îlot. Personne, depuis Troie, n'a pu voir que les pilotes amenaient les vaisseaux au rivage, du côté caché de l'île, pour y attendre le moment propice.

Il y a eu encore un moment de silence. Les Troyens ne comprenaient pas ce qu'il se passait ; ils restaient sans bouger ni parler. Plus de vaisseaux ni de camp ennemi ! Aucun Grec en vue ! En était-ce fini de la guerre, du massacre, des morts innombrables ? Comment y croire tout d'un coup ? Seul demeurait cet immense cheval dressé sur le sable.

Des cris ont enfin éclaté. Cris de surprise, cris de joie et de victoire. Les Troyens sont descendus au rivage en foule. Plus ils se sont approchés, plus l'immense statue les a rendus perplexes. Les interrogations ont fusé. Pourquoi les Grecs l'avaient-ils construite ? Et pourquoi l'avoir ainsi abandonnée ?

J'ai pu entendre quelqu'un suggérer :

— C'est sûrement une offrande faite à Poséidon ! Pour avoir du beau temps pendant leur traversée.

D'autres ont tout de suite crié :

— À ce compte, jetons ce cheval à la mer. Que le dieu se fâche contre eux et qu'ils se noient tous !

— Non ! Brisons-le avec nos haches, plutôt, et puis brûlons-le. Ce sera plus simple !

Dans le cheval, nous n'étions pas rassurés. Heureusement, quelqu'un a fait remarquer :

— Ce serait le plus sûr moyen de mettre Poséidon en colère contre nous !

— Très juste ! Gardons le cheval, et offrons-le nous-mêmes au dieu en le plaçant dans son temple. Comme ça, nous empêcherons ces maudits Grecs de tirer bénéfice de leur offrande !

C'est cette idée, de provoquer notre naufrage en s'appropriant la statue, qui les a convaincus de l'emmener en ville. Pourtant, tout a bien failli échouer au dernier moment. Ils avaient déjà entouré le cheval de chaînes et, ensemble, s'étaient mis à le tirer vers la porte du rempart quand Laocoon, le devin, est arrivé. Je l'ai entendu les interpeller de sa voix puissante :

— Malheureux ! Quelle folie êtes-vous en train de faire ? Ce cheval est un piège ! Les Grecs me font peur même quand ils laissent des cadeaux derrière eux !

Tout en parlant de la sorte, il a lancé son javelot vers nous. La pointe en bronze s'est plantée dans le bois, pas très loin de l'endroit où je me tenais. Longtemps, l'arme a vibré en faisant un bruit pareil à un gémissement. Dans l'ombre de notre cachette, nous avons retenu notre souffle, surtout que, à l'extérieur, un silence total venait de s'installer.

C'est que, à ce moment précis, comme je l'ai appris par la suite, deux énormes serpents sont sortis de la mer. Déployant leurs puissants anneaux qui luisaient au soleil, ils sont montés sur la plage. Pétrifiée d'effroi, la foule restait muette.

Les monstres se sont dirigés vers Laocoon. Pour commencer, ils se sont enroulés autour de ses deux fils, qui se tenaient à ses côtés. Tout en les étouffant, ils se sont mis à les dévorer à belles dents. Laocoon a volé au secours des adolescents mais, à son tour, les serpents l'ont saisi. Lentement, ils ont déployé leurs corps musculeux autour de son cou, de son torse, de son ventre. Les cris qu'il a poussés nous ont fait frémir nous autres, dans le cheval. De toutes ses forces, il a tenté de desserrer cet étau fatal. En vain.

J'ai entendu des Troyens dire qu'il avait offensé Poséidon, en lançant son javelot contre le cheval sacré. Sur quoi, ils ont redoublé d'ardeur pour emporter la statue dans la ville. Et nous avec elle. Nous sommes passés au-delà des hauts murs que nous n'avions jamais pu franchir. Escortés de rires et de cris joyeux, nous avons traversé une bonne partie de la cité, jusqu'à l'enceinte consacrée au dieu. Troie chantait en croyant vivre un jour de fête alors que c'était son dernier.

Seule Cassandre a gardé sa raison. Dans ses prédictions, elle voyait toujours juste mais on ne l'écoutait jamais : Apollon en avait décidé ainsi.

En apercevant le cheval, elle a poussé des cris de lionne.

— Malheur ! s'est-elle exclamée. La pâle mort a refermé ses bras sur nous et vous vous réjouissez ! Ce cheval est un piège ! Détruisez-le tant qu'il est encore temps !

Les autres se sont moqués d'elle.

— Ô fille de Priam ! Oiseau de mauvais augure, pourquoi ne pas plutôt te taire ? Va-t'en !

Ainsi ont-ils parlé, les insensés.

Puis la nuit est venue dérouler ses ombres sur la terre. Les rires et les chants ont cessé. Les Troyens sont allés dormir. Déjà, nos vaisseaux avaient repris la mer dans l'autre sens. Sous la lune muette, ils ont rejoint le rivage sans que personne ne les remarque.

Dans le cheval où nous nous tenions prêts, nous nous sommes ébroués. Épéios a ouvert la porte et, en silence, nous sommes sortis. Nous avons posé le pied sur le sol de la citadelle ennemie, tout joyeux de voir notre ruse réussir. Pareils à des loups qui, le cœur excité par la faim cruelle, s'élancent vers l'étable où dort le troupeau, nous nous sommes répandus dans les rues de la ville. Nous avons attaqué les sentinelles, ouvert les portes en grand. C'était l'heure du premier sommeil.

Bientôt rejoints par le reste de notre armée qui n'attendait que notre signal, nous avons répandu un terrible carnage. La terre a ruisselé du sang noir des Troyens surpris pendant qu'ils dormaient. Certains ont voulu fuir, d'autres ont demandé pitié. Il n'y a pas eu de quartier : telle était la consigne que nous nous étions donnée. Nos lances les ont frappés dans le dos, nos épées les ont abattus sans hésiter.

Partout dans la cité, d'immenses incendies ont commencé à projeter leurs flammes dévorantes vers le ciel : tout brûlait, les temples, les palais, la ville entière. L'une après l'autre, les maisons se sont écroulées, mêlant une poussière brûlante à la fumée. Les cris de guerre emplissaient la grande nuit ; les aboiements des chiens leur répondaient, et les plaintes des blessés, le hoquet des mourants, le hurlement des femmes et des enfants. Dans cet horrible tumulte, qu'on a sans doute entendu jusqu'aux confins de l'univers, Troie la superbe est retournée au néant – elle qui se croyait indestructible.

Le soir qui tombe sur le palais d'Alkinoos assombrit les recoins de la salle des festins. Ulysse se tait et soupire. Une légère brise souffle par les fenêtres. Le roi et les nobles de Phéacie, eux aussi silencieux, croient entendre... Le vent d'été ne transporte-t-il pas, en plus du bruissement des feuilles et du grésillement des grillons, quelques échos lointains de cette nuit terrible ?

Chapitre 2

Au pays des Lotophages

Ulysse, cependant, reprend son récit :

— Vous avez sûrement appris, noble Alkinoos et vous, vaillants Phéaciens, comment, après la chute de Troie, la grande armée des Grecs s'est bientôt dispersée. Nous sommes repartis chacun chez nous : Ménélas a pris la route de Sparte,

Agamemnon a fait voile vers Argos et Mycènes, Nestor a regagné Pylos des Sables.

Pour ma part, j'ai remis à la mer mes douze vaisseaux. Sur chacun, quatre-vingts hommes ont pris place, le cœur joyeux à l'idée de retourner au pays. J'ai donné aux pilotes l'ordre de mettre le cap sur Ithaque la verte.

Les premiers jours de navigation ont été sans histoire. Puis, Zeus a brusquement couvert de nuages le ciel et la mer. Il a lancé contre nous une tempête terrible. Nos bateaux se sont mis à courir sur les flots jusqu'à ce que la violence du vent menace de déchirer nos voiles. Nous avons dû les plier et forcer sur les rames pour nous réfugier sur la terre la plus proche.

Pendant deux nuits et deux journées entières, nous sommes restés là, à nous ronger le cœur d'impatience. Mais quand la rose Aurore a fait paraître le troisième matin, nous avons pu dresser à nouveau les mâts et déployer les voiles blanches. Nous avons repris nos places à bord et laissé le vent mener les navires.

Peut-être aurais-je rejoint ma patrie sans encombre si le courant et les vents ne nous avaient pas poussés au-delà de Cythère. Neuf jours durant, ils nous ont entraînés sur la mer. Le dixième, nous avons atteint une terre que je ne connaissais pas. Nous sommes descendus sur le rivage. Nous y avons puisé de l'eau et pris notre repas sans nous éloigner des bateaux. Seulement, une fois que nous avons fini de manger et de boire, j'ai voulu savoir qui vivait dans ce pays où nous venions d'aborder.

J'ai choisi trois hommes, deux guerriers richement vêtus et un porte-parole, pour marcher devant eux. Ils sont partis en reconnaissance.

— Allez trouver de ma part le prince qui règne en ce lieu et apportez-lui mon salut ! leur ai-je demandé.

Ils se sont empressés d'obéir et sont allés se mêler aux habitants de cette région. Ceux-ci n'étaient autres que les Lotophages, qui ne se sont pas montrés le moins du monde hostiles. Au contraire. Ils ont bien accueilli mes envoyés et, sans penser à mal, leur ont donné du lotos à manger...

Mais peut-être, nobles Phéaciens, demande Ulysse en interrompant son récit, ignorez-vous ce qu'est le lotos, et quel effet il produit sur qui en mange ?

Il n'y a personne dans l'assemblée qui sache lui répondre.

— Le fruit du lotos est doux comme le miel, reprend-il. Mais il a pour caractéristique de faire tout oublier à celui qui le consomme. Dès le moment où ils y ont goûté, mes hommes ont perdu tout souvenir de leur patrie et de leur famille qui les attendait.

En voyant qu'ils ne revenaient pas, j'ai dû aller à leur recherche. Et quand je les ai trouvés, ils ne m'ont pas reconnu ni leurs compagnons. J'ai dû les ramener de force aux navires. Eux, de leur côté, pleuraient à chaudes larmes et gémissaient qu'ils voulaient qu'on les laisse où ils étaient. Je les ai fait hisser à bord et attacher au fond du bateau, sous les bancs.

En même temps, j'ai pressé mes hommes de remonter sur les vaisseaux rapides et de rejoindre leur poste. Je craignais, en effet, que d'autres ne goûtent au lotos. Ils ont embarqué sans faire de difficultés. Assis en bon ordre, ils se sont mis à battre de leurs rames la mer grise d'écume.

De là, il ne nous a pas fallu longtemps pour atteindre le pays des Cyclopes. Nous avons débarqué sur une petite île vide d'habitants, tout à côté de celle où ils vivent. Sitôt à terre, nous avons pris les arcs recourbés et les épieux pointus pour aller à la chasse. Les dieux nous ont si bien favorisés que, peu après, les hommes avaient tué neuf chèvres sauvages pour chacun des douze vaisseaux. Tout le reste du jour, jusqu'au soleil couchant, nous avons festoyé. Nous avions du bon vin, de la viande plus qu'il n'en fallait ! La nuit venue, nous nous sommes étendus pour dormir sur la grève.

Moi, je m'interrogeais sur ces Cyclopes qui étaient tout proches. Nous voyions s'élever leurs fumées, nous entendions leurs voix, le bêlement de leurs brebis... Aussi, dès qu'a paru l'Aurore aux doigts de rose, j'ai rassemblé mes hommes pour leur dire :

— Je veux savoir comment sont les gens qui habitent l'île voisine, s'ils sont sauvages et sans justice ou s'ils accueillent bien l'étranger et craignent les dieux. Je vais y aller voir avec mon vaisseau et son équipage. Les autres nous attendront ici !

Ayant ainsi parlé, je suis monté à bord. J'ai détaché les câbles de la poupe puis, rangés en bon ordre, mes hommes ont saisi les rames et recommencé à battre en cadence la mer couleur de vin.

Chapitre 3

À la merci du Cyclope

L'espace entre les deux îles était mince. Un peu avant de toucher terre, j'ai remarqué l'entrée d'une caverne que cachaient en partie de grands lauriers. Elle se trouvait à mi-pente de la colline. C'est là que, sitôt débarqué, j'ai dirigé mes pas, accompagné de douze de mes hommes – les plus valeureux. Les autres, je les ai laissés pour garder le bateau.

En approchant, nous avons entendu bêler avec insistance. Il était clair que cette caverne servait de bergerie. Nous y sommes entrés. Il n'y avait personne. Tout était dans un ordre admirable. Des étables regorgeaient d'agneaux et de chevreaux parqués selon leur âge dans des enclos bien cloisonnés. D'un côté, il y avait les plus vieux, d'un autre les moyens, plus loin, enfin, les jeunes. Partout des plateaux en bois ployaient sous le poids des fromages qui séchaient. Les jarres débordaient de petit-lait. Tout le matériel, les jattes et les pots parfaitement façonnés pour la traite, était propre et bien rangé.

Mes compagnons ne se sentaient pas rassurés.

— Laisse-nous prendre des fromages, m'ont-ils dit, et partons au plus vite en emmenant ce que nous pourrons de bétail !

Je ne les ai pas écoutés, ce qui aurait bien mieux valu. Je voulais rencontrer le maître des lieux, savoir à quoi il ressemblait et voir s'il m'offrirait l'hospitalité.

En l'attendant, nous avons allumé un petit feu, bu du lait et mangé du fromage. Une fois rassasiés, nous nous sommes assis sur la paille.

Le soir tombait quand nous l'avons entendu arriver. Par précaution, nous nous sommes réfugiés dans l'ombre, au profond de la caverne. Avant même d'entrer, il a jeté au sol une énorme charge de bois mort qu'il avait porté. Puis, dans le peu de jour qui pénétrait encore dans la grotte, nous avons distingué sa silhouette. C'était un monstrueux géant qui ne ressemblait pas à un homme mangeur de pain mais, plutôt, à un pic tel qu'on en voit parfois dominer les hautes montagnes voisines.

Il ne nous a pas remarqués. Il s'est assis près de l'entrée de sa caverne et a fait défiler devant lui toutes les brebis et les chèvres bêlantes qu'il voulait traire, laissant les béliers et les boucs attendre dehors. Cette tâche terminée, il a laissé passer le reste du troupeau avant de poser devant l'entrée un bloc de pierre : c'était un rocher si gros et si lourd que vingt chevaux ensemble n'auraient pas pu le déplacer d'un pouce.

Il a continué de s'occuper de ses affaires. Sous chaque brebis, sous chaque chèvre, il a placé son agneau ou son chevreau. Il a fait cailler la moitié du lait et l'a placé dans des paniers pour qu'il s'égoutte afin d'en tirer du fromage ; il a gardé l'autre moitié pour le boire à son dîner.

C'est quand il a jeté une brassée de bois dans le feu, quand la flamme vive a jailli, que nous l'avons vu vraiment. La frayeur nous a saisis tant sa taille était démesurée et son allure sauvage et cruelle. Mais le plus étonnant, le plus horrible, c'était qu'il n'avait qu'un œil – un œil tout rond et très gros qui s'ouvrait au beau milieu de son front. Et, justement, cet œil, il l'a fixé sur nous, car il venait de découvrir notre présence.

— Étrangers, qui êtes-vous ? a-t-il demandé d'une voix capable de faire trembler la terre.

J'ai pris la parole.

— Nous sommes des Grecs. À présent que le siège de Troie est fini, nous tâchons de regagner

notre patrie. Une tempête nous a déroutés, et nous sommes arrivés ici. Traite-nous en invités comme le commandent les dieux. Car Zeus punit sévèrement ceux qui les accueillent mal !

Mes paroles n'ont pas touché ce monstre.

— Étranger, a-t-il répondu en ricanant, tu devrais savoir que, nous autres Cyclopes, nous ne nous soucions pas des dieux car nous sommes plus forts qu'eux.

Et, comme pour illustrer ce qu'il venait de dire, ce barbare a tendu la main vers nous. Il a saisi deux de mes compagnons qu'il a fracassés contre la paroi rocheuse, faisant jaillir leur cervelle et leur sang de tous côtés. Puis, il les a mis en pièces et dévorés sur-le-champ, en mangeant non seulement leur chair mais aussi leurs entrailles et leurs os.

Nous étions pétrifiés d'horreur, mais lui semblait très satisfait de son épouvantable festin. Il a bu une grande quantité de lait avant de s'allonger, le ventre bien tendu, sur le sol, au milieu de ses brebis.

De mon côté, j'avais déjà la main sur la poignée de mon épée pour lui faire payer son crime de sa vie. « Mais, ai-je alors pensé, si je le tue, nous allons tous mourir dans cette maudite caverne ! Car nous sommes bien incapables d'enlever le rocher de devant la porte. » J'ai donc décidé d'attendre une meilleure occasion pour venger mes pauvres amis.

Le lendemain, dès qu'a paru l'Aurore, le Cyclope s'est employé de nouveau à traire ses bêtes et à fabriquer son fromage. Au moment de partir, il a tué deux autres de mes camarades et les a dévorés. Une fois qu'il a été dehors avec son troupeau, il a remis le rocher à sa place, en l'ajustant étroitement pour que nous ne risquions pas de nous enfuir.

Après être resté longtemps anéanti par tant d'horreur, j'ai réfléchi au moyen de lui faire payer ses crimes odieux et, en même temps, de lui échapper. Et voici ce que j'ai imaginé.

Il avait laissé son bâton de berger derrière lui. C'était un tronc d'olivier encore vert qui aurait pu servir de mât à un vaisseau de cent rameurs. Avec mon épée, j'en ai coupé un morceau long comme trois fois le bras.

— Aidez-moi à enlever l'écorce à cette extrémité et à bien l'aiguiser, ai-je ordonné à mes hommes. Et vous deux, activez le feu pendant ce temps !

Les camarades se sont mis au travail avec ardeur. En peu de temps, nous avons façonné un fort épieu bien acéré. Pour rendre sa pointe encore plus dure, nous l'avons passée au feu. Cela fait, j'ai tiré au sort les quatre hommes qui m'aideraient à manier cette arme redoutable quand le moment serait venu. Et, en attendant, nous l'avons cachée sous le tas de fumier.

La nuit tombante a ramené l'horrible berger. Il a placé le rocher à sa place exacte et, comme le soir précédent, il a pris deux de mes camarades pour en faire son ignoble dîner. C'est alors que je me suis approché de lui, une grande coupe à la main...

— J'ai oublié de vous dire que j'avais emporté du vaisseau une outre de vin que m'avait offerte un prêtre d'Apollon du pays des Cicones.

C'était un breuvage exquis, digne des grands dieux, qui, même mélangé douze fois à de l'eau, ne perdait rien de sa saveur ni de son arôme. Je lui en ai donc tendu une pleine coupe en disant :

— Tiens, bois ! J'espérais t'offrir mon vin en échange de notre salut mais, à présent, je n'y compte plus. Comme tu le boiras de toute façon, mieux vaut que ce soit moi qui te le propose.

Il a ri bêtement et, prenant la coupe, l'a vidée d'un seul coup. Le doux breuvage l'a soudainement mis en joie. Il a dit :

— Verse-m'en encore, étranger ! Certes, la terre des Cyclopes produit du vin, mais je n'en ai jamais goûté qui soit à moitié aussi bon que celui-ci.

J'ai rempli à nouveau sa coupe pendant qu'il demandait :

— Étranger, dis-moi ton nom. Car, pour te remercier, je veux te faire un cadeau en gage d'hospitalité.

Tandis qu'il avalait son vin à grandes goulées, j'ai répondu :

— Puisque tu tiens à le savoir, je m'appelle Personne.

— Alors, Personne, donne-moi encore de ton vin. Il est digne du nectar qu'on sert à boire aux dieux.

Tout en remplissant la coupe pour la troisième fois, je l'ai interrogé :

— Ce cadeau que tu veux me faire, quel est-il ?

Il a ricané avant de boire d'un trait. Puis il s'est essuyé les lèvres et, en bredouillant un peu car les effets de l'ivresse commençaient à se faire sentir, il a répondu :

— Je... je te mangerai en der... dernier !

Sur ces mots, l'air très content de lui, il a vacillé un court moment avant de retomber lourdement en arrière. Et, ainsi allongé de tout son long au milieu de son antre, le ventre en l'air, il n'a pas tardé à sombrer dans un profond sommeil.

Vous n'imaginez pas combien le spectacle qu'il offrait était affreux à contempler : des morceaux de viande humaine mêlés à du vin jaillissaient par moments de sa bouche, et il rotait dans son sommeil. Pour l'heure, rien ne pouvait plus l'éveiller : le moment d'agir était donc venu. Les quatre compagnons que le sort avait désignés et moi avons tiré l'épieu de sa cachette. Nous en avons remis la pointe au feu puis, quand il a été sur le point de flamber, nous l'avons saisi fermement.

— Mes amis, ai-je dit à voix basse, c'est à nous de venger nos camarades et de gagner notre liberté !

D'un seul élan, nous avons planté l'épieu dans l'œil unique du monstre. Le sang a giclé autour de la pointe brûlante, et de la prunelle grillée a rejailli en sifflant sur les paupières et les sourcils. Pesant sur le pieu de tout mon poids, je l'ai fait tourner sur lui-même pour l'enfoncer encore plus profondément dans l'œil qui grésillait.

Le hurlement de douleur qu'a poussé le Cyclope a fait trembler toute la colline. Effrayés, nous nous sommes cachés aussi loin de lui que possible. Il rugissait, trépignait, gémissait, appelait à l'aide en poussant de grands cris. Attirés par ses appels désespérés, les autres Cyclopes sont venus se masser devant l'entrée de sa caverne.

— Quelle douleur t'accable, Polyphème ? Et pourquoi déchires-tu ainsi la nuit de tes plaintes ? Est-ce qu'on cherche à te tuer ? Qui t'attaque ?

— Personne ! a répondu le Cyclope.

— Personne ! Mais alors, pourquoi nous déranger ? Quelqu'un t'a fait du mal ?

— Personne, je vous dis !

— À ce compte, nous ne pouvons rien pour t'aider. Ce sont les dieux qui t'envoient une maladie. Invoque plutôt notre père, le puissant Poséidon.

Sur ces bonnes paroles, ils sont tous repartis comme ils étaient venus.

Quand le matin a paru, le Cyclope, désormais aveugle, a ôté le rocher comme il l'a pu. Je comptais profiter de ce moment pour lui échapper avec mes camarades mais il a deviné mon intention. Il s'est posté à l'entrée et, chaque brebis, chaque chèvre qui est passée devant lui, il l'a palpée pour vérifier qu'il ne s'agissait pas de l'un de nous.

Il ignorait, toutefois, que j'avais une ruse en réserve pour tromper sa vigilance. Ses béliers, de hautes bêtes robustes, portaient une épaisse toison. C'est dissimulés dans leur laine que nous lui avons échappé. Voici comment. J'ai attaché ces animaux trois par trois avec des brins d'osier qu'il avait entassés dans un coin de son logis pour en faire ses paniers, et chacun de mes camarades s'est glissé sous le bélier du milieu. Quand Polyphème a fait son inspection, s'il a pensé à palper le dessus de ses bêtes, il n'a pas vérifié ce qui pendait en dessous. Ainsi, nous avons pu passer l'un après l'autre sans qu'il nous découvre.

Pour ma part, je suis sorti le dernier. Il y avait un mouton beaucoup plus grand et robuste que tous les autres. Je me le suis réservé. Sa laine était frisée comme un nuage. Je l'ai pris par les reins et, suspendu sous son ventre velu, je suis arrivé devant le Cyclope. Il a reconnu son bélier favori et, de sa grosse voix :

— Tu sors le dernier, mon ami ? a-t-il dit. D'ordinaire, tu es toujours le premier. Est-ce parce que tu as du chagrin pour l'œil de ton maître que tu as traîné ainsi en arrière ? Hélas ! Si tu pouvais parler, tu me dirais où se cache ce scélérat de Personne, que je lui fasse payer cher son vilain tour.

Comment aurait-il pu deviner que, tandis qu'il parlait ainsi, j'étais là, sous le mouton, si près de lui ?

Le bélier a continué son chemin pour rejoindre le reste du troupeau. J'ai posé pied à terre, et mes compagnons en ont fait autant. En poussant devant nous autant de bétail que nous l'avons pu, nous avons rejoint nos amis qui attendaient au bateau. Embarquer avec notre butin a été l'affaire d'un instant. Bientôt, les rames ont frappé la mer verte en cadence, et nous nous sommes éloignés au plus vite de cette île d'épouvante.

C'est alors que je l'ai aperçu. Il se tenait debout en haut de la falaise, devant l'entrée de sa grotte.

Je n'ai pas pu résister au plaisir de me moquer de lui pour mieux savourer ma victoire :

— Polyphème, ai-je lancé, tu t'es vanté de ne pas craindre les dieux. T'en voici bien puni ! La prochaine fois, peut-être, tu respecteras les lois sacrées de l'hospitalité !

Il a tourné la tête vers moi et, saisissant un énorme bloc de rocher, l'a projeté dans la direction d'où venait ma voix. Le coup s'est perdu dans l'eau, mais tout près du bateau.

— Tu as manqué ta cible, Cyclope ! ai-je crié. Alors que nous, nous n'avons pas manqué la nôtre ! Où est-il, cet œil qui ne te servira plus désormais ?

En le voyant s'emparer d'un autre rocher, mes compagnons m'ont supplié de me taire. Il l'a lancé cependant, mais avec trop de force. Le projectile a largement dépassé l'endroit où nous étions.

Une troisième fois, je n'ai pas pu m'empêcher de l'interpeller :

— Polyphème, sais-tu au moins qui t'a rendu aveugle ? Si un jour quelqu'un te le demande, tu pourras lui répondre que c'est Ulysse, le destructeur de ville, fils de Laërte et roi d'Ithaque !

Alors, au comble de la rage, il a fait cette prière à son père :

— Seigneur Poséidon, si je suis vraiment ton fils, fais que ni cet Ulysse maudit ni aucun de ses compagnons ne revoie jamais sa terre d'Ithaque !

Pour mon malheur et celui de mes compagnons, le dieu puissant l'a entendu et exaucé – en partie, du moins. D'où les épreuves innombrables et cruelles qui n'ont pas tardé à nous frapper, ainsi que va vous le montrer la suite de mon récit.

Chapitre 4

Le cadeau d'Éole

Nous n'avons pas tardé à regagner la petite île où le reste de ma flotte nous avait attendus, à l'abri. De là, dès qu'a paru l'Aurore du lendemain, nous avons hissé les voiles, le cœur en peine pour les compagnons que nous avions perdus dans l'antre du Cyclope.

Au bout de quelques jours, nous sommes arrivés à la résidence d'Éole, le maître des vents. Il habite une île flottante entourée d'une enceinte de bronze indestructible. Il a eu douze enfants, six garçons et six filles. Quand ils ont été grands, il a donné ses filles pour épouses à ses garçons, et tous vivent ensemble dans sa vaste demeure où ils passent joyeusement le temps à banqueter. Tous les jours, les mets les plus exquis paraissent en abondance sur les tables. Toutes les nuits, chacun goûte le bonheur que dispense le doux sommeil.

Pendant un mois entier, Éole m'a gardé auprès de lui en me choyant comme un hôte de marque. Il voulait tout savoir de Troie et de la guerre que nous lui avions faite, des exploits des guerriers, des péripéties du combat. Je le lui ai raconté dans les moindres détails. Puis, jugeant qu'il était grand temps de reprendre ma route, j'ai demandé la permission de quitter sa maison.

— C'est à regret que je te vois partir, cher Ulysse, m'a-t-il répondu, car j'aurais volontiers entendu tes histoires un peu plus longtemps. Mais je comprends ta hâte et le désir que tu as de rejoindre ta patrie.

— Le fait est que mon île me manque, ai-je dit sobrement. Et ma famille aussi. Sans compter que mes compagnons sont aussi impatients que moi.

— J'ai un cadeau pour toi, a-t-il continué avec un sourire. Il te permettra d'accomplir ton voyage au plus vite et dans les meilleures conditions.

Sur quoi, il m'a tendu un gros sac en cuir de bœuf bien épais. Une solide lanière le tenait étroitement fermé.

— Voilà ! Mais, surtout, ne l'ouvre pas ! À aucun prix ! Pas avant d'être arrivé à bon port !

Ce que je ne savais pas alors, c'est que pour faciliter notre navigation, il avait enfermé tous les vents contraires dans ce sac. Ainsi, poussés par des vents toujours propices, nous aurions pu atteindre Ithaque en peu de jours. Hélas, il a fallu qu'un sort hostile s'en mêle. Ou, plus exactement, que mes hommes commettent une énorme bêtise…

Après avoir pris congé d'Éole et de son aimable famille, nous avons navigué pendant neuf jours et neuf nuits. Le maître des vents avait ordonné que souffle une brise qui nous poussait dans la bonne direction. Sans jamais avoir eu besoin des rames pour avancer, nous nous sommes trouvés en vue des côtes d'Ithaque. C'était le matin du dixième jour. Nous étions si près de notre chère île que nous pouvions en voir les feux, et les hommes autour.

De mon côté, malgré ma joie, j'étais rompu de fatigue : tout le temps, j'avais tenu la barre sans jamais vouloir la céder à quelqu'un d'autre. J'avais une telle envie d'arriver au pays ! Enfin, je me suis cru au terme du voyage, et j'ai cédé au doux sommeil qui me venait.

Seulement, pendant que je dormais, les hommes de mon équipage se sont interrogés.

— Que peut-il y avoir dans son sac ? a dit l'un.

— Sûrement de l'or, a répondu un autre.

— Décidément, Ulysse est béni des dieux et des hommes ! Partout où il passe, on lui fait des cadeaux ! Déjà qu'il revient de Troie avec un somptueux butin de guerre !

— Voyons ce qu'il y a dans ce sac comme richesses !

Pour notre malheur à tous, mes hommes l'ont ouvert. Les vents se sont échappés et, aussitôt, se sont mis à souffler avec violence en nous éloignant des côtes bien-aimées. Je me suis éveillé en sursaut pour voir les rives de la patrie disparaître dans le lointain. Mes compagnons pleuraient à chaudes larmes ; moi-même, sur le moment, j'ai été tellement déçu que je me suis demandé si je n'allais pas me jeter dans la mer plutôt que de continuer à souffrir en demeurant au nombre des vivants. J'ai tenu bon. Je me suis recouché au fond du bateau, sous une couverture, et je me suis rendormi. Qu'y avait-il d'autre à faire ?

Les vents nous ont ramenés à toute allure jusqu'à l'île d'Éole où nous avons abordé une seconde fois. Je me suis présenté de nouveau chez le maître des vents. Comme à son habitude, il était à table avec les siens.

— C'est toi, Ulysse ? s'est-il étonné en me voyant paraître. Que fais-tu ici ? Je t'avais pourtant accordé tout ce qu'il te fallait pour retrouver au plus tôt ta maison et ta patrie !

— Hélas ! ai-je répondu, tout est la faute de mes compagnons qui...

En peu de mots, je lui ai raconté comment, poussés par la curiosité, ils avaient dénoué le lien du sac pendant que je dormais.

— Je le vois clairement à présent, a dit Éole, tu es maudit des dieux, Ulysse !

— Noble Éole et vous, chers amis, ai-je plaidé en m'adressant au reste de sa famille, vous pouvez encore m'aider. Je vous supplie de le faire.

Ils m'ont regardé sévèrement avant qu'un des fils, l'aîné je crois, ne me lance :

— Si les dieux fortunés te haïssent, nous ne pouvons rien faire pour toi. Te voici devenu un rebut sur cette terre ! Va-t'en avec tes compagnons ! Plus vite que ça !

— Mes amis, voyons...

— Il a raison, a répliqué Éole d'un ton sec. Je n'ai pas le droit de favoriser un homme que les dieux ont pris en grippe. Quitte cette île tout de suite pour ne plus jamais y revenir !

Telles ont été les dures paroles que j'ai entendues dans le château du maître des vents. Et, ainsi chassé de chez lui, j'ai repris la mer en gémissant.

Chapitre 5

Au pays des Lestrygons

Sur la pointe des pieds, Pontonoos, l'échanson d'Alkinoos, va puiser du vin dans le vaste cratère pour remplir la coupe d'Ulysse qui est vide.

Après en avoir bu une gorgée pour s'éclaircir la voix, ce dernier reprend son récit.

Durant six jours et six nuits, la mer nous a portés sans relâche. L'humeur de l'équipage était sombre. Nous ne voyions aucun port apparaître, ni aucune aide à attendre de quiconque. L'espoir de rejoindre bientôt notre patrie diminuait à mesure que le temps passait.

Le septième matin de cette navigation, cependant, nous avons aperçu un promontoire. Dessus, se dressait fièrement Lamos, la capitale des Lestrygons. Leur pays est un lieu étrange où la route du jour et celle de la nuit se rencontrent. Ainsi, le berger qui ramène ses blanches brebis au bercail croise le bouvier qui sort ses bœufs de l'étable pour les mener au pâturage. Mes bateaux sont entrés dans la rade par un passage étroit creusé entre deux hautes falaises. Ils se sont amarrés au bord en une ligne. C'était vraiment un port excellent : sur l'eau parfaitement lisse, on ne voyait ni houle ni rides. Mais pour ma part, je n'y ai pas fait mouiller mon bateau. Je venais en dernier, il n'y avait plus de place. J'ai dû, par conséquent, demeurer en arrière et m'amarrer à l'entrée du chenal.

Nous sommes descendus à terre pour essayer de savoir qui vivait dans cette contrée fertile. Aussi loin que portait le regard, on ne distinguait rien. Pas d'habitants en vue, pas de troupeaux non plus, seulement, dans le lointain, des fumées qui montaient, droit, dans le ciel paisible.

J'ai envoyé trois hommes en ambassade. Ils ont pris un sentier qui partait du port et qui, très vraisemblablement, servait à transporter les marchandises jusqu'à la haute ville.

Chemin faisant, ils ont rencontré une jeune géante qui allait puiser de l'eau à une fontaine située en dehors des murailles d'enceinte. Quand ils l'ont abordée, elle a posé au sol l'énorme cruche qu'elle portait sur l'épaule. Très poliment, elle leur a rendu leur salut et, en réponse à leur demande, a expliqué comment ils pourraient atteindre le palais où demeurait son père.

— C'est, leur a-t-elle dit, le roi qui règne sur ce pays. Il a pour nom Antipathès. Il sera très content de votre visite.

Le cœur réjoui par cet accueil aimable, mes hommes se sont remis en route avec un regain d'énergie. Ils sont bientôt arrivés au palais où ils ont trouvé la mère de la jeune géante. Femme du roi, elle était aussi imposante qu'une montagne. Après quelques mots de bienvenue pour les visiteurs, elle s'est empressée d'appeler son mari à grands cris. De l'agora où il était, il l'a entendue et a rejoint son palais au plus vite. En fait, il n'avait qu'une idée en tête : dévorer mes compagnons.

Aussi, dès qu'il est arrivé, il s'est jeté sur eux. Mais s'il a réussi à en tuer un, les deux autres ont pu s'enfuir. Moi qui les attendais, je les ai vus revenir en courant sur le chemin, hors d'haleine, épuisés, et la terreur peinte sur le visage.

Comme ils l'ont pu, ils nous ont alertés :

— Ce sont... des anthropophages ! Fuyons... ou ils nous mangeront tous !

Aussitôt, nous avons couru aux bateaux. Les pilotes ont largué les amarres, les hommes ont appuyé sur les rames... Seulement, Antipathès avait appelé tous les autres Lestrygons à la rescousse. De partout, ils ont accouru en portant de lourdes pierres. Ils les ont fait pleuvoir sur les vaisseaux avant que les pilotes aient eu le temps de les faire sortir de la rade. Un épouvantable tumulte de mort est monté de notre flotte, celui des vaisseaux fracassés, des hommes d'équipage qui périssaient écrasés par les blocs de rocher.

En haut de la falaise, les Lestrygons ont brandi de grands harpons acérés que retenaient des cordes. Ils les ont lancés et ont remonté mes hommes, comme les pêcheurs le font pour les thons, avant de les emporter pour leur horrible festin.

Pendant qu'ils tuaient ainsi mes gens à l'intérieur du port étroit, j'ai rejoint mon navire. D'un coup d'épée, j'ai tranché les câbles qui le retenaient à la terre. Déjà, mes compagnons avaient pris leur poste sur les bancs et, en activant les rames de toutes leurs forces, tous ensemble, ils ont soulevé l'écume à une vitesse merveilleuse, poussés par la peur de périr. Ils nous ont bientôt mis hors de portée des pierres et des harpons meurtriers.

J'ai eu la joie de voir mon bateau filer vivement sur la mer sombre, toujours plus loin des falaises inhospitalières. C'est ainsi que j'ai sauvé ma vie en même temps que celle des hommes qui se trouvaient avec moi. Mais tous nos autres compagnons ont péri en ce lieu maudit.

Chapitre 6

Les sortilèges de Circé

De là, j'ai navigué longtemps avant que mon bateau, heureusement guidé par un dieu, n'entre dans un port hospitalier. Nous sommes descendus à terre et, pendant deux jours entiers, mes compagnons et moi sommes restés abattus. Nous étions rompus de fatigue ; la perte atroce de nos compagnons nous rongeait le cœur. Mais quand l'Aurore aux roses doigts a fait paraître le matin du troisième jour, j'ai pris mon arc puissant et je suis parti en quête de nourriture.

J'étais arrivé au sommet d'une colline quand j'ai vu, à quelque distance, s'élever la fumée d'une maison. Un moment, j'ai hésité. Allais-je diriger mes pas dans sa direction pour voir qui, immortel ou humain, vivait là ? Ou, plutôt, continuerais-je ma chasse ? Songeant aux hommes qui n'avaient rien à manger, j'ai remis ma visite à plus tard.

Les dieux m'ont favorisé car ils m'ont bientôt fait croiser un cerf avec de hauts bois. Je l'ai abattu de mes flèches et l'ai chargé sur mon dos. J'ai eu beaucoup de peine à l'apporter jusqu'au bateau, car il était énorme. Mes hommes l'ont dépecé et l'ont fait cuire. Après quoi, comme l'appétit leur manquait, je suis allé de l'un à l'autre pour les inciter à se nourrir.

— Allons, mes amis, leur ai-je dit, nous avons tous de la peine, nous sommes tous inquiets et mécontents mais il ne faut pas laisser la faim nous épuiser. Nous avons besoin de prendre des forces pour nous tirer de la situation pénible où nous sommes.

Ils m'ont écouté et, jusqu'à la nuit tombée, nous avons festoyé en buvant le vin doux à la mémoire des amis descendus chez Hadès.

Le lendemain matin, j'ai divisé mes hommes en deux groupes. J'ai confié le commandement du premier, vingt-deux hommes en tout, à mon second, Euryloque, en lui disant :

— Hier, j'ai aperçu une maison vers le centre de l'île. Dirige-toi de ce côté-là avec ta troupe et vois qui habite là. De mon côté, avec les autres compagnons, je surveillerai le bateau.

Avec une pointe d'appréhension, j'ai vu Euryloque et les siens disparaître parmi les chênes verts.

C'est bien plus tard, alors que le soleil était au plus haut dans le ciel, qu'il a reparu, hors d'haleine pour avoir longuement couru. En le voyant revenir seul, je me suis aussitôt alarmé. En repensant au Cyclope et aux Lestrygons, j'ai demandé :

— Ami, dis-moi, pourquoi reviens-tu seul ? Où sont les autres ?

Lui voulait me répondre mais il ne pouvait pas parler car le souffle lui manquait.

Quand il a pu reprendre haleine, voici ce qu'il a raconté :

— Noble Ulysse, nous sommes allés jusqu'à la colline, comme tu nous l'avais demandé. De là, nous sommes descendus dans un frais vallon où se dressait une vaste maison bien bâtie en belles pierres. Quelle n'a pas été notre surprise, alors que nous en étions désormais tout proches, de nous trouver soudainement entourés de lions et de loups ! Sans même que nous ayons eu le temps d'avoir peur, ils sont venus se frotter gentiment à nous comme le font les chiens quand ils quémandent des caresses.

« C'est alors qu'un chant mélodieux s'est fait entendre, venant de la maison. Nous nous sommes approchés d'une fenêtre. Une très belle femme aux cheveux noirs de nuit chantait tout en tissant sur un grand métier. Aussitôt, nous l'avons appelée à grands cris. Elle s'est levée sans tarder pour venir nous ouvrir sa porte.

« Les compagnons sont entrés après elle sans méfiance. Pour ma part, au moment de passer le seuil, j'ai reculé, en proie à un funeste pressentiment. Au lieu de les suivre, je me suis caché un peu à l'écart.

« Dans la maison, elle les a fait passer dans sa vaste salle, les a installés sur des sièges à dossier. Elle a pressé les servantes de mêler la farine, le fromage et le miel au vin doux, de le verser dans les coupes. Ce qu'ils n'ont pas remarqué, trop occupés qu'ils étaient à savourer par avance les bonnes choses qu'on allait leur servir, c'est qu'elle y a ajouté certaines herbes de sa connaissance – d'où j'étais posté, j'ai pu la voir faire.

« Bientôt, les compagnons ont complètement oublié qui ils étaient. Alors, elle les a touchés l'un après l'autre avec une baguette, et ils ont pris l'apparence de porcs. D'abord leur tête est devenue celle d'un cochon, puis le corps, et les bras, les jambes, tout chez eux s'est transformé. Ensuite, elle les a menés à sa porcherie – eux marchaient à quatre pattes – où elle les a enfermés.

« J'ai attendu un moment pour voir ce qui allait se passer. Mais, comme si de rien n'était, la femme a repris son tissage et son chant. Je suis donc revenu au plus vite te raconter ce qu'il est arrivé à nos malheureux amis. À l'heure qu'il est, ils mangent des glands et des fruits de cornouiller.

Il n'avait pas fini de parler que j'avais déjà posé sur l'épaule ma grande épée et mon arc.

— Viens, Euryloque, ai-je dit. Accompagne-moi, pour me montrer le chemin !

Mais lui, tout tremblant, n'a pas voulu. Alors je l'ai laissé près du vaisseau et je suis parti seul au secours de nos camarades.

J'allais à travers le bosquet quand Hermès s'est avancé vers moi sous les traits d'un jeune homme. Il m'a pris par la main et m'a demandé :

— Où vas-tu de la sorte, Ulysse aux mille ruses ? Serait-ce au manoir de Circé que te mènent tes pas ? Tes amis y sont allés et, maintenant, ils sont tous devenus des porcs. Veux-tu subir le même sort qu'eux ?

Il n'était pas nécessaire que je réponde. Le dieu a poursuivi :

— Je te protègerai. Prends de cette bonne herbe avant de continuer. Elle éloignera de toi ses sortilèges.

Il l'a cueillie au sol pour me la tendre.

— Ainsi, a-t-il ajouté, Circé aura beau droguer ton vin, elle ne parviendra pas à t'ensorceler. Quand elle te croira à sa merci et qu'elle te touchera de sa baguette, tire vite ton épée et fais comme si tu voulais la tuer. Dans sa frayeur, elle dira oui à tout ce que tu lui demanderas. Fais-lui alors promettre de rendre leur aspect humain à tes hommes et de ne plus vous jouer de mauvais tour. Mais surtout, méfie-toi d'elle jusqu'au bout. Fais-lui prêter serment sur le Styx, pour être sûr qu'elle tiendra parole.

Sur quoi, il a rejoint l'Olympe. J'ai mangé l'herbe qu'il m'avait remise et, d'un pas résolu, je me suis dirigé vers la maison de la magicienne. Arrivé sous son porche, j'ai crié pour l'appeler.

Elle est sortie aussitôt, a ouvert la porte en grand et m'a invité à entrer. Je l'ai suivie, le cœur un peu serré. Elle m'a fait asseoir sur un fauteuil incrusté de clous d'argent. Dans une coupe en or, elle a versé du vin qu'elle a mêlé avec des aromates.

— Bois ! m'a-t-elle prié avec son plus beau sourire.

Je savais qu'elle voulait mon malheur mais, confiant dans la parole du dieu, j'ai vidé ma coupe jusqu'à la dernière goutte... et je n'ai ressenti aucun effet.

Elle m'a alors touché la tête avec sa baguette en disant :

— Viens, maintenant, à la porcherie, rejoindre tes compagnons !

La réponse que je lui ai faite l'a sidérée :

— Meurs, plutôt !

En prononçant ces mots, je me suis levé, et j'ai marché droit sur elle en brandissant mon épée

aiguisée. Elle a poussé un grand cri apeuré en se jetant à mes genoux.

— Je t'en supplie, ne me tue pas ! Je ferai ce que tu exigeras !

— Jure-le sur le vieux père Styx ! Que tu rendras à mes amis leur aspect d'avant. Et que tu ne chercheras plus à nous nuire !

— Je le jure ! a-t-elle dit en tremblant.

J'ai levé plus haut mon épée. Voyant que j'étais résolu à frapper, elle a prêté le grand serment des dieux. Puis, comme je remettais mon épée au fourreau, elle a demandé :

— Qui es-tu, noble étranger, pour que mes sortilèges soient sans effet sur toi ? La drogue que tu as bue n'a pas agi sur toi ! Pourtant, aucun humain n'y avait résisté jusqu'à ce jour !

Elle est restée silencieuse un moment avant de s'écrier :

— J'y suis ! Tu es Ulysse ! On m'avait prévenue de ton passage. Ainsi, cher héros, te voici. Je suis heureuse de ta visite. Mais j'y songe, il est tard et tu dois avoir faim.

Aussitôt, elle a appelé les servantes qui ont dressé pour moi une table magnifique. Le pain et la viande y abondaient, répandant une odeur exquise. Pourtant, je n'y ai pas touché.

— Pourquoi ne manges-tu pas, Ulysse ? Tu ne vas pas rester ainsi à bouder ?

— Comment pourrais-je avaler une bouchée alors que mes compagnons sont encore enfermés dans la porcherie ? Si tu veux que je mange, délivre-les d'abord.

— Puisque tu y tiens, a-t-elle dit.

Sa baguette à la main, elle est allée ouvrir les portes de l'étable. La salle s'est aussitôt trouvée envahie de beaux cochons qu'on aurait crus âgés de neuf ans tant ils étaient grands et gras. C'étaient mes compagnons. Elle les a touchés de sa baguette, les a frottés d'une autre drogue à sa façon. Peu à peu, ils ont repris leur apparence première.

— Tiens ! Ulysse ? Que fais-tu là ? a demandé le premier qui a retrouvé sa forme humaine.

— Où suis-je ? a demandé le second.

Tous s'étonnaient car ils ne pouvaient pas se rappeler ce qui leur était arrivé après leur venue au manoir. Sans tarder, les servantes leur ont donné à manger et à boire tandis que Circé s'approchait de moi pour me dire :

— Fils de Laërte, retourne au rivage. Avec les hommes qui t'y attendent, tirez le vaisseau à sec puis mettez vos biens à l'abri dans les grottes que vous trouverez à proximité. Ensuite, reviens ici en amenant tes fidèles compagnons.

J'ai fait comme elle a dit. Euryloque et les autres ont été heureux de me revoir, et plus encore d'apprendre que nos camarades étaient tous sains et saufs. Ils m'ont aidé à mettre le bateau et nos biens en sûreté. Puis nous avons rejoint Circé.

Pendant notre absence, les servantes s'étaient bien occupées de nos amis. Elles les avaient menés au bain, leur avaient donné de l'huile pour s'en enduire le corps. Déjà les tables étaient dressées pour le festin. En arrivant, nous n'avons eu qu'à nous installer.

Circé s'est adressée à nous en ces termes :

— Je sais les maux que vous avez soufferts sur la mer poissonneuse, et les peines que vous avez endurées sur le continent. Mais, allons, mangez et buvez. Il faut rétablir dans vos poitrines ce courage qui vous a fait, il y a longtemps, quitter votre patrie.

Elle a dit, et nos cœurs s'en sont trouvés réconfortés.

Alors, tous les jours, pendant une année entière, nous sommes restés à banqueter chez elle. Nous avions pain, viande, gibier et doux vin en quantité. Mais, quand les saisons ont fini un cycle, quand le printemps est revenu, mes fidèles compagnons m'ont pris à part pour me dire :

— Il est temps de penser à la patrie, Ulysse. Si le destin doit nous permettre de retourner sur la terre de nos pères, c'est maintenant qu'il faut reprendre la mer.

Ils n'avaient que trop raison. J'ai fait part à Circé de mon désir de partir. Elle a longuement soupiré avant de me répondre :

— C'est à regret, fils de Laërte, que je te verrai t'éloigner. Mais je t'ai donné ma parole. Il ne faut pas que tu restes chez moi si tu ne le désires plus. Du reste, tes amis rêvent d'une seule chose : partir ! La nuit, je les entends soupirer et gémir en pensant à leur pays. Alors allez ! Et que les vents vous favorisent ! Cependant...

— Cependant... ? ai-je demandé, un peu inquiet car je n'avais pas tout à fait oublié ses ruses de naguère.

— Avant de te diriger vers Ithaque, il te faut d'abord accomplir un autre voyage. Tu dois aller au royaume d'Hadès pour interroger l'âme du devin Tirésias. Il est le seul à qui Perséphone permet de connaître l'avenir bien qu'il soit mort. Lui te dira ta route, la longueur du chemin et comment accomplir ton retour sur la mer.

Chapitre 7

Au pays des morts

Le cœur plein d'appréhension en pensant à notre prochaine étape, nous sommes descendus au bateau et l'avons mis à l'eau. Tout le jour, nous avons vogué sur l'onde d'un bleu sombre. Un bon vent favorable gonflait notre voilure ; nous sommes restés assis en le laissant nous guider.

Puis le soleil a disparu, et la nuit a couvert tous les chemins de la mer.

Au matin, le bateau avait atteint les bords extrêmes de l'Océan aux profonds tourbillons. C'est là que se trouve le pays des Cimmériens qui vivent à proximité du lac Arverne. Sans cesse enveloppés de nuages et de brumes, ces hommes ne voient jamais le soleil car une nuit malfaisante s'étend toujours sur eux.

Après avoir tiré le bateau à terre, nous avons gagné l'endroit que Circé nous avait indiqué. Là, j'ai creusé une fosse longue et large d'une coudée environ. Pour honorer les morts, j'ai répandu d'abord du lait coupé de miel sur son pourtour, ensuite, du vin et, enfin, de l'eau pure. J'ai versé par-dessus de la fleur de farine, puis, en implorant les défunts par d'ardentes prières, j'ai immolé deux brebis, une blanche et une noire, au-dessus de la fosse. Aussitôt, les âmes des trépassés sont sorties en foule de l'Enfer. Elles poussaient des cris horribles ; moi, j'étais vert de peur.

La première âme à se présenter a été celle de ma mère, Anticlée, que j'avais laissée pleine de vie quand j'étais parti pour Troie. En la voyant, je me suis mis à pleurer, le cœur empli de pitié. Juste après elle est arrivée l'âme de Tirésias. Il m'a reconnu et m'a adressé ces mots :

— Pourquoi donc, Ulysse, as-tu abandonné la clarté du soleil, pour venir nous visiter dans ce pays sans joie ?

Comme je ne répondais rien, il a poursuivi :

— Allons ! Laisse-moi boire un peu de ce sang, et je te confierai l'exacte vérité.

Et voici, une fois qu'il a bu, quels ont été ses propos :

— C'est un retour heureux que tu désires, mais un dieu irrité te le rendra difficile. En effet, tu auras beaucoup de mal à échapper à Poséidon. Il t'en veut depuis que tu as aveuglé Polyphème, son fils. Il se peut, cependant, en dépit des épreuves que vous aurez à subir, que vous reveniez à Ithaque. Seulement, il te faudra surveiller tes hommes. Quand vous trouverez les bœufs et les moutons du Soleil sur leurs pâturages, surtout, n'y touchez pas. Même si vous avez faim, laissez ces troupeaux sans leur causer de dommage. C'est à ce prix que vous irez au bout du voyage. Mais si vous tuez ne serait-ce qu'un seul de ces animaux, je te prédis la perte de ton navire et de tes compagnons. Et toi, si tu parviens à sauver ta vie, tu regagneras ton île très tardivement. D'ailleurs, même une fois rentré, tu ne seras pas au bout de tes épreuves. Tu trouveras la ruine au cœur de ton palais, avec des hommes pleins de prétention qui mangent ton avoir et courtisent ton épouse.

Ainsi a-t-il parlé. Je lui ai demandé :

— Comment se fait-il que l'âme de ma mère se tienne à l'écart en silence, sans regarder son enfant en face ni lui adresser la parole ? Dis-moi par quel moyen elle pourrait me reconnaître.

— Si tu permets à l'un de ceux ou celles que la mort a saisis de s'approcher du sang et d'en boire, il te parlera. Sinon, retournant sur ses pas, il regagnera les Enfers.

Sur ces mots, l'âme de Tirésias s'est retirée dans la maison d'Hadès. J'ai attendu que ma mère s'approche et boive du sang noir. Aussitôt, elle m'a reconnu et, en gémissant, m'a dit :

— Mon enfant ! Comment es-tu venu dans ces ténèbres alors que tu vis encore ? Est-ce en rentrant de Troie que tu arrives ici ? N'as-tu pas encore revu Ithaque, ta femme et ton palais ?

— Mère, je suis venu ici pour consulter l'âme de Tirésias sans avoir abordé chez nous. Mais, dis-moi, quel destin t'a raidie dans la mort ? Est-ce la maladie ? Et mon père, parle-moi de lui. Comment vont Pénélope et mon cher fils que j'ai laissé alors qu'il était tout petit ?

— Télémaque, ton fils, exploite sagement tes domaines. Au palais, Pénélope, ta noble épouse, t'attend avec patience. Ton père, lui, reste à la campagne : il ne descend plus jamais à la ville. Accablé de chagrin et à l'écart de tous, il scrute sans répit la mer immense dans l'espoir de ton retour. Pour ma part, c'est ce même chagrin, ma tendresse pour toi, le regret de ton départ et les inquiétudes qui m'ont ôté la vie douce comme le miel.

Aussitôt, je me suis élancé pour étreindre l'âme de ma défunte mère mais, pareille à une ombre ou à un rêve, elle a échappé à mes bras. Une douleur aiguë m'a pénétré jusqu'au fond du cœur.

— Mère, ai-je demandé, pourquoi ne pas m'attendre lorsque je veux t'embrasser ? Ainsi, dans les bras l'un de l'autre, nous pourrions pleurer tout notre saoul.

— Hélas ! mon enfant, telle est la condition des hommes une fois qu'ils sont morts. L'âme ne vit plus que comme en songe ! Mais assez parlé ! Hâte-toi à présent de retrouver la lumière.

Sur quoi, en gémissant, elle a regagné lentement les domaines de la sombre Perséphone.

Tout de suite après, l'âme désolée d'Agamemnon est venue se présenter. Il m'a reconnu dès qu'il a bu du sang noir. En le voyant tendre vainement les mains vers moi, je me suis mis à pleurer.

— Très glorieux ami, ai-je dit, quel destin t'a été fatal ? Est-ce Poséidon, en soulevant une

funeste tempête ? As-tu été victime d'hommes féroces sur la terre ferme, alors que tu combattais pour prendre leur ville ?

Agamemnon m'a répondu aussitôt :

— Rien de tout cela, noble Ulysse ! J'ai péri de façon honteuse. Mon exécrable épouse Clytemnestre et son amant Égisthe avaient préparé ma mort de longue date. Ils m'ont assassiné, en même temps que Cassandre, que j'amenais prisonnière depuis Troie.

— Hélas ! Zeus a toujours poursuivi ta famille d'une haine farouche. C'est à cause d'Hélène que nos amis ont péri en si grand nombre !

— Toi, Ulysse, a poursuivi Agamemnon, tu auras plus de chance que moi. Ce n'est pas ta femme qui cherchera à t'assassiner, la sage Pénélope a le cœur plein de bienveillance. En revanche, nombreux sont les prétendants qui voudront te voir mort. Aussi te faudra-t-il débarquer en secret sur ta douce patrie.

Tandis que nous nous tenions ainsi à discuter sont survenues les âmes d'Achille, de Patrocle et d'Ajax. Achille m'a reconnu tout de suite. En gémissant, il m'a adressé ces paroles :

— Ulysse, comment as-tu trouvé l'audace de descendre chez le triste Hadès où habitent les défunts engourdis ?

— Je suis venu poussé par le besoin de consulter Tirésias et d'apprendre de lui le moyen de retourner dans ma patrie. Quant à toi, Achille, ne t'attriste pas d'être descendu dans les noires demeures. Quand tu vivais, nous t'honorions comme un dieu, et maintenant, c'est sur les trépassés que ta puissance s'affirme !

— N'essaie pas de me consoler de la mort, Ulysse. Crois-le, j'aimerais mieux être serviteur chez un homme pauvre en vivant encore sur la terre que de régner ici sur le peuple évanoui des défunts.

Ayant ainsi parlé, l'âme d'Achille s'en est allée, traversant à grands pas la prairie d'asphodèles.

Beaucoup d'autres âmes m'ont ensuite interrogé sur leurs propres soucis. Seule celle d'Ajax est restée à l'écart ; il m'en voulait toujours de l'avoir emporté sur lui en me faisant donner les armes d'Achille. Sans rien dire, il est retourné chez Hadès : il ne m'avait pas pardonné.

J'ai pu voir ensuite nombre de héros et d'hommes célèbres. Par exemple, j'ai aperçu Minos. Tenant un sceptre et assis sur un trône, il rendait la justice aux défunts. J'ai vu également Tantale qui endurait de cruelles peines. L'eau lui touchait le menton, mais, alors que la soif le faisait souffrir, il ne pouvait pas l'atteindre pour boire. En effet, chaque fois qu'il se penchait en avant pour se désaltérer, l'eau s'évanouissait, absorbée par le sol. Des arbres laissaient pendre leurs fruits au-dessus de sa tête : poiriers, grenadiers, pommiers, figuiers délicieux, luxuriante vigne. Mais dès que, tourmenté par la faim, il tendait la main pour les saisir, le vent les emportait jusqu'aux nuages.

J'ai également aperçu Sisyphe, lui aussi soumis à un châtiment rigoureux. À grand-peine, il poussait des deux bras un énorme rocher jusqu'au sommet d'une colline. Mais, lorsqu'il parvenait en haut, une force invincible l'entraînait en arrière, et l'impitoyable rocher dévalait aussitôt la pente pour revenir dans la plaine. Malgré la sueur qui ruisselait de ses membres, Sisyphe devait, pour toujours, recommencer à pousser cette roche.

J'ai reconnu aussi le puissant Héraclès, ou plutôt seulement son fantôme, car ce héros goûte aux joies des festins en compagnie des dieux immortels. À part lui, j'espérais voir d'autres hommes fameux qui sont morts avant nous, comme Thésée, Jason ou Persée. Seulement, autour de moi, les morts se faisaient de plus en plus nombreux. J'ai craint que, dérangée par les cris lamentables qu'ils poussaient, Perséphone ne m'envoie la tête de Gorgone, ce monstre terrible. Alors, sans plus m'attarder, je suis revenu au bateau. J'ai ordonné à mes gens de larguer les amarres. Le flot du courant a emporté le navire au large. Poussés par un vent favorable, nous nous sommes vite éloignés de ce lieu de cauchemar.

Ulysse se tait. La nuit finit d'envahir la salle des banquets. Sur la pointe des pieds, les servantes apportent des flambeaux allumés. Alkinoos et les Phéaciens, impressionnés par ce qu'ils viennent d'entendre, ne disent rien. Ils sont encore sous le charme.

C'est Ulysse qui rompt le silence :

— Nobles amis, je vois qu'il est temps de dormir. Je vais me retirer pour vous laisser aller goûter au doux sommeil.

Alkinoos prend la parole pour lui répondre :

— Étranger, il est impossible que tu sois un de ces imposteurs que la terre porte en si grand nombre. Ce que tu nous rapportes est vrai, on le sent. Et je suis sûr qu'il te reste encore beaucoup à raconter. Nous avons devant nous toute une longue nuit ; poursuis le récit de tes merveilleuses aventures ! Nous dormirons plus tard ! Je resterais volontiers éveillé jusqu'à l'aube pour t'entendre.

— Puissant Alkinoos, lui répond l'ingénieux Ulysse, s'il est un temps pour le sommeil, il en est aussi un pour les longues narrations. Si, donc, tu désires m'écouter davantage, je ne te refuserai pas ce plaisir. Mais il te faut savoir que mes prochaines aventures sont encore plus attristantes. Car mes malheureux compagnons, qui avaient survécu à la guerre…

Chapitre 8

L'appel des Sirènes

Notre bateau a bientôt retrouvé la houle du grand large. Tout le reste du jour, puis la nuit et le lendemain, nous avons couru sous le vent qui soufflait à notre avantage. Le soir n'était pas loin quand nous avons, de nouveau, pris pied sur l'île de Circé. Nous avons dormi là, sur la plage. Dès qu'a paru la belle Aurore, j'ai envoyé deux compagnons informer la magicienne de notre présence. Sitôt qu'elle a su la nouvelle, elle est accourue. Avec elle sont venues des suivantes qui portaient du pain, de la viande et du vin rouge. Se plaçant au milieu de nous, elle a dit :

— Vous qui êtes entrés vivants dans la demeure d'Hadès, mangez et buvez ici tout le jour. Dès demain, vous reprendrez la mer. Je vous renseignerai sur tout ce qui vous attend, pour que rien de funeste ne vous fasse encore souffrir.

Tout le monde lui a obéi. Jusqu'au coucher du soleil, nous avons festoyé puis mes gens sont allés dormir près des amarres. Circé m'a pris par la main et, me faisant asseoir à l'écart, elle m'a interrogé longuement. Je lui ai tout raconté. Quand j'ai terminé, elle paraissait satisfaite.

— Tu es donc venu à bout de cette épreuve. À présent, écoute attentivement mes conseils et, surtout, n'en oublie aucun. Ta survie en dépend...

Toute la nuit elle m'a parlé, m'expliquant quels pièges m'attendaient sur le chemin du retour et comment je les déjouerais. Lorsqu'a paru l'Aurore, elle est repartie vers l'intérieur de l'île. Moi, regagnant le bateau, j'ai réveillé les hommes en les invitant à rembarquer sans tarder. Le pilote a détaché les amarres, et les rames ont battu en cadence la surface sombre des flots. Une brise favorable n'a pas tardé à se lever. Elle nous a épargné toute fatigue car nous n'avons plus eu qu'à rester assis en la laissant nous conduire.

Nous sommes arrivés en vue de l'île des Sirènes. À ce moment-là, le vent est tombé brutalement. J'en ai profité, alors que nous étions à l'arrêt, pour mettre mes hommes en garde, comme Circé me l'avait recommandé :

— Mes amis, nous serons bientôt à portée de voix des terribles Sirènes. Leur chant admirable est capable de charmer tout homme qui l'entend. Mais celui qui a l'imprudence de les écouter ne reverra jamais sa femme et ses enfants. Vous le constaterez en passant, le rivage près duquel elles se tiennent est recouvert d'ossements, ceux des malheureux qu'elles ont captivés.

À cette annonce, mes hommes ont fait grise mine. Sans doute auraient-ils préféré rebrousser chemin. Je me suis empressé de les rassurer :

— Ne craignez rien, cependant, car je sais comment nous tirer de ce piège. Vous ne courrez aucun risque car vous ne les entendrez pas. Je vais vous boucher les oreilles. Ainsi vous pourrez continuer de ramer sans être distraits. Quant à moi, je vais écouter leur chant. Je sais comment ne pas y succomber.

Ils ont été d'accord, et je me suis mis à l'œuvre. Avec mon épée, j'ai taillé des morceaux dans un grand gâteau de cire. Je les ai pétris pour en faire des boulettes avec lesquelles j'ai bouché les oreilles de mes compagnons. Quand j'ai terminé, ils ne m'entendaient plus du tout. C'est par gestes que je leur ai expliqué la seconde partie de mon plan.

À ma demande, ils m'ont lié les mains ensemble ainsi que les pieds. Puis, ainsi entravé, ils m'ont attaché au mât. Plusieurs tours d'une grosse

corde solide m'ont rendu incapable du moindre mouvement.

Après avoir abaissé la voile, ils l'ont roulée et rangée au fond du bateau, puis ils ont pris les rames. Assis chacun à sa place, ils ont frappé avec vigueur la mer grise d'écume pour nous faire avancer aussi vite que possible.

Notre bateau n'est pas resté inaperçu des Sirènes qui ont entonné un chant plein d'harmonie :

— Viens ici, Ulysse plein de gloire ! Illustre enfant des dieux, arrête ton vaisseau pour nous ! Écoute notre voix si belle. Notre chanson aux sons si doux, c'est pour toi qu'elle passe nos lèvres. Entends-la, et tu sauras tout, car nous connaissons les secrets du monde. Nous savons tes malheurs, devant Troie et autour de la mer profonde. Vois notre prairie en fleur, nous t'y attendons ! Viens, Ulysse glorieux, destructeur de villes !

Elles ont ainsi chanté de leur voix ensorceleuse. Moi, je n'avais qu'une envie, celle de les rejoindre, de m'approcher pour mieux les entendre. En criant aussi fort que je le pouvais, j'ai demandé à mes compagnons de me détacher. Soit qu'ils ne m'aient pas entendu soit qu'ils aient jugé sage de ne pas m'obéir, aucun n'a bougé. Tel un forcené, j'ai tiré sur mes liens et je serais peut-être parvenu à les rompre si deux marins ne s'étaient pas levés pour venir les resserrer.

Nous sommes passés juste devant les Sirènes. Comme je l'avais annoncé, nous avons pu voir que le rivage était couvert d'os blanchis.

Mes compagnons ont continué de forcer sur les rames. Ils ont si bien propulsé le bateau qu'en peu de temps nous sommes parvenus hors de portée des voix et des chants. Euryloque, le premier, a ôté la cire de ses oreilles. En constatant que le danger était passé, il a fait signe aux autres de l'imiter. Puis ils sont venus me délivrer.

Ainsi, grâce aux conseils de Circé, j'ai pu entendre chanter les Sirènes sans avoir à payer ce plaisir de ma vie. Cela, je le crois bien, nul homme ne l'avait fait avant moi, à part Jason et ses amis.

Chapitre 9

De Charybde en Scylla

Nous étions à peine sortis de la passe des Sirènes que, devant nous, a retenti un sinistre fracas. En même temps, nous avons aperçu un nuage d'embruns pareils à ceux que provoquent des vagues énormes. Circé m'avait prévenu : je savais à quoi j'avais affaire. Mes compagnons, eux, l'ignoraient, ce qui était préférable. Néanmoins, saisis d'effroi, ils ont laissé les rames filer de leurs mains. Le bateau s'est bientôt arrêté.

Allant de l'un à l'autre, je les ai rassurés :

— Mes amis, du courage ! Le danger qui nous attend n'est pas pire que celui que nous a fait courir le Cyclope ! Vous m'avez fait confiance, et je vous ai tirés de ce mauvais pas. Rappelez-vous ces moments pour aller de l'avant ! Recommencez à frapper la mer en enfonçant vos rames dans ses flots afin que nous puissions fuir au plus vite ces parages dangereux !

Puis, m'adressant au pilote, j'ai poursuivi ainsi :

— Puisque c'est toi qui manies le gouvernail, maintiens le navire aussi loin que possible du nuage d'embruns et de ce bouillonnement de vagues que tu vois là-bas. Longe plutôt cet autre écueil au plus proche, de peur que le vaisseau ne t'échappe et n'aille nous précipiter tout droit dans le malheur.

Les compagnons m'ont obéi. Je me suis bien gardé de leur parler de Scylla qui habitait la falaise que nous longions. Je savais que, pris de panique, ils auraient de nouveau abandonné les rames pour se tapir au fond du vaisseau. Circé, en effet, avait décrit ce monstre en des termes qui auraient effrayé le plus courageux des hommes. Voici, mot pour mot, ce qu'elle m'en avait dit :

— Tu verras un rocher qui atteint le ciel de son sommet pointu. Un nuage sombre l'entoure, qui ne se dissipe jamais, ni en été, ni en automne. Même s'il avait vingt mains et vingt pieds, aucun mortel ne pourrait l'escalader ni se tenir au sommet car la roche est si lisse qu'on la dirait rabotée. À mi-hauteur de cette pente vertigineuse s'ouvre une caverne, tournée vers l'ouest. C'est là qu'habite Scylla. Sa voix n'est pas plus forte que celle d'une chienne nouvellement née ; c'est pourtant un monstre affreux que personne ne pourrait rencontrer avec plaisir. Elle possède douze pieds, tous difformes, et six cous, d'une longueur démesurée. Au bout de chacun se trouve une tête effroyable, avec une gueule à trois rangées de dents aiguës, pleine des ténèbres de la mort.

« Ce monstre terrible se tient enfoncé jusqu'à mi-corps dans le creux de la caverne. Elle tend ses têtes au-dehors et, de là, elle pêche dans la mer devant elle. Dauphins et requins sont ses proies habituelles même si, à l'occasion, elle prend un animal encore plus gros, comme la mer profonde en nourrit par milliers. Jamais un équipage n'a pu se vanter d'avoir défilé devant elle sans subir perte et dommage : avec chacune de ses têtes, Scylla emporte un homme qu'elle saisit dans le vaisseau qui passe.

Dans la salle si calme du palais d'Alkinoos, les paroles d'Ulysse prennent un relief particulier. Tous ceux qui l'écoutent sont des marins chevronnés. Tandis que le héros reprend son récit, chacun se demande en silence ce qu'il aurait fait à sa place.

Circé m'avait ordonné de ne pas m'armer contre ce monstre. Je n'ai pas écouté son avis et, ayant pris en mains deux longs javelots,

je suis allé me poster à l'avant du bateau. Là, j'ai attendu que paraisse ce monstre qui devait faire le malheur de plusieurs de mes hommes. Seulement, j'ai eu beau me fatiguer les yeux à inspecter la paroi rocheuse, je n'ai pu le découvrir nulle part.

Le cœur serré par l'angoisse, nous voguions dans la passe. D'un côté se trouvait la funeste Scylla. De l'autre, pas plus loin qu'à une portée de flèche, la terrible Charybde recrachait l'eau de la mer avec un bruit épouvantable.

Elle réside au pied d'un écueil peu élevé sur lequel a poussé un grand figuier sauvage au feuillage abondant. Trois fois par jour, elle engloutit l'eau noire. Son gouffre paraît être en ébullition, un mugissement effrayant retentit tout autour du rocher, et le fond de cet abîme laisse apparaître le sable d'un bleu sombre. Trois fois, avec un gargouillis effroyable, elle rejette l'eau qu'elle a avalée. Alors, elle bouillonne tout entière, en grondant comme une marmite énorme posée sur un grand feu. Une écume abondante jaillit et retombe en cascades sur les crêtes des rochers voisins.

Pour l'heure, elle vomissait l'eau écumante, et nous la regardions faire en redoutant la mort. Scylla en a profité pour nous enlever six hommes. Six compagnons robustes aux bras vaillants. En tournant les yeux vers le haut, j'ai vu les pieds et les mains de ceux que le monstre avait déjà enlevés dans les airs. Le cœur plein d'affliction, ils criaient, m'appelaient et redisaient mon nom pour la dernière fois. Pareils à des poissons qu'un pêcheur a jetés hors de l'eau encore tout palpitants, ils frétillaient en se sentant soulevés contre ce rocher.

À l'entrée de son repaire, Scylla les a dévorés. Ils ont poussé des cris horribles et tendu les mains vers moi à ce moment atroce. Mes yeux ont vu alors la plus abominable de toutes les horreurs que j'ai dû supporter en explorant la mer infinie.

Chapitre 10

Les génisses du Soleil

Ayant ainsi, tant bien que mal, échappé aux terribles Charybde et Scylla, nous sommes arrivés à l'île du dieu Soleil. Là se trouvaient ses belles vaches aux longs cils et ses nombreuses génisses. Nous étions encore en mer quand nous les avons entendues meugler dans leurs parcs. Repensant à l'avertissement de Tirésias, j'ai dit à mes gens :

— Écoutez bien ! Tirésias m'a conseillé d'éviter l'île que nous voyons. Le plus affreux malheur nous y attend, et je vous suggère que nous passions au large.

Euryloque m'a répondu aussitôt :

— Tu es cruel, Ulysse. Tu n'es jamais fatigué, au point qu'on pourrait croire que tu as été fabriqué avec du fer. Dans cette île, nous autres, tes compagnons qui sommes épuisés, aurions pu débarquer et préparer un repas chaud. Mais toi, tu veux nous faire errer à travers la nuit. Je propose que nous accostions et que nous prenions notre dîner en restant près du bateau. Demain, dès l'aube, nous reprendrons la mer.

Les autres l'ont approuvé. Alors, je leur ai dit :

— Force m'est de céder. Débarquons, soit ! Mais jurez-moi que, si nous trouvons un troupeau, aucun de nous ne commettra la fatale imprudence de tuer un bœuf ou une vache !

Tous ont aussitôt prêté serment. Nous sommes descendus à terre où les hommes ont préparé et pris le repas. Une fois rassasiés, ils ont songé, les larmes aux yeux, à ceux des leurs que Scylla avait dévorés. Ils pleuraient encore, quand le sommeil est venu les saisir.

Nous étions aux deux tiers de la nuit lorsque Zeus a déclenché un vent qui s'est mis à souffler en violentes rafales ; il recouvrait de brume et la terre et la mer, rendant toute navigation impossible. J'ai réuni mes gens pour les supplier à nouveau.

— Nous allons devoir rester ici quelque temps, ai-je dit. Mais, puisque nous avons de la nourriture en quantité, ne touchons pas aux vaches du Soleil, sinon il arriverait malheur.

Seulement, le vent a soufflé tout un mois, sans aucune relâche. Les vivres sont venus à manquer. La faim a contraint mes compagnons à chasser des oiseaux, à pêcher des poissons, à prendre tout ce qui pouvait leur tomber sous la main pour le manger.

Un jour, je suis parti explorer l'intérieur de l'île en quête de gibier. C'est ainsi que j'ai perdu mes hommes de vue. Euryloque en a profité pour s'adresser à eux en leur tenant ces propos funestes :

— Toutes les morts sont odieuses, mais mourir de faim est la plus pitoyable de toutes. Je suis d'avis de sacrifier quelques-unes des bêtes appartenant au Soleil. S'il nous en veut, s'il décide de couler notre bateau et si les autres dieux l'approuvent, j'aime mieux perdre la vie d'un coup, la bouche ouverte dans l'eau, que de rester mourir à petit feu sur cette île déserte !

Les autres l'ont approuvé.

Aussitôt, ils ont entouré les belles génisses, ont choisi les plus appétissantes puis, après une brève prière, les ont égorgées. Ils ont détaché les cuisses, les ont recouvertes d'une couche de graisse et les ont fait brûler en offrande aux dieux puissants. Aussitôt qu'elles ont été consumées, ils ont découpé les viscères et le reste de la viande en petits morceaux qu'ils ont enfilés sur des broches.

Pour ma part, j'avais repris le chemin du bord de la mer et j'allais arriver près du bateau lorsque l'agréable odeur de la viande a frappé mes narines. J'ai gémi et crié vers les dieux immortels :

— Zeus Père, et vous, les autres bienheureux, c'est pour faire mon malheur que vous m'avez éloigné de mes compagnons, le temps qu'ils commettent une faute monstrueuse !

Seulement, le Soleil savait déjà qu'on avait immolé ses génisses. Le cœur plein de colère, il s'est adressé aux autres dieux :

— Zeus Père, et vous, les autres bienheureux, punissez les compagnons d'Ulysse. Ils ont eu l'insolence de tuer ce bétail que je voyais avec tant de joie lorsque je m'élevais dans le firmament et que je descendais de nouveau vers le sol. C'est intolérable ! Si vous refusez de leur infliger le châtiment qu'ils méritent, je quitte la terre sur-le-champ et pars briller sur les morts, dans la maison d'Hadès.

Zeus lui a répondu :

— Soleil, continue à briller au-dessus de la terre où pousse le blé. Pour les coupables, je vais frapper leur bateau de ma foudre éclatante, et le briser en morceaux au milieu de la mer violette.

C'est Calypso, la nymphe aux beaux cheveux, qui, par la suite, m'a raconté ce qui s'était dit au conseil des dieux. Elle-même le tenait d'Hermès, le messager divin.

En arrivant au vaisseau, j'ai adressé de vifs reproches à mes hommes. Mais il n'y avait plus rien à faire : les génisses étaient mortes et bien mortes. Pourtant, d'étonnants prodiges ont alors éclaté sous nos yeux : les peaux rampaient, les chairs cuites ou crues meuglaient autour des broches. C'était l'œuvre des dieux qui nous manifestaient leur mécontentement.

Le lendemain, quand l'Aurore a réveillé le jour, le vent avait cessé de souffler en tempête. Nous avons pu remonter à bord, dresser le mât, hisser la voile blanche et prendre le large. Nous avons laissé l'île du Soleil derrière nous, mais nous ne sommes pas allés très loin. Alors que nous n'apercevions partout que du ciel bleu, Zeus a arrêté un

nuage sombre juste au-dessus de notre bateau. Il a obscurci la mer autour de nous.

Une rafale a soufflé avec tant de violence que le mât s'est brisé en deux. Un morceau, en tombant, a heurté le crâne du pilote et lui a broyé sur le coup tous les os de la tête. Au même moment, Zeus a tonné et lancé sa foudre sur nous. Le bateau s'est mis à tourner sur lui-même, rempli d'une fumée qui sentait fort le soufre. Mes compagnons ont tous sauté à la mer. Un moment, ils se sont maintenus à la surface de l'eau noire. Puis, lentement, les flots les ont emportés au loin. Je n'en ai revu aucun.

Moi, je suis resté à bord jusqu'à ce que la force des vagues disloque la quille et les parois du bateau. J'ai alors vu une courroie en cuir solidement attachée à la base du mât. Je l'ai saisie et m'y suis cramponné. Bientôt, les morceaux de ce qui avait été notre navire se sont tous éparpillés, et moi, à cheval sur mon tronçon de mât, j'ai commencé à dériver au gré des vents.

Quelle n'a pas été mon angoisse quand j'ai remarqué qu'ils me poussaient vers la terrible Charybde ! Tout le long de la nuit, j'ai été emporté vers elle. Quand le soleil s'est levé, j'ai vu que j'étais arrivé près de son gouffre qui engloutissait l'eau salée de la mer.

Au prix d'un saut désespéré, j'ai réussi à saisir une branche du figuier et à m'y suspendre. Faute de pouvoir grimper plus haut – les grosses branches étaient hors de portée – ou de prendre appui sur les racines qui étaient trop loin, je suis resté là, accroché comme je l'ai pu. Suspendu par les mains et les pieds comme une chauve-souris, j'ai attendu que Charybde vomisse l'eau qu'elle avait avalée. Le soir venait quand elle a commencé à bouillonner. Je l'ai vue recracher le morceau de mât qui m'avait sauvé la vie. J'ai sauté dessus et me suis mis à ramer des deux mains pour m'éloigner dans la passe. Zeus protecteur n'a pas voulu que je sois vu par Scylla – sinon je ne serais pas ici à vous raconter mes aventures –, et je me suis tiré sain et sauf de ce nouveau danger.

Pendant neuf jours, j'ai dérivé sans savoir où m'emportaient les flots. Dans la nuit du dixième, les dieux m'ont fait aborder sur l'île de Calypso... Mais, sans doute, ai-je parlé trop longtemps. Vous devez être bien las de m'entendre.

— Certes non, cher Ulysse ! répond l'assemblée en chœur. Ton récit nous passionne. Continue, s'il te plaît !

Chapitre 11

Comment quitter Calypso ?

J'ai passé sept ans là, sur l'île de Calypso. Sept très longues années. Faute de bateau, je n'avais aucun moyen d'en partir, et je me croyais bien condamné à y finir mes jours. La belle nymphe ne me traitait pas mal. Au contraire, elle était aux petits soins pour moi. Mais je rêvais seulement de m'en aller. Pas un jour ne s'écoulait sans que je pense à Ithaque. Je voulais serrer ma chère épouse dans mes bras, prendre mon fils par la main, revoir mon père dont je n'avais plus de nouvelles. Et le temps passait, passait...

Un jour, cependant, alors que les dieux étaient assemblés autour de Zeus, Athéna leur a dit :

— Père, et vous autres, dieux bienheureux, personne ne semble se souvenir d'Ulysse. Il est chez la nymphe Calypso qui le retient de force auprès d'elle. Pendant ce temps, chez lui, les prétendants complotent pour tuer son fils, intriguent pour épouser Pénélope et le dépouillent peu à peu de tout ce qu'il possède !

Zeus lui a alors répondu :

— Mon enfant, tu as raison ! Son retour dans la patrie a été suffisamment retardé. Je vais ordonner à Calypso de le laisser partir.

S'adressant au brillant messager, il lui a dit :

— Va, Hermès ! Dis à Calypso que la décision des grands dieux est prise et qu'elle est sans appel : Ulysse doit s'en aller de chez elle.

Hermès ne se l'est pas fait dire deux fois. Il a fixé à ses pieds les sandales ailées et, après s'être laissé tomber du ciel sur la mer, il a couru sur les flots jusqu'à l'île du bout du monde où Calypso habite. Elle vit là, dans une vaste grotte près de laquelle prospère une vigne en pleine force, toujours couverte de grappes. Tout autour s'étendent de molles prairies fleuries. De beaux arbres y poussent, sapins, peupliers, cyprès parfumés, où de grands oiseaux font leur nid.

Après s'être arrêté un moment pour admirer ce paysage délicieux, le messager est entré dans la spacieuse grotte. Calypso était chez elle, à tisser une toile fine. Un grand feu brûlait dans la cheminée, et la nymphe aux belles tresses faisait vivement aller et venir la navette d'or.

En le voyant entrer, elle a demandé :

— Qu'est-ce qui t'amène chez moi, cher dieu ?

Hermès lui a répondu :

— Zeus sait que tu gardes auprès de toi le plus infortuné des héros qui combattirent devant Troie. Aujourd'hui, il t'ordonne de le renvoyer au plus vite, car son destin n'est pas de demeurer ici mais de rentrer dans son pays et de revoir ses proches.

Calypso, en l'entendant, a frémi des pieds à la tête avant de dire :

— Que les dieux sont cruels et d'une envie sans bornes ! Si une déesse veut s'unir à un mortel, vous jalousez son bonheur et n'êtes pas satisfaits tant qu'il n'est pas réduit à néant ! Vous me reprochez la présence d'un homme à mon côté. Pourtant je l'ai sauvé, lorsqu'il est arrivé, seul, à cheval sur un morceau de mât. Et c'était Zeus, d'un coup de foudre, qui avait détruit son bateau alors qu'il flottait sur la mer couleur de vin. C'est moi qui l'ai accueilli, qui l'ai nourri, qui lui ai offert de devenir immortel s'il voulait m'épouser ! Hélas, puisqu'il n'est pas possible de résister à la volonté de Zeus, qu'il s'en aille ! Simplement, je ne peux pas le renvoyer chez lui car je n'ai ni vaisseau ni marins pour le conduire.

— Renvoie-le comme il est venu, a dit Hermès.

Et sur ses mots, il est reparti sur l'Olympe.

Calypso, des larmes plein les yeux, est alors venue me rejoindre pour me raconter cette visite. J'étais assis sur le rivage, à contempler tristement la mer immense et toujours changeante.

— Ulysse ! m'a-t-elle appelé de loin. Ulysse, je ne veux plus que tu te consumes par ma faute. J'ai décidé de te laisser partir.

— Mais comment ? ai-je demandé. Disposes-tu d'un vaisseau que tu m'aurais caché ?

— Tu vas te construire un radeau. Viens, je vais te montrer où trouver de grands troncs. Tu les assembleras solidement avec les outils que je te confierai. Et, quand tu seras prêt, je te donnerai tout ce dont tu auras besoin pendant la traversée.

En l'entendant, je n'ai pas pu croire qu'elle disait vrai. Plein de crainte, car je redoutais un mauvais tour, je lui ai dit :

— Assurément, déesse, ce n'est pas mon retour que tu souhaites mais ma mort. Tu veux me lancer en radeau sur le grand gouffre de la mer alors que les bateaux solides et bien équilibrés ont du mal à le franchir ! Je ne monterai pas sur une telle embarcation à moins que tu jures solennellement que tu n'as pas décidé ma perte !

En m'entendant, la belle Calypso a souri. Elle m'a caressé de sa main avant de dire :

— Je te reconnais bien là, Ulysse. Toujours à voir des ruses et des traîtrises partout. En même temps, ta prudence fait honneur à ta sagesse. Eh bien ! je le jure sur le père Styx : ce que je veux, c'est que tu rejoignes au plus vite les tiens, puisque tu les aimes plus que moi. Je n'ai pas un cœur de fer dans la poitrine, et tu me fais pitié !

Comme le soir venait, nous sommes retournés ensemble au logis de la nymphe. Les suivantes ont disposé près de moi les aliments et les breuvages que consomment les hommes dont le destin est de mourir. À Calypso, elles ont servi l'ambroisie et le rouge nectar, qui sont la nourriture et la boisson des dieux immortels. La nymphe a fait une dernière tentative pour me garder en disant :

— Si tu savais combien de difficultés le sort te réserve, tu resterais ici avec moi et tu accepterais de partager mon repas qui te rendrait immortel.

Très doucement, je lui ai répondu :

— Auguste déesse, ne sois pas irritée contre moi ! Ce que je veux, c'est rentrer chez moi. Et si un dieu décide de m'envoyer de nouvelles épreuves, je m'y résignerai.

Comme la nuit était venue, nous sommes allés dormir, au fond de la grotte profonde. Mais sitôt qu'a paru le jour du lendemain, j'ai demandé à Calypso de me donner les outils qu'elle avait promis. Elle m'a remis une grande cognée de bronze, avec un beau manche en bois d'olivier parfaitement ajusté, ainsi qu'une hachette bien aiguisée.

En marchant devant moi, elle m'a mené à un endroit, à la pointe de l'île, où de grands arbres avaient poussé. Aulnes, peupliers noirs et sapins s'élevaient jusqu'au ciel. Ces arbres, morts depuis longtemps et vidés de leur sève, étaient devenus très légers et pouvaient flotter aisément. Tandis que Calypso regagnait sa demeure à pas lents, je me suis mis au travail avec enthousiasme. J'ai coupé vingt troncs, je les ai ébranchés, dégrossis et polis avec soin.

Quelque temps plus tard, Calypso est revenue. Elle apportait des outils pour faire des trous dans le bois. J'ai pu ainsi ajuster les troncs ensemble au moyen de grosses chevilles et rendre le radeau plus solide en le renforçant avec des traverses. J'ai ensuite planté un mât, façonné et fixé un gouvernail, pour ne pas naviguer à l'aveuglette. Calypso m'a enfin donné de la toile, dont je me suis servi pour faire des voiles. Je les ai attachées à de longues perches afin de pouvoir les hisser au mât. Le radeau était achevé. Il ne restait plus qu'à l'amener à la surface de l'eau, ce que j'ai fait au moyen de leviers.

En quatre jours, j'ai terminé mon travail. Et c'est le cinquième que la divine Calypso m'a laissé quitter son île. Après m'avoir baigné et revêtu d'habits propres, elle a placé sur le radeau une outre de vin noir et une autre, plus grande, pleine d'eau. Elle a aussi chargé à bord un grand sac en cuir rempli de provisions réconfortantes.

Là-dessus, elle m'a dit tendrement adieu et, retenant ses larmes amères, a fait souffler pour moi un petit vent tiède et favorable.

Je vous laisse, mes chers amis, imaginer quelle joie était la mienne, moi qui avais cru ne plus jamais repartir de là. Installé au gouvernail, j'ai dirigé mon radeau en me guidant d'après les étoiles, en particulier celles d'Orion qui, à aucun moment, ne disparaissent dans l'océan. Calypso, en effet, m'avait ordonné de naviguer en gardant toujours cette constellation à ma gauche. J'ai vogué ainsi pendant dix-sept jours entiers avant d'apercevoir les montagnes de votre île. Je comptais accoster heureusement quand Poséidon m'a aperçu sur mon radeau. Il a alors déclenché une tempête si terrible, si violente, que mille fois, au moins, j'ai cru tomber à l'eau et servir de pâture aux poissons.

Il faut croire, pourtant, que les dieux ne voulaient pas ma mort puisque j'ai pu rejoindre le rivage et que, finalement, me voici devant vous pour vous supplier de m'aider à rentrer chez moi !

Dans la salle assombrie du palais, la voix fatiguée mais vibrante d'Ulysse prend une étrange résonance.

— S'il vous plaît, nobles Phéaciens, puisque vous en avez le pouvoir, faites que je revoie bientôt ma verte Ithaque !

Alkinoos se lève et, s'approchant de son invité, entoure ses épaules de son bras.

— Allons, ami, il est plus que temps de céder au sommeil invincible. Demain, nous verrons quelle réponse te donner. Mais, sache-le, je ferai tout ce qui est en mon pouvoir pour t'aider !

Le retour d'Ulysse

Chapitre 12

L'arrivée à Ithaque

Le lendemain, aussitôt que l'Aurore sort de son berceau de brume, Alkinoos et les Phéaciens accompagnent Ulysse au port. Un bateau attend, prêt à appareiller : des hommes sont assis sur les bancs, un pilote a la main posée sur le gouvernail. On a embarqué des cadeaux somptueux que le roi et les nobles font à leur illustre invité : des trépieds en bronze poli, des coupes et des cratères en or, des coffres de cuir cloutés d'argent, une pièce de toile blanche que la belle Nausicaa a tissée de sa main...

Déjà Ulysse est à bord. De la pierre trouée, on détache l'amarre, et bientôt, reins cambrés, les marins tirent sur les rames qui font écumer la mer couleur de vin. Les rives de Phéacie s'éloignent rapidement : le bateau fend la mer, si vite que même un épervier aurait du mal à le suivre.

Quand vient le soir, Ulysse constate qu'il n'a pas récupéré de la fatigue du naufrage. Malgré son envie de rester éveillé, il sent tomber sur lui le doux sommeil. Alors, sans sursaut, il se laisse aller. Il s'allonge sur son manteau, ferme les yeux et s'endort.

De leur côté, les matelots ne faiblissent pas ; un bon petit vent arrière gonfle la voile. Aussi, en même temps que naît l'Aurore, les côtes de la verte Ithaque apparaissent dans le lointain.

À l'extrémité de l'île, entre deux pointes qui dressent face à face des falaises abruptes, les

Phéaciens connaissent un port. Ils y font entrer le bateau, à l'abri du vent et de la houle. Ulysse dort toujours.

— Réveillons-le, dit un des marins. Puisque le voici chez lui.

— À quoi bon ? répond le capitaine. Il voudra nous remercier encore, et nous perdrons un temps précieux en bavardages. Tandis que si nous repartons tout de suite, demain nous serons de retour.

Les autres l'approuvent. Pour ne pas retarder le départ, ils portent à terre Ulysse, qui n'a pas ouvert les yeux, et les cadeaux qu'on lui a faits. Puis, sans perdre un moment, ils font faire demi-tour au bateau et s'en vont sur la mer profonde.

Quand, bien plus tard, Ulysse ouvre enfin les yeux, il ne voit pas le soleil car tout est plongé dans un épais brouillard. Il ne peut rien reconnaître.

— Hélas ! s'exclame-t-il, ces gens de Phéacie se sont moqués de moi et m'ont déposé nul ne sait où ! Comment deviner si j'ai atterri chez un peuple sauvage et sans justice ou chez des gens accueillants qui respectent les dieux ?

Il ignore qu'il se trouve chez lui mais qu'Athéna a dissimulé le paysage à ses yeux. Elle n'a pas voulu que, dans sa joie, il se précipite en ville ou au palais et se fasse reconnaître. Elle veut lui parler d'abord, lui décrire la situation, le prévenir du danger qu'il court.

Tandis que le héros se désole, la voici qui s'avance sur le chemin. Elle a pris l'apparence d'un jeune berger, un bâton à la main.

— Ami, je te salue ! lui lance Ulysse, tout content de voir paraître quelqu'un. Accueille-moi sans haine, je t'en supplie, et dis-moi : quel est donc ce pays ? Quel est le peuple qui l'habite ?

— As-tu perdu la tête, réplique Athéna, pour m'interroger comme si cette terre était inconnue alors que sa renommée est allée jusqu'à Troie ? Elle est faite de rochers peu propices à l'élevage des chevaux mais, sans être vaste, elle produit du blé et du vin plus que nécessaire. Elle a de la pluie quand il faut, et des sources. Un bon pays à chèvres ! Un bon pays à porcs ! Du bois de toutes espèces. Voilà, étranger, pourquoi le nom d'Ithaque est bien connu partout sur la terre.

En l'entendant, Ulysse ne se sent plus de joie. Pourtant, il n'en montre rien. Chez lui, la prudence est toujours la plus forte. Il dit :

— Ithaque ? J'en ai entendu parler en effet. Mais je n'y étais jamais venu. Je viens juste de débarquer d'un bateau qui m'a conduit ici depuis la lointaine Crète. Et je compte bien...

Athéna l'interrompt en éclatant de rire :

— Quel extraordinaire menteur tu fais, Ulysse ! Mais cesse tes balivernes. Tu as beau être le plus rusé de tous les hommes, tu ne me trompes pas. Pas moi.

— Chère déesse, répond Ulysse qui la reconnaît d'un coup, comment aurais-je pu savoir à qui j'avais affaire ? Même les dieux immortels s'y seraient laissé prendre. Dis-moi plutôt comment il se fait que je ne reconnaisse rien du paysage ?

— Je l'ai dissimulé à tes yeux pour t'empêcher de céder à l'enthousiasme. Car il faut que tu le saches, beaucoup de soucis t'attendent encore. Mais regarde, plutôt. La voici, ta terre !

À ces mots, elle disperse les nuages. Le pays apparaît. Quelle joie pour Ulysse ! Il se jette à genoux, baise la terre nourricière, puis, les mains tendues vers le ciel, il s'écrie :

— Ô grand Zeus et vous dieux immortels qui m'avez accordé le retour, je vous salue ! Acceptez mes plus ardentes prières. Et je le jure, bientôt, comme autrefois, vous aurez mes offrandes !

Cependant Athéna l'interrompt :

— Écoute bien, je vais te donner mes instructions. Suis-les en tout point. Pour commencer, je vais te rendre méconnaissable. Personne, pas même ta femme ou ton fils, ne pourra deviner qui tu es. Après quoi, il te faudra aller chez Eumée, le chef de tes porchers. Lui t'est resté fidèle. C'est là que tu attendras la venue de Télémaque. Je vous expliquerai alors ce qu'il conviendra de faire.

Elle dit et effleure Ulysse de la main. Aussitôt, la peau du héros se flétrit tandis que ses membres deviennent raides. Sur sa tête, ses cheveux se font rares. Il se courbe vers le sol, pareil à un vieil homme. Ses beaux yeux étincelants deviennent ternes. Les vêtements luxueux dont Alkinoos l'a revêtu ne sont plus que des loques tachées et noircies de fumée. Puis, tandis qu'appuyé sur un bâton noueux Ulysse dirige ses pas vers le centre de l'île, Athéna aux yeux bleus remonte sur l'Olympe.

Chapitre 13

Chez le fidèle Eumée

Au bout du sentier malaisé qui escalade la colline depuis le port, Ulysse trouve le porcher assis sur une pierre. Il est en train d'ajuster à son pied des sandales taillées dans du cuir résistant. Soudain, les chiens aperçoivent le visiteur et courent vers lui en grondant et en aboyant. Eumée s'empresse de les calmer et dit :

— Vieil homme, pour un peu mes chiens allaient te mettre en pièces ! Comme si je n'avais pas assez de soucis ! Mais allez, suis-moi ! Je veux que tu manges à ta faim le pain de mon bon maître – fassent les dieux qu'il soit toujours en vie ! – et que tu boives de son vin. Il t'aurait invité lui-même s'il était présent, car il a toujours observé les saintes lois de l'hospitalité !

Le porcher mène le visiteur chez lui où il le fait asseoir sur un banc recouvert d'une peau de chèvre. Puis il va vite à la porcherie, y saisit une paire de porcelets, les immole, les embroche. Dès qu'ils sont cuits et croustillants, il les apporte tout fumants à Ulysse.

— Allons ! mange, l'ami ! C'est un repas modeste car les beaux cochons bien gras vont aux prétendants qui les dévorent sans remords. Mon maître avait beaucoup de biens mais, depuis qu'il est parti, des intrigants pillent tout.

— Ami, tu parles joliment de ton maître absent, mais qui est-ce ? Dis-moi son nom. Je l'ai peut-être vu et, si ça se trouve, je pourrai te donner de ses nouvelles. J'ai tant parcouru le monde !

— Des nouvelles ! Même si tous les marins qui écument les mers venaient nous en donner, ils ne nous convaincraient plus, ni moi, ni sa femme ou son fils ! Pour obtenir le gîte et le couvert, les vagabonds inventent mille mensonges. En réalité, je pense que les chiens et les oiseaux ont décharné les os d'Ulysse depuis longtemps. À moins que les poissons ne l'aient mangé. Quoi qu'il en soit, il est mort. Et pour nous tous, la vie n'est plus que tristesse.

— Eh bien ! moi, je te dis que tu verras Ulysse rentrer chez lui avant la fin de ce mois.

Pour toute réponse, le porcher se contente de hausser les épaules.

Le lendemain, à peine l'Aurore a-t-elle paru que Télémaque se met en chemin pour aller chez Eumée. Dans la cabane, Ulysse et le porcher préparent le repas du matin ; ils ont allumé le feu et envoyé glander cochons, truies et pourceaux qu'ont suivis les bergers. Quand le jeune homme arrive à proximité du logis, les chiens l'entourent et l'accablent de caresses.

— Eumée, dit Ulysse, on vient te voir, j'ai entendu des pas. Et c'est un de tes amis, car les chiens n'aboient pas.

Il n'a pas fini de parler que son fils est devant la porte. Étonné, le porcher se lève et va droit à son jeune maître. Tel un père accueillant un enfant chéri, il lui baise le front et les mains en versant une larme.

— Te voilà, Télémaque, ma douce lumière ! Entre, mon cher enfant !... Tu te fais rare à la campagne. As-tu tant de plaisir à n'avoir toujours sous les yeux que la vilaine troupe des prétendants ?

Sans répondre, Télémaque franchit le seuil et, déjà, son père se lève pour lui laisser la banquette. Le jeune homme l'arrête d'un geste et lui dit :

— Reste assis, étranger ! Je vais m'installer ici.

Il prend place sur le banc, face à Ulysse, pendant que Eumée s'empresse de servir sur un plateau à viandes le rôti qui reste de la veille. Il dispose du pain dans les corbeilles, mêle le vin à l'eau.

— Cet invité, d'où te vient-il, petit père ? demande Télémaque.

— Il se prétend natif de Crète et dit avoir vécu des aventures sans nombre au gré de ses voyages. Mais à présent, je te le confie, puisque tu es le maître !

Tristement, Télémaque le regarde et dit :

— Les mots que tu viens de prononcer sont cruels, Eumée. Tu sais bien que je ne suis pas maître chez moi ! Comment pourrais-je l'y accueillir ?... Il vaudra mieux le garder dans ta cabane. J'assurerai sa subsistance, pour qu'il ne soit pas une charge pour toi. Mais je ne veux pas qu'il aille en ville. Qui sait le sort que lui feraient subir les prétendants, eux qui ne respectent rien ni personne ! S'ils l'outrageaient ou le maltraitaient, je serais incapable de le défendre, et j'aurais du chagrin !

Ulysse, alors, prend la parole pour dire :

— Jeune ami, tu me fends le cœur quand je t'entends décrire le comportement de ces prétendants ! Dis-moi, est-ce que tu les supportes parce que le peuple a pris parti contre toi ? Si ce n'est pas le cas, et si je me trouvais à ta place, j'aimerais mieux mourir que de devoir subir leurs mauvaises actions jour après jour !

— Oh ! Ce n'est pas que mon peuple me déteste ! Seulement je suis fils unique, et je ne veux pas, en perdant la vie, laisser ma vénérable mère sans soutien, puisque le roi, mon père, n'est pas revenu de Troie. Mais laissons cela pour l'heure. Toi, mon ami, ajoute-t-il à l'adresse du porcher, je suis venu te dire que l'intendant désire te voir.

— C'est entendu, répond Eumée. J'avais prévu ton ordre et comptais me rendre au palais aujourd'hui. C'est ce que je vais faire sans plus perdre de temps. Je te laisse avec ton invité. Tu verras, il a tant de choses à raconter que tu ne t'ennuieras pas en l'écoutant.

Sur quoi, il se lève, met ses sandales à ses pieds et s'en va à la ville. À peine est-il sorti qu'Athéna se présente à nouveau. Elle a pris l'aspect d'une belle femme, mais apparaît seulement aux yeux d'Ulysse. Les chiens, pourtant, devinent sa présence : sans aboyer, ils se réfugient en gémissant dans le coin le plus éloigné du logis. La déesse fait signe à Ulysse de la suivre dans la cour et lui dit :

— Il est temps de révéler à ton fils qui tu es. Il vous faut combiner la perte des prétendants et aller en ville. Je serai là, à vos côtés, ne songeant qu'à la bataille.

Sur ces mots, elle l'effleure de la main, replace son manteau et son écharpe neufs sur ses épaules puis lui rend la belle allure de la jeunesse. Sa peau se colore et redevient souple et brillante, ses joues se remplissent, une barbe aux reflets d'azur lui couvre le menton, son regard retrouve l'éclat de la braise.

Et là-dessus, la déesse disparaît.

Quand Ulysse rentre dans la cabane, son fils est saisi d'effroi. Craignant d'avoir affaire à un immortel, il dit, d'une voix troublée :

— Quel changement ! Serais-tu l'un des dieux, maîtres du ciel ?

— Mon fils, je suis Ulysse, ton père ! Celui qui t'a coûté tant de pleurs et tant d'inquiétude.

Tout en parlant, il lui baise les joues tandis que tombe au sol le flot des larmes qu'il a retenues jusque-là. Télémaque fait un pas en arrière en s'écriant :

— Non, tu n'es pas Ulysse ! Un dieu me trompe afin d'augmenter ma peine. Car un simple mortel ne peut pas se changer comme ça.

— C'est bien moi, pourtant, ton père ! Si, après tant de malheurs et tant d'années, je reviens au pays, c'est grâce à Athéna. C'est elle qui m'a métamorphosé, pour éviter que mes ennemis ne me reconnaissent et ne me fassent du mal !

Alors, Télémaque admet qu'il dit vrai. Il serre Ulysse contre lui et fond en larmes. Le père et le fils pleurent longtemps puis, quand ils ont séché leurs joues, Ulysse demande :

— Avant tout, fils, dis-moi et le nombre de nos ennemis et leurs noms. Que je sache si nous pouvons les attaquer seuls ou s'il nous faut de l'aide.

— Ah ! mon père, comment lutter à deux contre eux tous ? S'ils n'étaient qu'une dizaine ou deux ! Mais ils sont cent vingt au bas mot. Nous imagines-tu nous attaquer à cette bande ? Si, au moins, tu avais des alliés qui pourraient nous secourir !

— Des alliés, je vais t'en citer deux : Zeus et sa fille, Athéna. Est-ce qu'ils te semblent suffire ?

— À coup sûr, ce sont d'excellents soutiens, mais un peu trop haut dans les nuages à mon goût !

— Je n'ai besoin d'aucun autre, crois-le. Voici ce que j'ai l'intention de faire. Demain, tu rentreras au palais retrouver ces prétendants. Un peu après, Eumée me conduira en ville. Une fois là...

Ils sont encore à parler et à mettre au point leur plan quand le soir tombant ramène le porcher au logis. Athéna, qui l'a vu venir de loin, s'empresse de rendre son aspect misérable à Ulysse.

— Bonsoir, petit père ! le salue Télémaque. Que dit-on en ville ?... Nos fougueux prétendants sont-ils toujours au palais ?

— Pourquoi en serait-il autrement ? Ils y festoient aux frais d'un autre ! Mais je ne veux pas parler des choses qui fâchent. Préparons plutôt le souper. Et après avoir bien apaisé la soif et l'appétit, nous irons paisiblement goûter au plaisir du sommeil.

Chapitre 14

Retour au palais

Le lendemain, dès que l'Aurore émerge de son berceau de brume, Télémaque retourne en ville. Avant de s'en aller, il demande à Eumée :

— Petit père, je veux que tu conduises ce pauvre étranger au palais. Il y mendiera son pain, et je veillerai...

— Ne te soucie pas de moi, jeune ami, le coupe Ulysse, je me mettrai en chemin dès qu'un peu de chaleur aura ragaillardi mes vieux os.

Et de fait, dès que le soleil a parcouru quelque distance au-dessus de l'horizon, Ulysse et le porcher dirigent leur pas vers la ville. Bientôt, ils atteignent le bas de la côte escarpée, dépassent la source bien maçonnée où la ville puise l'eau, parcourent les rues tortueuses et, finalement, arrivent devant le palais du roi.

Ulysse dit alors au porcher :

— Va ! Laisse-moi ! Je me débrouillerai seul.

À ce moment, un chien qui est couché tout près de là lève la tête et les oreilles. En le voyant faire, Ulysse demande :

— Ce vieux chien, qui est si maigre, a dû être très beau. À qui appartient-il ? Il me semble de bonne race.

— C'est Argos, le chien que mon défunt maître achevait de dresser quand il est parti pour Troie. Jeune, il courait le cerf, le lièvre et les chèvres sauvages. Mais à présent, négligé de tous, il reste

allongé dans la poussière tout le jour, à chauffer sa vieille carcasse au soleil.

Sur ces mots, le porcher entre dans le logis royal. Ulysse s'approche du chien tout couvert de poux et de puces. Le brave animal reconnaît celui qui vient. Il remue la queue, rabat ses oreilles ; il voudrait se lever pour lui faire la fête mais la force lui manque. Ulysse se penche sur lui, pose la main sur sa grosse tête. Mais, déjà, Argos n'est plus. Les ombres de la mort ont couvert ses yeux qui viennent de revoir son maître aimé après vingt ans d'absence.

Essuyant une larme, Ulysse pénètre dans le palais et va s'asseoir au sol, à l'entrée de la grand-salle. Elle est pleine des prétendants, qui font beaucoup de vacarme. Sans que personne puisse la voir, Athéna vient alors lui souffler à l'oreille :

— Va demander du pain aux prétendants, pour savoir lesquels ont du cœur et quels sont les impies.

Ulysse, alors, se dirige vers les convives en tendant la main comme s'il avait mendié toute sa vie. Le voici auprès d'Antinoos.

— Donne, ami ! Tu me sembles le chef de cette belle assemblée. Il faut donc te montrer plus généreux que tous les autres !

Antinoos lui répond avec aigreur :

— Qui nous a envoyé ce va-nu-pieds ? Dégage, fléau vivant ! Et ne reviens pas à ma table, ou tu vas le regretter !

— Malheur ! répond Ulysse, tu me refuses un morceau de pain alors que tu es installé à la table d'un autre ! Tu n'aurais pourtant qu'à le prendre dans cette pile, devant toi !

Antinoos, en l'entendant, redouble de colère. Il prend un tabouret et le lui lance. Ulysse le reçoit en plein dans l'épaule droite mais il ne réagit pas. Comme si de rien n'était, il retourne s'asseoir à l'entrée de la salle. Seulement, l'envie de se venger et de punir cet insolent devient très forte dans son cœur.

Télémaque a du chagrin en voyant le prétendant frapper son père mais il ne dit rien non plus. Il sait qu'il faut attendre et qu'un accès de colère pourrait tout faire rater. Il gardera toute sa patience.

Cependant, depuis ses appartements où elle vit enfermée, Pénélope apprend qu'on a rudoyé un invité. À cette nouvelle, l'indignation la submerge. Sans plus tarder, elle appelle ses suivantes et leur dit :

— Mes filles, même si je les déteste, j'ai décidé de descendre dans la salle où se tiennent les prétendants. Je dois parler à Télémaque. Aidez-moi à me préparer !

En réalité, c'est Athéna qui a fait naître en elle cette décision. Et c'est la déesse aussi qui s'occupe de la rendre belle : elle lave son beau visage avec une essence divine, souffle sur ses cheveux pour les faire paraître plus souples et luisants.

Accompagnée de deux suivantes, la reine quitte son étage. Sitôt arrivée dans la salle du banquet, elle interpelle Télémaque :

— Mon fils, on me dit que tu laisses insulter un hôte ? Quelle honte pour toi et pour cette demeure !

— Mère, je comprends ta colère. Crois-le bien, j'aimerais pouvoir agir différemment mais je ne peux rien faire d'autre, pour l'heure.

— Hélas ! dit Pénélope en soupirant, si Ulysse était là ! S'il revenait pour veiller sur nous, la vie serait à nouveau tout autre, et nos chagrins disparaîtraient tels des nuages que le vent disperse au loin.

En l'entendant, la joie remplit le cœur d'Ulysse. Il voit que, malgré toutes ces années, Pénélope l'aime toujours et qu'elle a conservé intact l'espoir de le revoir.

Tandis que, tête basse, la reine monte l'escalier qui la ramène chez elle, on vient allumer les flambeaux. Ulysse suit son épouse du regard. Plus que jamais, il brûle d'en finir avec les prétendants.

Il fait signe à Télémaque d'approcher, lui murmure à l'oreille :

— Mon fils, emporte toutes les armes pendues aux murs de cette salle et enferme-les dans la chambre forte. Si ces gredins de prétendants te demandent pourquoi tu agis ainsi, réponds-leur : « Je les ai mises à l'abri car j'ai peur, si vous buvez un peu trop, que vous ne finissiez par les utiliser pour vous battre. Je ne veux pas que votre sang coule chez moi. »

C'est Athéna qui a soufflé cette ruse à Ulysse, et Télémaque s'empresse d'obéir. Tandis qu'il s'affaire, Pénélope envoie Euryclée, la nourrice, auprès d'Ulysse.

— Va vite trouver ce malheureux. Dis-lui que j'ai honte qu'on l'ait mal traité sous mon toit. Ensuite, tu le mèneras au bain, et tu veilleras à ce qu'il soit bien lavé et enduit d'huile douce.

La vieille femme obéit aussitôt. C'est elle qui a élevé Ulysse quand il était enfant. Elle l'a nourri bébé, a veillé sur lui et sur ses premiers pas. Désormais, elle est toute cassée et sans force mais, une fois qu'elle est aux bains avec l'étranger, elle tient à lui laver les pieds elle-même.

— C'est parce que vous me rappelez mon cher maître, explique-t-elle sans pouvoir retenir ses larmes. Vous avez la même voix, la même démarche ! Hélas, cher Ulysse, où es-tu, mon pauvre enfant ?

Tout en parlant, elle prend un chaudron, y met beaucoup d'eau froide, ajoute de l'eau chaude. Ulysse préférerait qu'elle le laisse faire seul mais comment refuser qu'elle l'aide ? Il est bien contraint de se laisser faire. Déjà, la voilà à ses genoux, qui lui prend les pieds pour les plonger dans l'eau. Et qui, tout à coup, lâche la jambe qu'elle tient en poussant un grand cri. La jambe retombe, le chaudron se renverse, de l'eau se répand partout.

Une nouvelle fois, Euryclée passe la main sur le mollet de l'étranger. Cette cicatrice, là, au-dessus du genou, elle la reconnaîtrait entre mille ! C'est le résultat d'une blessure que la défense d'un sanglier a faite à son fils de lait, du temps qu'il était adolescent...

— Ulysse, c'est toi ! fait-elle d'une voix qui tremble. C'est toi, mon cher enfant !... Dire que je ne t'ai pas reconnu tout de suite !

— Fais silence, je t'en prie, dit Ulysse. Les dieux ont permis que tu saches la vérité mais personne dans cette maison ne doit savoir qui je suis. Il en va de ma vie.

— Ne crains rien, je garderai ton secret. Et toi, de ton côté, ne tarde plus à nous débarrasser de ces prétendants maudits.

Chapitre 15

La triste fin des prétendants

Entre-temps, Télémaque s'en est retourné de la chambre forte. Près de l'entrée de la grand-salle, il pose une petite table avec un pauvre siège à l'intention d'Ulysse.

Quand ce dernier revient du bain, il lui sert de la viande grillée et lui verse du vin dans une coupe d'or.

Or, parmi les prétendants, il y a une brute, du nom de Ctésippos. Il est très riche et compte sur sa grosse fortune pour conquérir la main de Pénélope.

Prenant la parole, il dit d'une voix très forte :

— Mes amis, l'invité de Télémaque a reçu la même part que nous, et c'est très bien. Mais je veux, moi aussi, lui faire un cadeau.

Tout en parlant, il prend un pied de bœuf dans la corbeille et le lance sur Ulysse. Sans s'émouvoir, celui-ci penche un peu la tête et l'évite : le pied va heurter le mur derrière lui.

Aussitôt, Télémaque s'adresse à Ctésippos :

— Tu as de la chance d'avoir manqué ton coup sinon ton père aurait dû organiser un banquet pour ton enterrement !

L'autre ne répond pas et se contente de ricaner. Mais, à sa place, un autre des prétendants, Agélaos, prend la parole :

— Veux-tu, Télémaque, un conseil amical pour ta mère et pour toi ? Tant qu'un espoir restait de voir rentrer Ulysse, nul ne trouvait mauvais que ta mère attende pour se remarier. Mais le fait est que, désormais, il ne reviendra plus. Donc va la trouver et dis-lui qu'en épousant l'un de nous, elle te permettra de profiter tranquillement de ton héritage. En effet, nous n'aurons plus aucune raison de rester ici chez toi à attendre qu'elle se décide.

En l'entendant, Ulysse sent la colère faire bouillir son sang dans ses veines. Mais il n'en montre rien car le moment n'est pas encore venu. De son côté, Télémaque reste muet lui aussi. Il regarde son père, ne sachant pas quand ce dernier voudra enfin punir toutes ces insolences.

C'est à ce moment qu'Athéna fait naître une idée dans le cœur de Pénélope. Tenant à la main la clef de bronze à la courbe savante, elle descend vers la chambre forte. Là se trouvent l'arc d'Ulysse, cadeau du roi de Sparte, et le carquois plein de flèches meurtrières. Le héros ne les a pas emportés quand il est parti pour Troie sur la mer.

Pénélope décroche l'arc, remonte dans la grand-salle. Ses suivantes portent le carquois et le coffre plein des cercles de bronze qu'Ulysse utilisait pour s'exercer au tir.

— Écoutez, prétendants ! dit-elle d'une voix forte. Quelle excuse donnez-vous au pillage que vous exercez dans cette demeure ? Votre désir de me prendre pour épouse ! Eh bien, voici ce que j'ai décidé ! J'ai à la main l'arc d'Ulysse. Il était capable de décocher une flèche qui traversait douze anneaux de bronze l'un après l'autre. Si l'un de vous peut en faire autant, je le suivrai et quitterai cette maison.

Aussitôt les serviteurs disposent les douze anneaux en les espaçant d'un pas. Parmi les prétendants, cependant, aucun n'est pressé de tenter l'épreuve. Ils savent que l'arc bien poli est très dur à bander. Intérieurement, ils se comparent à Ulysse, et aucun ne se croit capable de l'égaler.

C'est Télémaque, le premier, qui se propose en disant :

— Allons, prétendants ! Pas de dérobade ! Avancez et montrez-nous comme vous êtes forts et habiles ! Mais je veux essayer l'arc moi aussi.

Si je réussis, ma mère vénérée gardera sa maison sans aller chez un autre et sans me quitter !

Aussitôt, il ôte son manteau et, debout sur le seuil, par trois fois tire sur la corde. Trois fois, il doit la relâcher sans avoir bandé l'arc.

— Malheur, mes forces me trahissent. Je suis trop jeune encore. Mais vous, qui êtes plus forts que moi, allez-y ! Poursuivons le concours !

De la gauche à la droite, tous les prétendants viennent à la file prendre l'arc en main. Tous redoublent d'efforts mais aucun ne parvient à tendre l'arc.

Pendant qu'ils s'épuisent en vain, Ulysse appelle Eumée.

— Quand ils auront tous échoué, viens toi-même m'apporter l'arc. Ensuite, cours au portail de la cour et ferme-le solidement, que personne ne puisse venir du dehors. En revenant, demande à Euryclée de barrer les portes de la salle derrière toi, que nul n'entre plus, ni ne sorte.

Le fidèle porcher approuve d'un signe de tête et retourne à sa place.

L'arc est maintenant dans les mains d'Eurymaque, le plus robuste des prétendants. Seulement, il a beau faire, il ne peut pas le tendre.

— Misère ! dit-il en laissant éclater sa colère. J'enrage de voir notre vigueur dépassée de si loin par Ulysse ! Quelle honte pour nous !

— Il n'en est rien, l'ami, répond Antinoos. Aujourd'hui, c'est la fête d'Apollon, le divin archer. Comment pourrions-nous réussir une telle épreuve un jour pareil ? Il ne le permet pas ! Laissons les cercles en place, nous reprendrons le concours demain.

Il compte bien trouver une ruse entre-temps, pour échapper à l'épreuve. Mais Ulysse, qui est plus malin que lui, intervient :

— Bien parlé, Antinoos, mais j'ai tout de même une demande à faire. Je voudrais vérifier s'il me reste encore un peu de force. Le dieu ne sera certainement pas jaloux d'un rival tel que moi !

En l'entendant, tous les prétendants éclatent de rire. Seul Antinoos est vexé. Il lui répond avec colère :

— Tu as perdu la tête ! En plus de te remplir la panse, tu voudrais concourir avec nous ! Tiens-toi tranquille sinon je te jette dehors.

Alors Pénélope le reprend en ces termes :

— Il n'est ni beau ni juste de parler ainsi à un invité. De quoi as-tu peur ? Qu'il réussisse l'épreuve et m'emporte comme épouse ?

Dans la grand-salle, les rires redoublent quand le fidèle Eumée apporte l'arc à Ulysse. Télémaque, lui, s'approche de sa mère et lui dit :

— Je t'en prie, digne Pénélope, retourne à tes appartements. L'arc est une affaire d'hommes : c'est à moi de m'en occuper.

Aussitôt, Pénélope remonte chez elle. De son côté, Ulysse manie l'arc, le tourne et le retourne, vérifie que les vers ne l'ont pas attaqué. Enfin, satisfait de cet examen, il tend facilement la corde neuve et, de sa main droite, la fait vibrer. Elle chante haut et clair, comme crie l'hirondelle. Chez tous les prétendants, l'inquiétude s'installe. Ils changent de couleur, n'osent plus bouger ni parler.

Ulysse prend la flèche qu'il a posée sur sa table – les autres sont encore dans le carquois. Il la place sur l'arc, l'encoche, tire sur la corde et, sans quitter son siège, lâche la flèche vers le but… D'un trou à l'autre, elle traverse tous les cercles et ressort à l'autre bout.

— Alors, mon jeune ami, lance Ulysse à Télémaque, ton invité te fait-il honte ? Ai-je peiné pour tendre cet arc ? Ah ! Je suis heureux de voir que ma force est restée intacte ! Mais voici le moment ! Avant la nuit, servons ce qu'ils méritent à ces gredins !

Télémaque, aussitôt, prend en main son épée et sa lance. Ulysse se lève. Il vide à ses pieds le carquois et annonce aux prétendants :

— À présent, finis les petits jeux innocents ! Voyons si Apollon me permettra d'atteindre mes prochaines cibles !

Sur ces mots, il lâche en direction d'Antinoos une flèche qui vient le frapper au cou. Lui avait envie de vin et de festin, pas de mourir. Pourtant il tombe au sol ; un flot de sang épais jaillit de ses narines. La pâle mort l'emporte.

Quand ils le voient à terre, les autres prétendants sont pris de panique. Ils vont de-ci de-là, cherchent des armes, n'en trouvent pas. En même temps, ils s'en prennent à Ulysse :

— Quel crime tu viens de commettre ! C'est le chef de la jeunesse d'Ithaque que tu as tué ! Tu vas le payer de ta vie !

Ces fous croient encore qu'Ulysse a tué Antinoos par mégarde. Mais d'une voix pleine de mépris, il leur répond :

— Bande de chiens ! Vous pensiez que je ne reviendrais jamais de Troie. Tranquillement, vous mettiez ma maison au pillage, vous faisiez la cour à mon épouse sans vous imaginer qu'il faudrait me rendre des comptes un jour ! Eh bien, ce jour est arrivé !

En entendant ces mots, Eurymaque prend son épée qu'il avait gardée près de lui et s'élance avec un cri sauvage. Ulysse le devance : sa flèche l'atteint en pleine poitrine. Eurymaque lâche l'épée, tombe en avant. Son front heurte durement le sol. Déjà ses yeux se voilent. Il ne vit plus.

Alors, les prétendants les plus courageux s'avancent vers Ulysse. L'un après l'autre, celui-ci les cueille d'une flèche bien ajustée qui les envoie au pays des ombres. Un à un, leurs cadavres couvrent le sol dallé de la grand-salle. Télémaque n'est pas en reste. De sa lance pointue, il frappe ceux qui réussissent à s'approcher.

Chaque flèche d'Ulysse a fauché un ennemi mais voici que le héros se trouve à bout de munitions. Alors, il coiffe le casque en bronze que lui apporte Eumée, couvre ses épaules d'un bouclier plaqué de cuir, prend en mains deux solides épieux à pointe de bronze. Toutefois, la situation n'est pas fameuse : ils sont trois quand, face à eux, il reste une quinzaine de prétendants.

C'est alors qu'Athéna arrive à la rescousse. Elle a pris l'allure et la voix de Mentor, le précepteur de Télémaque. Elle interpelle rudement Ulysse :

— N'as-tu plus de force ni d'ardeur ? Alors que te voici enfin devant les prétendants, tu

faiblis ? Montre plutôt ta puissance et ton courage !

Dès lors, Ulysse redouble d'énergie. Chaque coup qu'il porte est mortel. Les ennemis qui restent fuient devant lui à travers la grand-salle, pareils à des veaux qu'un vol de taons tourmente. Mais rien ne peut les sauver : dès qu'ils sont à portée, le héros ou un des siens les frappent sans pitié.

Phémios, le musicien, se jette tout à coup aux pieds d'Ulysse.

— Épargne-moi ! dit-il en lui entourant les genoux de ses bras. J'ai chanté mes poèmes pour les prétendants, mais c'était seulement parce qu'ils m'y ont forcé !

— C'est vrai, père, intervient Télémaque. Laisse-lui la vie sauve, il est innocent ! Et épargne aussi Médon, le porteur de messages, qui a pris soin de moi durant ton absence.

— Fils, répond Ulysse, ce sera comme tu veux ! Mais je ne le vois pas. Qui sait s'il n'est pas déjà mort, victime d'un coup malheureux ?

— Non, je suis ici !

Sa voix vient de dessous un fauteuil. C'est là qu'il s'est caché, pour fuir la noire mort. Il est le dernier survivant. Tous les autres gisent sans vie à terre, dans des ruisseaux de sang qui courent sur le sol.

Épilogue

Home, sweet home

Pendant que les serviteurs emportent les morts, Ulysse, Télémaque et Eumée sont au bain. De son côté, Euryclée surveille les servantes qui lavent à fond les dalles luisantes. Dès qu'elles ont fini, la nourrice fait brûler du soufre pour chasser l'air mauvais puis se précipite, joyeuse, chez la reine.

— Pénélope, lance-t-elle, l'objet de tous tes souhaits, Ulysse, est de retour ! J'entends déjà ses pas qui montent ici.

— Es-tu devenue folle ? réplique la reine. Pourquoi rapporter de fausses nouvelles ? C'est le grand âge qui te fait perdre la raison !

Pourtant, à la hâte, elle revêt ses plus beaux habits.

Ulysse ne tarde pas à paraître. Elle regarde l'arrivant, hésite, car, tantôt elle reconnaît en lui son époux et tantôt elle ne le reconnaît pas.

Télémaque s'approche à son tour. Il lui dit :

— Mère, ne sois pas cruelle. Ton époux est là, devant toi. Pourquoi ne lui ouvres-tu pas les bras ?

— Mon fils, si c'est vraiment Ulysse, il se fera reconnaître car il connaît des secrets que tous les autres ignorent.

Puis, après une pause, elle ajoute :

— Vous autres, partez ! Je veux lui parler seule à seul. Et toi, Euryclée, au cas où ce serait vraiment mon mari, va dans notre chambre et fais remonter notre lit.

Quand tous sont partis, Ulysse lui dit :

— Femme ! Qui donc a démonté le lit ? Personne n'aurait pu le faire sans abattre l'arbre qui lui servait de cadre. Car je l'ai fabriqué autour d'un olivier qui avait la force d'un pilier. Je l'ai encerclé de murs pour bâtir notre chambre, et j'ai installé un toit par-dessus. Puis j'ai coupé les branches de cet olivier, je l'ai taillé, raboté, poli. J'en ai fait un montant inamovible auquel j'ai fixé le reste du lit.

Pénélope sent ses genoux faiblir ; son cœur s'emballe. En pleurant, elle lui passe les bras autour du cou.

— Pardonne-moi, cher époux, de ne pas t'avoir fait fête tout de suite. J'avais peur qu'un être sans scrupule essaie de me tromper. Mais à présent, je sais que c'est bien toi, Ulysse !

Ulysse se met à pleurer lui aussi. Il tient enfin entre ses bras la femme de son cœur, sa fidèle compagne. Pour chacun d'eux, la présence de l'autre à son côté est douce.

Dans leur grand lit, les époux vont goûter le bonheur des retrouvailles et le charme des confidences partagées. Pénélope raconte ce qu'elle a dû endurer pendant l'absence du roi. Ulysse fait le récit de ses souffrances durant son long voyage. Ils parlent et parlent, jusqu'à ce que le sommeil vienne leur fermer les yeux.

Le lendemain, dès que paraît l'Aurore, Ulysse chausse ses sandales et se rend aux champs. Il atteint bientôt le domaine de Laërte, son père. Il le trouve au pied d'un arbre, à bêcher la terre. Le vieillard est tout brisé par la tristesse et le passage des ans.

— Mon père, s'écrie Ulysse dès qu'il le voit, oublie ton chagrin ! Il est devant tes yeux, ce fils dont l'absence te fait pleurer depuis si longtemps. Et apprends que, pas plus tard qu'hier soir, j'ai tué les prétendants : j'ai vengé mon honneur et puni leurs crimes.

— Hélas ! on m'a trompé si souvent, répond Laërte. Jamais je ne croirai que tu es mon fils si tu n'en donnes pas la preuve !

— Écoute : un jour, alors que j'étais encore un enfant, je t'ai demandé des arbres à planter. Tu m'as donné ces dix pommiers, ces quarante figuiers et ces treize poiriers.

En parlant, il montre les arbres de la main. Le vieil homme se met à trembler : c'est bien son enfant qui se tient devant lui. Alors il s'élance, bras ouverts, en disant :

— Les dieux m'ont exaucé : te voici revenu, fils ! Mais c'est pour avoir peur, encore. Quand ils vont savoir que tu as tué leurs fils, les gens d'Ithaque vont se révolter et s'en prendre à toi.

— Bah ! nous verrons bien ! Du reste, je vais me rendre en ville de ce pas, pour me présenter devant le peuple.

Quand il y arrive, l'assemblée des citoyens est au complet. Le père d'Antinoos se trouve à la tribune, en train de dire :

— Quel mal nous a fait cet Ulysse ! Il est parti sur ses vaisseaux avec une foule des nôtres. Après tant d'années, il revient seul ainsi que vous le voyez ! Par sa faute, tous les braves d'ici sont morts. Et s'il reparaît, c'est pour, en plus, tuer nos fils ! Allons tout de suite lui régler son compte ! Ne laissons pas les nôtres sans vengeance !

Ulysse voudrait prendre sa place pour s'adresser à son peuple. Il hésite cependant à fendre la foule : le laissera-t-on passer ? Athéna, qui l'a rejoint sans se rendre visible, lui souffle alors à l'oreille :

— Avance d'un pas ferme ! Je t'ouvre le chemin.

Et de fait, devant lui, les gens s'écartent, poussés qu'ils sont sur les côtés par une force irrésistible. Bientôt, Ulysse atteint la tribune.

— Gens d'Ithaque, dit-il d'une voix ferme, apprenez que c'est avec l'accord des dieux que j'ai agi. Athéna se tenait à mes côtés. Et c'est votre lâcheté, à vous tous, qui a causé la perte de ces jeunes gens ! Année après année, vous avez supporté leur comportement coupable sans rien dire, ni rien faire. Ce qui leur est arrivé n'est que la punition de leurs fautes !

Au même instant, pour montrer qu'il approuve ces propos, Zeus tonne tandis qu'un éclair griffe le ciel. Chacun, dans l'assistance, verdit de peur et, prenant ses jambes à son cou, se précipite chez soi. On ne lutte pas contre ceux que Zeus et Athéna protègent !

Resté seul, Ulysse sourit. Plus loin, en contrebas, la mer éternelle scintille. Il lui semble qu'elle l'appelle, qu'elle reprend à son compte le chant des Sirènes : « Viens, Ulysse glorieux ! »

Il se secoue... Il est revenu à Ithaque la verte. Il a retrouvé Pénélope et son fils. Le peuple est apaisé. Il est enfin arrivé au bout de son impossible voyage. Son bonheur est parfait... Pourtant, il lui semble bien que la mer immense l'appelle :

— Viens, Ulysse glorieux, je t'attends !

Petit lexique des noms propres

Achille

Principal héros de l'autre épopée d'Homère : l'*Iliade*. Pour le rendre invulnérable, sa mère l'a trempé dans le Styx quand il était bébé. Elle a dû le tenir par un talon qui est devenu son seul point faible. Il meurt devant Troie d'une flèche empoisonnée qui le frappe... au talon.

Agamemnon

Roi d'Argos, il est le chef de l'expédition contre Troie. Il sera assassiné par son épouse et l'amant de cette dernière à son retour chez lui. Comme Hélène et Ménélas, il appartient à une famille maudite des dieux, les Atrides, dans laquelle crimes et assassinats sont monnaie courante.

Ajax (le Grand), fils de Télamon

Après Achille, le plus redoutable des guerriers grecs devant Troie. Quand on décide de donner les armes d'Achille au combattant le plus méritant, Ulysse gagne, grâce au cheval. Devenu fou furieux, Ajax se suicide.

Ajax [le Petit], fils d'Oïlée

Son comportement sacrilège durant le pillage de Troie indispose les dieux à son égard. Il sera puni par Poséidon lors du voyage retour et mourra noyé.

Athéna

Fille de Zeus, elle est sortie tout armée de son crâne. Parmi les dieux et déesses, elle est celle qui s'intéresse le plus aux affaires des humains. Elle a un faible pour Ulysse qu'elle assiste tout au long de l'Odyssée.

Aurore

La déesse du petit matin. Chez Homère, elle est souvent décrite comme ayant des « doigts de rose », des « écharpes de safran » ou des « avant-bras roses ».

Calypso

Divinité mineure de la mer qui règne sur une île située très loin, au bout du monde connu : Ogygie.

Cassandre

Fille de Priam. Elle a reçu d'Apollon le don de prédire l'avenir mais ses prédictions ne sont jamais comprises ni crues. Elle meurt assassinée en même temps qu'Agamemnon qui l'a emmenée prisonnière à Argos.

Circé

Fille du Soleil (Hélios) et d'une divinité marine (Perséis), c'est une magicienne aux redoutables pouvoirs.

Diomède

L'un des plus redoutables guerriers grecs devant Troie. Il est protégé par Athéna qui, bien plus tard, quand il sera tué par un ennemi, le rendra immortel.

Gorgones (Les)

Ces trois sœurs sont si laides et méchantes que quiconque les regarde en reste pétrifié. La plus terrible du trio est Méduse.

Hadès

Fils de Cronos et frère de Zeus et de Poséidon, il règne sur le séjour des morts, les Enfers. Le passage entre le monde des morts et celui des vivants qu'emprunte Ulysse est censé se trouver près du Vésuve.

Hector

Fils de Priam, le roi de Troie. Le plus redoutable des guerriers troyens et leur chef, son père étant trop vieux pour les mener au combat. Après avoir tué Patrocle, il sera vaincu et tué par Achille.

Hélène

Épouse de Ménélas. Considérée comme la plus belle des femmes, elle est la récompense donnée à Pâris, le Troyen, pour avoir décerné le grand prix de beauté des déesses à Aphrodite.

Héraclès

Héros d'une force prodigieuse, il est surtout célèbre pour les douze travaux qu'il a accomplis. Après sa mort, Zeus, son père, l'invite à rejoindre le nombre des dieux.

Hermès

Ce fils de Zeus porte les messages des Immortels, conduit les voyageurs et les protège. Il chausse des sandales munies de petites ailes, pour aller plus vite.

Ithaque

L'île où se trouve le palais d'Ulysse. Elle est probablement couverte de forêts d'où le qualificatif homérique de

« verte ». Homère la situe au large de la côte ouest de la Grèce, au nord du golfe de Corinthe. Le royaume d'Ulysse comprend trois autres îles, plus riches.

Jason

Avec ses compagnons, les Argonautes, il navigue jusqu'en Colchide et en rapporte la fameuse Toison d'or.

Ménélas

Roi de Sparte, il est le frère d'Agamemnon et l'époux d'Hélène. Après la guerre, il reprend tranquillement la vie conjugale avec elle une fois qu'ils sont rentrés en Grèce.

Minos

Fils de Zeus, il est longtemps roi de Crète avant de siéger comme juge aux Enfers.

Nestor

Le plus âgé – Apollon lui a accordé de vivre plus de trois générations – et le plus sage des rois grecs devant Troie. Il est de bon conseil et on l'écoute volontiers.

Parques (Les)

Elles sont trois sœurs qui filent et déroulent le fil de la vie des humains. L'une d'elle, Atropos, peut le trancher d'un coup, ce qui signifie une mort immédiate.

Patrocle

Ami très proche d'Achille, il est tué par Hector. C'est l'occasion pour Achille de reprendre le combat qu'il avait abandonné, poussé par une terrible soif de vengeance.

Pénélope

Épouse d'Ulysse. Pressée par les prétendants de choisir l'un d'entre eux, elle réserve sa réponse jusqu'au moment où elle aura fini de tisser la toile qu'elle a en cours. Mais l'ouvrage n'avance pas car, chaque nuit, elle défait son travail du jour.

Persée

Fils d'un roi d'Argos, il parvient à tuer Méduse, la seule des Gorgones qui était mortelle. Après l'avoir décapitée, il se sert de sa tête pour « méduser » ses adversaires et les vaincre.

Perséphone

Fille de Zeus, elle a épousé Hadès et règne sur les Enfers.

Polyphème

Si on lit Homère entre les lignes, Polyphème, avec son œil tout rond, est un volcan, sans doute le Vésuve.

Poséidon

Fils de Cronos et frère de Zeus et de Hadès, il a reçu la mer quand les trois se sont partagé le Monde.

Styx (Le)

Un des quatre fleuves qui entourent les Enfers. Quiconque trahit un serment juré sur le Styx perd la voix et le souffle pendant neuf ans et est exclu de l'assemblée des dieux pendant neuf ans de plus.

Télémaque

Fils unique d'Ulysse et de Pénélope. Il était encore à la mamelle quand son père est parti pour Troie.

Thésée

Fils du roi d'Athènes, Égée, il se rend en Crète où il tue le monstre mi-homme mi-taureau appelé Minotaure.

Tirésias

Le plus célèbre des devins grecs. Rendu aveugle par une déesse, il a reçu le don de voyance en compensation de son infirmité.

Troie

Aujourd'hui Hissarlik, une petite ville de Turquie située près du détroit des Dardanelles. Dans l'Antiquité, plus de dix villes se sont élevées successivement sur ce site. Plusieurs ont été détruites par des incendies mais rien ne prouve que l'expédition des Grecs contre Troie a réellement eu lieu.

Ulysse

En grec, il s'appelle Odusséos, d'où le nom d'Odyssée donné à l'épopée qui raconte ses aventures.

Zeus

Fils de Cronos, il a pour frères Poséidon et Hadès. Il a reçu le ciel comme part de l'héritage paternel. Il réside sur l'Olympe d'où il lui arrive de frapper les humains avec sa foudre.

TABLE DES MATIÈRES

Le retour d'Ulysse

Composé par Nord Compo Multimédia
7, rue de Fives, 59650 Villeneuve-d'Ascq

Imprimé à Barcelone par:

CPi
BLACK PRINT

Dépôt légal : avril 2014
N° d'édition : L.01EJEN001C97.N001
Loi n° 49-956 du 16 juillet 1949
sur les publications destinées à la jeunesse

Gerhard Haase-Hindenberg

Der Mann, der die Mauer öffnete

Warum Oberstleutnant Harald Jäger
den Befehl verweigerte und
damit Weltgeschichte schrieb

WILHELM HEYNE VERLAG
MÜNCHEN

FSC
Mix
Produktgruppe aus vorbildlich bewirtschafteten Wäldern und anderen kontrollierten Herkünften

Zert.-Nr. SGS-COC-1940
www.fsc.org
© 1996 Forest Stewardship Council

Verlagsgruppe Random House FSC-DEU-0100
Das für dieses Buch verwendete FSC-zertifizierte Papier *Lux Cream* liefert Stora Enso, Finnland.

2. Auflage
Taschenbucherstausgabe 09/2008

Printed in Germany 2008
Umschlaggestaltung: Eisele Grafik-Design, München
Umschlagabbildungen: Andreas Schoelzel, Berlin
Satz: C. Schaber Datentechnik, Wels
Druck und Bindung: GGP Media GmbH, Pößneck

ISBN: 978-3-453-62025-4

www.heyne.de

Inhalt

Vorbemerkung

Mehrfach war mir der Name des einstigen Oberstleutnants Harald Jäger im Zusammenhang mit den Ereignissen des 9. November 1989 begegnet. In einer Fernsehdokumentation und im *Spiegel* und auch in der Buchdokumentation *Mein 9. November* des Historikers Hans-Hermann Hertle und der Journalistin Kathrin Elsner. Aber überall, wo dieser ehemalige Staatssicherheits-Offizier befragt wurde, war man lediglich am Verlauf jener Nacht interessiert und nicht an dessen sehr persönlichem Motiv, die Grenzen zu öffnen – entgegen des an diesem Abend mehrfach erneuerten Befehls. Dabei lehrt doch die Geschichte, dass deutsche Offiziere niemals aus einer spontanen Laune heraus Befehle verweigern. Vielmehr ging dem immer ein oft lange währender innerer Prozess voraus.

Dies war bei dem Generalstabsoffizier Claus Schenk Graf von Stauffenberg und seinen militärischen Mitverschwörern am 20. Juli 1944 ebenso der Fall wie bei dem preußischen General Johann Friedrich Adolf von der Marwitz. Der hatte sich fast zweihundert Jahre zuvor geweigert, den Befehl Friedrichs II. auszuführen, das sächsische Schloss Hubertusburg zu plündern. Noch heute ist auf seinem Grabstein zu lesen: »Wählte Ungnade, wo Gehorsam nicht Ehre brachte.«

Hatte also auch der Befehlsverweigerer des 9. November 1989 eine solch stille Vorgeschichte von Zweifeln und inneren Kämpfen? Immerhin hätte er sich in jener Nacht angesichts der heranströmenden Massen auch ganz anders entscheiden können. Nur wenige Kilometer südlich von seiner Grenzübergangsstelle an der Bornholmer Straße hat der diensthabende Offizier der Pass-

kaputtgekriegt hat: ihren Strand, ihre Häuser, ihren Stolz.

Am Rand von Berlin reißen Schaufelbagger Furchen in eine zu beiden Seiten besiedelte Staubpiste. Irgendwo hinter den abweisenden Fassaden muß die neue Heimat des Mannes sein, der vorn stand, als alles anfing, Grenzübergang Bornholmer. Zehntausende vor der Schranke, die „Tor auf, Tor auf" riefen und „Wir kommen wieder". Der handeln mußte, als seine Vorgesetzten zum Abwarten rieten.

Der schließlich am 9. November 1989 kurz nach 22 Uhr den Befehl gab, das Tor nach Westen zu öffnen, gegen den Willen von Stasi-Generälen und ZK-Mitgliedern und vielen, die es nachher gern gewesen wären, wie Generalsekretär Krenz.

Termin mit dem Letztverantwortlichen für den Fall der Mauer, Oberstleutnant a. D. bei der Hauptabteilung VI im Ministerium für Staatssicherheit, Harald Jäger, 51.

Berlin, Stadtteil Hellersdorf. 135 000 Einwohner, im Schnitt 28

Mauer-Öffner Jäger
„Das waren feindliche Lager"

Der Spiegel *(45/1996) ist eine der ersten Publikationen, die Harald Jäger als Maueröffner vorstellen (wenngleich im Beitrag der Zeitpunkt der Maueröffnung falsch angegeben ist).*

kontrolleinheit an der Invalidenstraße eine gänzlich andere Problemlösung ins Auge gefasst: nämlich die Offiziersschüler der Grenztruppen als militärischen Trumpf einzusetzen. Sie hatten am 40. Jahrestag der DDR an der Parade teilgenommen und waren danach wegen der angespannten Lage nicht in ihre Kasernen im sächsischen Plauen zurückgeschickt worden. Diese Entscheidung hätte in der Folge nicht zwingend zu einem Blutvergießen führen müssen. Dennoch wird der damalige DDR-Staats- und Parteichef Egon Krenz fünf Jahre später davon sprechen, dass sein Land in jener Nacht »am Rande eines Bürgerkriegs« gestanden habe. Angesichts dieser Situation hielt Harald Jäger ein Beharren auf den Befehl des Ministeriums für Staatssicherheit, »die Grenzübergangsstelle zuverlässig zu schützen«, für weltfremd. Wie so viele Entscheidungen der politischen Führung in den Monaten und Jahren zuvor. Das also war sie, die von mir vermutete mentale Vorgeschichte, die ich schon bei den ersten Begegnungen mit dem einstigen Oberstleutnant bestätigt fand. In unseren monatelangen Gesprächen erzählte er mir gegenüber aber auch eine außergewöhnliche und zeitweilig höchst widerspruchsvolle Lebensgeschichte, die zudem erklärt, warum Harald Jäger derjenige geworden ist, der er am 9. November war. Aus beidem zusammen ergibt sich konsequenterweise, weshalb er in jener Nacht den Befehl seiner Vorgesetzten verweigerte und damit schließlich Weltgeschichte schrieb.

Die einzelnen Kapitel dieser Lebensgeschichte werden im vorliegenden Buch fast ausschließlich aus der sehr persönlichen Perspektive des Harald Jäger erzählt – auf der Basis seines Denkens und Bewusstseins im Herbst 1989. Gelegentlich aber schien es mir nötig, auf neuere Erkenntnisse oder auch auf größere Zusammenhänge hinzuweisen, die er zum damaligen Zeitpunkt nicht sehen oder wissen konnte. Diese Hinweise sind *kursiv* in den Text gesetzt.

Da es sicher einem Bedürfnis der Leser entspricht, auch die heutige Sicht des einstigen Oberleutnants der DDR-Staatssicherheit auf die damaligen Verhältnisse und Ereignisse in der DDR und die eigene schuldhafte Verstrickung kennen zu lernen, fand schließlich das ab Seite 238 abgedruckte abschließende Gespräch statt. Etwa zur gleichen Zeit hatte ich in Peter Sloterdijks Werk *Im Weltinnenraum des Kapitals* eine Aussage entdeckt, die ich meinem Gesprächspartner vorstellte. Übereinstimmend empfanden wir, dass jenes Zitat unfreiwillig unser jeweiliges Gefühl am Ende dieser gemeinsamen Arbeit beschreibt:

> Zum Glück sind die Zeiten vorüber, in denen Doktrinen attraktiv wirken konnten, die ihren Adepten mit Hilfe einer Hand voll vereinfachter Konzepte den Zugang zum Maschinenraum der Weltgeschichte aufzusperren versprachen – wenn nicht sogar zum Verwaltungsstockwerk des Turmes von Babel.

Gerhard Haase-Hindenberg

I. Sonnabend, 30. September 1989

Um 18.58 Uhr tritt Außenminister Hans-Dietrich Genscher auf den Balkon der bundesrepublikanischen Botschaft in Prag. Im Garten und auf den Fluren warten fast 4000 DDR-Bürger, die in den letzten Wochen über den Zaun des Botschaftsgeländes gestiegen sind und hier ausgeharrt haben, um ihre Ausreise in die Bundesrepublik zu erzwingen. Als Genscher ihnen mitteilt, dass die DDR-Regierung diesem Wunsch endlich stattgegeben hat, bricht unbeschreiblicher Jubel aus.

Beleuchtete Fenster in fünfstöckigen Mietshäusern zeugen davon, dass auch dort drüben Leben stattfindet. Die Scheinwerfer eines Streifenwagens, der vor dem Polizeiposten jenseits der Grenzbrücke umherkurvt, streifen deren im Dunkel liegendes gewaltiges Stahlgerüst. Oberstleutnant Harald Jäger blickt hinüber zu jener anderen Welt, die für ihn von jeher die des Gegners ist. Feindesland. In den Häusern dort aber lebt nicht der Gegner. Nicht die Bourgeoisie jedenfalls, sondern eher Klassenbrüder, in jenem Stadtbezirk auf der anderen Seite der Brücke, der Wedding heißt. Das weiß er. Früher war das einmal der »Rote Wedding«, wie er es aus dem alten Arbeiterlied kennt, welches man ihm in der Volksschule im sächsischen Bautzen beigebracht hatte. »Roter Wedding, grüßt euch, Genossen/haltet die Fäuste bereit/haltet die roten Reihen geschlossen/dann ist der Tag nicht mehr weit ...« Unter ihm donnert die S-Bahn entlang. In den hell beleuchteten Waggons sind die gleichgültigen Gesichter der Passagiere zu erkennen, während sie auf der Grenzlinie zweier Weltsysteme entlanggleiten. Unmittelbar neben der fast sechs Meter hohen Hinterlandmauer auf westlicher Seite. Nur wenige Meter entfernt, doch auch sie in jener für ihn unerreichbaren feindlichen Welt.

Der Oberstleutnant war zum Postenhäuschen Vorkontrolle/Einreise heraufgekommen, weil er sicher war, dass der junge Oberleutnant, der hier heute Nacht seinen Dienst versah, mit ihm würde sprechen wollen. Immer wieder in den letzten Monaten hatte der junge Mann das Gespräch gesucht mit dem erfahrenen Offizier, der drei Dienstränge über ihm stand. Er hatte Fragen – kritische Fragen, manchmal auch provokante Fragen, gelegentlich sogar Zweifel. Ob sich das sozialistische Wirtschaftssystem auf lange Sicht tatsächlich als leistungsstärker erweisen würde als das kapitalistische? Schließlich sehe es doch im Moment überhaupt nicht danach aus. Oder warum die westlichen Besucher vielfach einen selbstbewussteren Eindruck machen würden als die meisten Bürger der DDR? Im Straßenbild der Hauptstadt könne er sie leicht voneinander unterscheiden, an der Art, sich umzublicken, an Körperhaltungen und Gesten.

Harald Jäger versteht den jungen Offizier gut. Es sind vielfach die gleichen Fragen und Beobachtungen, die auch ihn beschäftigen. Vielleicht spürt der junge Genosse die geistige Verwandtschaft, auch wenn es der Oberstleutnant immer sorgsam vermied, ihn in seinem Zweifel zu bestärken. Vielleicht genügt es dem Untergebenen, dass er in dem Vorgesetzten jemanden hat, der ihn wegen seiner Fragen nicht gleich zum Außenseiter stempelt. Wie die meisten anderen Kollegen hier. Vielleicht gefällt ihm auch, dass der ihn nicht mit parteikonformen Phrasen abspeist. Wenngleich ihn dessen Antworten kaum befriedigen können. Harald Jäger weiß, dass er jedes Mal einen argumentativen Seiltanz vollführte, wenn er erklärte, dass die kapitalistische Wirtschaftsordnung immerhin einen Erfahrungsvorsprung von mehr als zweihundert Jahren habe. Als ob dies die Frage nach der perspektivischen Überlegenheit beantworten würde. Oder dass man bei den westlichen Besuchern ja nur deren Fassade sehe, hinter die man nicht blicken könne. Obgleich er doch genau dies seit einem Vierteljahrhundert regelmäßig und nicht ohne Erfolg tue. Dort hinten in der niedrigen Baracke, mittels jener unverfänglich wirkenden Befragungstechnik, die im Fachjargon »Abschöpfen« heißt.

Der junge Mann neben ihm bleibt stumm. Dabei gäbe es gerade an diesem Abend einiges, worüber es sich zu sprechen lohnte. Ab heute nämlich, so glaubt Harald Jäger, würde vieles nicht mehr so sein wie vorher. Der Staat hatte sich erpressen lassen, hatte klein beigegeben vor ein paar tausend Leuten. Immer wieder drängen die Bilder aus der heutigen *Tagesschau* vor sein geistiges Auge. Die vom westdeutschen Außenminister auf dem Balkon der BRD-Botschaft in Prag. Wie er mit heiserer Stimme und unverkennbarem Hallenser Dialekt verkündet, dass es den Besetzern erlaubt sein würde, in den Westen auszureisen. Die der Botschaftsflüchtlinge, wie sie sich jubelnd und weinend in die Arme fallen. Und er hört wieder und wieder die Stimme seiner Frau, die neben ihm kaum hörbar »Wirtschaftsflüchtlinge« murmelt. Als ob es so einfach wäre. Wer setzt schon für ein paar amerikanische Jeans oder den Traum von einem schnellen Auto die eigene soziale Sicherheit aufs Spiel? Und die seiner Kinder? Da müssen noch andere Gründe eine Rolle spielen. Aber welche? Der Oberstleutnant ist froh, dass ihn der Oberleutnant diesmal nicht danach fragt.

Frühjahr 1960

Der Film *Zu jeder Stunde*, den der siebzehnjährige Ofensetzerlehrling Harald Jäger im Bautzener Central-Kino sah, wurde zu einer Art Erweckungserlebnis. Die Geschichte einer Grenzpolizeieinheit an der Grenze zwischen Thüringen und Bayern war von der DEFA als die einer gut ausgebildeten, bewussten Truppe an der Nahtstelle »zwischen Arbeitermacht und Klassenfeind« propagandistisch in Szene gesetzt worden. Es war nicht die erste Begegnung des Jugendlichen mit der Grenzpolizei. Schließlich hatte sich sein Vater schon ein Jahrzehnt zuvor für drei Jahre zum Grenzdienst in der Heimat verpflichtet. Nicht ganz freiwillig – in einem Kriegsgefangenenlager östlich des Urals. Vier Jahre nach dem Ende des Krieges. Der

Der junge sächsische Ofensetzergeselle Harald Jäger.

kleine Harald war stolz auf dessen Uniform, nachdem er sich erst einmal erschrocken von dem fremden Mann abgewandt hatte, der dürr und abgerissen aus der Weite Sibiriens in die Bautzener Arbeitersiedlung Herrenteich zurückgekehrt war. Und in seiner Schule war ein Waldemar Estel zum Helden erklärt worden.

Die »Heldentat« des Waldemar Estel hatte darin bestanden, einen todbringenden Fehler zu begehen. Am 3. September 1956 hatte der dreiundzwanzigjährige Grenzpolizist einen Mann festgenommen, der vom Westen aus ins Grenzgebiet eingedrungen war, ohne diesen nach Waffen zu durchsuchen. Das aber war den Bautzener Volksschülern nicht erzählt worden. Harald Jäger wird diesen Hintergrund erst erfahren, wenn es die Grenze, die Waldemar Estel hatte schützen wollen, nicht mehr geben wird.

Letztlich aber seien es Oberleutnant Hermann Höhne und seine Truppe in jenem DEFA-Streifen gewesen, die ihn veranlasst hätten, sich nach Abschluss der Lehre freiwillig zum dreijährigen Grenzpolizeidienst zu melden. So jedenfalls wird er es später seinen Kindern erzählen.

Abend für Abend stellt sie sich ein – diese von ihm als angenehm empfundene Zwischenzeit. Jene fast feierabendliche Ruhe vor dem nächtlichen Ansturm. Wenn nur noch einem beschränkten Personenkreis Einlass gewährt wird und die ersten Tagestouristen bereits die Heimreise antreten. Auf halbem Wege zwischen der Vorkontrolle/Einreise und seinem Büro unten in der Dienstbaracke bleibt Oberstleutnant Jäger stehen und lässt diese Stimmung auf sich wirken. Vor sich das riesige Areal seiner Dienststelle. Mit 22000 Quadratmetern ist dies hier die größte Berliner Grenzübergangsstelle und wegen der nahen Wohngebiete auch die brisanteste. Wenngleich in den Häusern, die parallel zur Abfertigungsanlage stehen, fast ausnahmslos Genossen wohnen. Wenn nicht gar Mitarbeiter der »Firma«, also der Staatssicherheit, der auch jeder Mitarbeiter der Passkontrolleinheit (PKE) – vom Leitungsoffizier bis zum einfachen Passkontrolleur – angehört. Sie stehen also nicht unter dem Befehl der Grenztruppen, die auf dem Turm schräg hinter Harald Jäger und unten am Grenzzaun Dienst tun. Das täuschen ihre Uniformen nur vor.

Seit einem Vierteljahrhundert ist Harald Jäger nun an diesem Grenzübergang tätig, der nicht wegen der Bewohner in den nahe gelegenen Häusern als neuralgisch gilt, sondern vor allem wegen jener, die in dem Stadtbezirk rundherum wohnen. Am Prenzlauer Berg, so wird vom Ministerium für Staatssicherheit eingeschätzt, leben überdurchschnittlich viele Personen, die man als »feindlich-negative Kräfte« bezeichnet und die man wie Staatsfeinde observiert. Hier hat der damals einundzwanzigjährige Harald Jäger als einfacher Passkontrolleur im Rang eines Feldwebels angefangen. Heute ist er Oberstleutnant und stellvertretender Leiter dieser Diensteinheit. Mit fast allen Gebäuden und Örtlichkeiten der Grenzübergangsstelle verbindet er Geschichten und gesellschaftspolitische Epochen. Die Baracke in der Mitte dieses riesigen Areals war damals das einzige Gebäude hier. Dort, wo heute die Operativkartei mit den Ergebnissen von tausenden von Gesprächen mit westdeutschen Reisenden lagert, war seinerzeit die Pass- und Zollabfertigung. Mit dem zunehmenden Reiseverkehr war es hier zu eng geworden. Inzwischen stehen rechts von dieser »Operativbaracke« nicht weniger als zehn Pkw-Spuren zur Verfügung. Plus zwei Reservespuren, wenn es mal ganz eng wird. Weiter unten können bei Bedarf bis zu acht Passkontrollstellen für Fußgänger in jener lang gezogenen Baracke mit den acht Durchgängen geöffnet werden.

Harald Jäger denkt zurück an die ersten Passierscheinabkommen, die sein Staat in den frühen 60er-Jahren mit dem West-Berliner Senat abgeschlossen hatte. An den vereinbarten Feiertagen, an denen Besuche aus West-Berlin möglich wurden, war hier die Hölle los. Erst mit dem Viermächte-Abkommen ein Jahrzehnt später war es West-Berlinern möglich, die Hauptstadt der DDR ganzjährig zu besuchen. Damals wurden dann diese zehn Fahrspuren und die acht Passkontrollstellen für Fußgänger eingerichtet. Und jene Dienstbaracke, die ganz rechts parallel zu den Wohnhäusern steht. Hier haben Harald Jäger und sein Vorgesetzter ihre Dienstzimmer – wie auch der Leiter des Grenzzollamts. Nebenan sitzen Fahndungsoffiziere vor einer Monitorwand und prüfen jedes Personaldokument der Reisenden. Dieses wird nämlich von den Passkontrolleuren mit einer Unterflurkamera aufgenommen, via Standleitung überspielt und mit der Fahndungskartei verglichen. Im Raum gegenüber sitzt der Lageoffizier und beobachtet ebenfalls die gesamte Grenzübergangsstelle auf zwölf Monitoren. Er hält im Rapportbericht jede Besonderheit fest. Vor sich hat er die Telefonanlage, die ihn oder einen der PKE-Leiter auf Knopfdruck mit dem Operativen Leitzentrum (OLZ) in Schöneweide verbindet. Es untersteht der Hauptabteilung VI des Ministeriums für Staatssicherheit und ist rund um die Uhr mit sämtlichen Passkontrolleinheiten an allen Grenzübergängen der DDR verbunden. Unabhängig davon befindet sich im Zimmer des Dienstleiters ein Telefon, über das ihn der Minister für Staatssicherheit höchstselbst jederzeit erreichen kann. Und nicht selten macht Erich Mielke davon auch Gebrauch. Vor allem wenn in der feindlichen Presse mal wieder eine Schlagzeile im Zusammenhang mit der Grenze auftaucht.

Noch immer erfüllt es Oberstleutnant Harald Jäger mit einem gewissen Stolz, wenn er ganz links, abgetrennt vom normalen Publikumsverkehr, die Diplomatenabfertigung mit den zwei eigenen Fahrspuren ins Visier nimmt. Seit die DDR zu Beginn der 70er-Jahre eine internationale Anerkennungswelle erfuhr und 1973 sogar – gemeinsam mit der Bundesrepublik – Mitglied der Vereinten Nationen wurde, hat jener Teil der Grenzübergangsstelle an Bedeutung und Frequenz zugenommen. Viele Botschafter lassen sich über diese Spur zum West-Berliner Flughafen Tegel fahren und mancher Botschaftsangehörige zu den Vergnügungsstätten auf dem Kurfürstendamm. Das hat vor einigen Jahren zu einer diplomatischen Verwicklung geführt, als in der »Intensivbaracke« links neben der Diplomatenspur der Koch der Schweizer Botschaft verhaftet wurde. Er war seit Wochen im Visier von Observateuren der Staatssicherheit. Offenbar hatte er zuvor schon mehrfach seine DDR-Freundin im Kofferraum auf seine West-Berliner Streifzüge mitgenommen. Ausgestattet mit den Personalpapieren eines Botschaftsangehörigen, konnte er üblicherweise die Diplomatenabfertigung unkontrolliert passieren. Bis eines Tages auf höchster Ebene eine andere Anweisung erfolgte und der Schweizer Koch erfahren musste, dass er eben doch keine diplomatische Immunität besaß. Sein Fahrzeug war in jene Intensivbaracke dirigiert worden, in welcher der Zoll – nicht selten auf Anweisung und mit Unterstützung der PKE-Kräfte – die Autos von Reisenden einer intensiven Kontrolle unterzog. Dabei fand man schließlich die ostdeutsche Freundin des Kochs und sein Protest half ihm da wenig. Harald Jäger weiß nicht, ob die anschließenden diplomatischen Verwicklungen, von denen er und seine Leute nur vom Hörensagen erfahren haben, dazu führten, dass die Intensivbaracke inzwischen nicht mehr genutzt wird. Trotzdem finden natürlich auch weiterhin solche Fahrzeugkontrollen statt – mittlerweile aber auf den vier speziell dafür eingerichteten Parkplätzen zwischen den zehn PKW-Spuren und der Diplomatenabfertigung.

Wieder hört Harald Jäger hinter sich einen S-Bahnzug entlangdonnern. Diesmal aber ist es nicht die Bahn jenseits der Hinterlandmauer auf West-Berliner Gebiet, sondern die, welche zwischen Schönhauser Allee und Pankow auf der DDR-Seite verkehrt. Auch ohne auf die Gleise hinunterzublicken, kann er dies schon anhand der Nähe des Geräuschs erkennen.

Langsam setzt Harald Jäger seinen Weg schräg über die Grenzübergangsstelle in Richtung seiner Dienstbaracke fort. Seine Passkontrolleure wirken aus dieser Entfernung selbst dann wie militärisch agierende Marionetten, wenn sie nur wartend herumstehen. Fremdbestimmt, ohne erkennbare Individualität. Er bekommt eine Ahnung davon, wie diese ihm so vertrauten Menschen auf die Einreisenden aus jener anderen Welt wirken müssen, die dort hinten jenseits der Brücke liegt. In aller Regel dauert das Zusammentreffen nur einen kurzen Augenblick, selten mehr als einige Minuten. Doch wird es von den Beteiligten aus völlig unterschiedlichen Perspektiven wahrgenommen. Sogar aus gegensätzlichen. Der Reisende, der den Grenzübertritt möglichst schnell hinter sich bringen will, trifft auf den Uniformträger, der eine ganze Reihe von dienstlichen Anweisungen zu beachten hat. Eine antagonistische Begegnung, welche die Fremdheit zwischen den Beteiligten eher noch fördert. Dies erklärt auch, weshalb die Einreisenden sich dann oft auskunftsbereit zeigen, wenn sie ein freundlicher Oberstleutnant scheinbar zufällig in ein Gespräch verwickelt. Sie wissen nicht, dass man nur deshalb an ihren Personaldokumenten »eine Unregelmäßigkeit überprüfen« muss, weil ihr Wohnort in der Nähe eines amerikanischen Raketenstandorts liegt. Oder in der einer bedeutenden Waffenschmiede. Weil sie zufällig den Gehaltsstreifen einer Behörde bei sich tragen. Oder auffallend viele Einreisestempel der USA im Pass haben. Sie ahnen sicher auch nicht, dass in dem gemütlich eingerichteten Büro, in welches sie der Offizier beiläufig bittet, die scheinbar private Unterhaltung aufgezeichnet wird. Würden sie sonst so freimütig erzählen, von Problemen am Arbeitsplatz bis zum letzten Geschlechtsverkehr? Aber auch über Dinge, die vielleicht den noch fehlenden kleinen Stein in einem großen Puzzle bedeuten. Im Nebenraum sind die Ergebnisse dieser Gespräche auf unzähligen Karteikarten festgehalten, deren Existenz selbst nach den Gesetzen der DDR illegal ist – stets zur Verfügung der landesweit operativ tätigen Mitarbeiter. Manch ein Besucher aus Heilbronn oder der Ingolstädter Gegend wurde so unfreiwillig und ahnungslos zum Informanten des Staatssicherheitsdienstes.

In einer halben Stunde wird, zaghaft zunächst noch, der Rückreiseverkehr beginnen, der sich dann bis Mitternacht deutlich steigern wird. Bis dahin nämlich müssen die BRD-Bürger, die hier Stunden zuvor in die Hauptstadt der Deutschen Demokratischen Republik eingereist sind, diese genau hier auch wieder verlassen. Und weil die DDR mit Hinweis auf »Geist und Buchstaben des Vierseitigen Abkommens« einen völkerrechtlichen Unterschied zwischen BRD-Bürgern und denen aus Berlin-West macht, dürfen sich Letztere mit der Heimreise zwei Stunden länger Zeit lassen. In jedem Fall aber werden unter den Rückreisenden auch heute wieder »alte Bekannte« des Harald Jäger sein. Bürger, deren Namen man bei der Einreise in der Fahndungskartei gefunden hat. Nicht jeder, der dort registriert ist, muss zurückgewiesen und kaum einer gar festgenommen werden. Oftmals genügt es, zum Telefonhörer zu greifen und die Genossen von der VIII zu informieren. Diese Zivilkräfte übernehmen dann jene Aufgabe, wofür die »Hauptabteilung VIII« beim Ministerium für Staatssicherheit nun einmal verantwortlich ist: Observation und Ermittlung. Diese fürsorgliche »Rundum-Betreuung« endet, wenn das »Beobachtungsobjekt« schließlich wieder an den Grenzübergang zurückkehrt. Dorthin, wo es irgendwann im Laufe des Tages eingereist war. Vorausgesetzt, es hat in den Stunden dazwischen nicht gegen die Gesetze der DDR verstoßen.

13. August 1961

Es hatte einige Sekunden gedauert, ehe der achtzehnjährige Grenzpolizist Harald Jäger die Situation erfassen konnte. Ein lang gestreckter Sirenenton, zwei Sekunden, eine ebenso lange Pause, dann von vorn. Es war eindeutig das Signal für den Gefechtsalarm, welches ihn und seine Stubenkameraden aus dem Tiefschlaf gerissen hat. Nicht das für den Grenzalarm, der in den Wochen zuvor wieder und wieder als Übung angesetzt worden war und im Fall einer Verletzung der Grenzanlagen zur Anwendung kommen würde. Gefechtsalarm hingegen bedeutete eine ernst zu nehmende Kriegsgefahr. Lag eine solche vor?, so fragte sich in diesen Minuten sicher nicht nur Harald Jäger.

Schon bald darauf hallten die Trillerpfeifen der Unteroffiziere durch die Flure. Dann deren Ruf: »Gefechtsalarm.«

Fast gleichzeitig sprangen die jungen Burschen aus dem Bett, keiner von ihnen älter als zwanzig Jahre. Mechanisch schlüpften sie in ihre Uniformen, griffen zu Stahlhelm und Truppenschutzmaske, ehe sie die Treppe zur Waffenkammer hinunterstürzten, um Maschinenpistole oder Karabiner in Empfang zu nehmen. Das alles hatten sie zuletzt im Frühjahr geübt, während der Grundausbildung. Danach hatte man ihnen gesagt, dass der Gefechtsalarm künftig den Soldaten der Nationalen Volksarmee (NVA) vorbehalten bleiben würde – außer eben im Ernstfall!

Kaum zehn Minuten nach Auslösen des Gefechtsalarms war Harald Jäger Teil einer formierten Hundertschaft auf einem Kasernenhof in Schildow. Hier an der nördlichen Berliner Stadtgrenze war man vom Ost-Berliner Stadtbezirk Pankow ebenso weit entfernt wie von Frohnau, das bereits auf West-Berliner Gebiet lag. Wo würden sie wohl eingesetzt werden? Und was würde ihre Aufgabe sein? Das war die Frage, die in jenen Minuten sicher alle hier versammelten Grenzpolizisten beschäftigte. Vor ihnen brüllte der Kompaniechef: »Genossen, die Lage ist ernst, aber nicht hoffnungslos!« Natürlich war sie das nicht, hatte man doch die Geschichte auf seiner Seite – man war gar mit der »historischen Mission der Arbeiterklasse« betraut. Das wusste Harald Jäger nicht erst, seit es ihn während der Grundausbildung in politisch-ideologischen Schulungen von jenem Polit-Offizier wieder und wieder gelehrt worden war, den alle Rekruten liebevoll »Papa« nannten. Zuvor hatte ihm schon sein eigener Vater diese »historische Mission« mit den einfachen Worten eines Schmieds erklärt. Demnach gehe die marxistisch-leninistische Weltanschauung nämlich davon aus, dass die Geschichte nach den Gesetzmäßigkeiten des Klassenkampfes verlaufe. So wie einst die wirtschaftlich aufstrebende Bourgeoisie die politische Macht des Feudaladels gebrochen habe, so würde sich nun die revolutionäre Arbeiterschaft jener Kapitalistenklasse entgegenstellen, die ja gerade erst im Faschismus ihr wahres Gesicht gezeigt habe. Schon früh war Harald Jäger gleichermaßen davon überzeugt, in einer wahrhaft großen geschichtlichen Epoche zu leben, als auch begeistert, daran mitwirken zu dürfen.

Dabei war sein Vater keineswegs als Kommunist aus dem sowjetischen Kriegsgefangenenlager zurückgekehrt. Die Wandlung war am 17. Juni 1953 passiert. Ausgerechnet die aufständischen Berliner Bauarbeiter hatten das bewirkt. Die westlichen Radio-Moderatoren auch. Diese würden lautstark die Freiheit preisen, hatte der Vater damals gesagt, und über die Verbrecher in den höchsten Stellen ihres eigenen Staates schweigen. Über jene Leute, die ihn noch im Mai 1945 an den Endsieg hätten glauben lassen – bis er zwei Tage nach der Kapitulation mit scharfen Waffen in der Tschechoslowakei aufgegriffen worden war. Danach war er an einen Ort gekommen, den zu erreichen sich nicht einmal sein einstiger Führer hatte träumen lassen. Zweitausend Kilometer östlich von Moskau.

Als die Arbeiter in Berlin gegen die Volkspolizisten vorgingen, sie verprügelten und vereinzelt sogar totschlugen, hatte sich der Vater demonstrativ mit der bedrohten Regierung solidarisch erklärt. Fortan wurde der Sohn von den Kindern in der Siedlung als »Kommunistenbengel« beschimpft. Selbst von seinen bis dahin besten Freunden. Er hätte hadern können mit dem Mann, der ihn in diese Lage gebracht hat, hätte sich gegenüber den Gleichaltrigen distanzieren können vom Vater, der plötzlich ganz anders redete. Aber er wollte stolz sein auf ihn. Was war schon falsch an dem, was er sagte? Warum sollte man nicht gegen den Krieg sein? War es denn nicht richtig, dass die Fabrikbesitzer an diesem Krieg viel Geld verdienten und man ihnen deshalb die Fabriken wegnahm? Das Bautzener Waggonwerk zum Beispiel, das einst dem Flick-Konzern einverleibt worden war, im gleichen Jahr, als der Angriff auf die Sowjetunion erfolgte. Hier arbeitete der Vater nun wieder als Schmied, nachdem er die Uniform des Grenzpolizisten abgelegt hatte. An Stalins Todestag hat der Vater ihm erzählt, weshalb er sie einst angezogen hatte. Als sie gegenüber vom Stalin-Denkmal vor dem Haus der Kreisleitung der Partei standen, wo junge Männer mit Luftgewehren die Trauerwache hielten. Man habe ihm im Lager jenseits des Urals die Freilassung angeboten, wenn er sich bereit erkläre, in der Heimat Dienst bei der Grenzpolizei zu tun. Als er zurück war, habe er Wort gehalten.

Der Vater hat noch einiges erzählt an diesem Tag. Vom Obdachlosenheim, das früher in der alten Kaserne war, und dass die Mutter dort die Kindheit habe verleben müssen. Als gesellschaftliche Außenseiterin. In der Schule hätten viele nichts mit ihr zu tun haben wollen. Dann aber hätten die Nazis die Kaserne für ihre Soldaten gebraucht und deshalb die Siedlung »Herrenteich« gebaut, in der sie ja noch immer wohnten. Für 6000 Reichsmark habe man das kleine Häuschen erwerben können, als sie geheiratet haben. Ein eigenes Heim mit niedrigen Zimmern und einem Plumpsklo, aber in bequemen Raten abzubezahlen. Deshalb sei er auf die Parolen der Nazis hereingefallen und deshalb könne er jetzt nicht hinter der anderen Fahne herlaufen. Dreieinhalb Monate später lief er dann doch hinter dieser Fahne her, und der kleine Harald war stolz auf ihn. Und als die Kinder aus der Siedlung ihm »Kommunistenbengel« hinterherriefen, beschloss er, das als Ehrentitel anzusehen.

Der Kompaniechef holte Harald Jäger aus seinen Gedanken auf den Boden der Tatsachen zurück. Als er nämlich kurz nach Mitternacht mit erhobener Stimme und revolutionärem Pathos seine Ansprache über »die aktuelle militärische Bedrohung durch die imperialistischen Mächte« beendete. Dann hatten die Gruppenführer damit begonnen, die versammelten Grenzpolizisten dafür einzuteilen, die Zufahrtsstraßen nach Berlin für die eigene Bevölkerung aus dem Hinterland zu sperren. Er fieberte dem Moment entgegen, in dem ein Gruppenführer endlich auch seinen Namen aufrufen würde: Harald Jäger. Ab

Harald Jäger Anfang der Sechzigerjahre als Unteroffizier beim Grenzregiment 33 in Berlin.

sofort würden ihm die jungen Kerle am Straßenkontrollpunkt nicht mehr ins Gesicht lachen können, ehe sie sich auf West-Berliner Arbeitsstellen als Lohndrücker und Streikbrecher betätigten. Sie würden ihre Arbeitskraft der heimischen Volkswirtschaft zur Verfügung stellen müssen. Vorbei die Zeiten, in denen jene in den Dorfkneipen den reichen Max spielen konnten, um diese demonstrativ zu verlassen, wenn uniformierte Grenzpolizisten dort zum Feierabend ein Bier trinken wollten. Die Landfrauen aus der Umgebung würden ihre Blaubeeren und Steinpilze künftig auf dem Pankower Wochenmarkt verkaufen müssen, da ihnen der Weg zu den Märkten auf West-Berliner Gebiet verschlossen sein würde. Er und seine Genossen würden keine Tricks mehr anwenden müssen, um die Schildower Pastorenfamilie am Besuch des West-Berliner Kirchentags zu hindern. Endlich hatte die Partei auf diese unhaltbaren Zustände reagiert, der bewusste Teil der Arbeiterklasse würde in dieser Nacht seine Stärke beweisen. Das also war sie – die historische Mission! Harald Jäger war überzeugt, der 13. August 1961 werde in die Geschichte der deutschen Arbeiterbewegung eingehen, wenn nicht gar in die Annalen der kommunistischen Weltbewegung. Der junge Grenzpolizist bedauerte nur, dass dieser Tag ein Sonntag war. Ein Umstand, der ihn um das Vergnügen bringen würde, jenen Streikbrechern, Schmugglern und Schiebern am Morgen direkt in die verblüfften Gesichter zu blicken.

Der Oberstleutnant hat das dringende Bedürfnis mit jemandem zu sprechen. Darüber, was er eben erfahren hat – in den *Tagesthemen*. Auf dem kleinen Junost-Fernseher im Dienstzimmer des Leiters der Passkontrolleinheit. Er findet keinen Grund, an dieser ungeheuerlichen Nachricht zu zweifeln. Obgleich sie im Sender des Gegners ausgestrahlt wurde. Hatte man auch schon in der *Tagesschau* um 20 Uhr darüber berichtet, dass die so genannten Botschaftsflüchtlinge über das Territorium der DDR reisen werden? Er erinnert sich nicht. Vielleicht war die Meldung untergegangen, angesichts seiner Erschütterung darüber, dass junge DDR-Bürger mit kleinen Kindern sich jubelnd und weinend in die Arme fielen. Schließlich musste er erst mal verkraften, dass die eigene Partei- und Staatsführung bereit war, diesen tausendfachen Gesetzesbruch zu legitimieren. Welcher realitätsfremde Trottel hat sich das nur ausgedacht? Wollte man durch einen Verfahrenstrick staatliche Souveränität demonstrieren? Doch auch wenn die Entscheidung vom Ministerrat beschlossen und vom Politbüro abgenickt worden sein sollte – sie verstößt eindeutig gegen bestehende Gesetze. Harald Jäger könnte den Gesetzestext des §213 des DDR-Strafgesetzbuches, der den Tatbestand des »ungesetzlichen Grenzübertrittes« benennt, selbst im Schlaf herunterbeten. Schließlich hatte ihn das Ministerium für Staatssicherheit in der hauseigenen Hochschule zum »Diplom-Juristen« ausbilden lassen. Nie hätte er für möglich gehalten, dass er einmal der eigenen Regierung würde vorwerfen müssen, diesen Straftatbestand zu begünstigen. Aber nichts anderes ist es, wenn man jene Botschaftsflüchtlinge vor deren Ausreise tatsächlich über DDR-Gebiet fahren lässt. Wenn man sich schon habe erpressen lassen, so wäre es juristisch haltbarer, nach geographischen Gegebenheiten einfacher, vor allem aber aus sicherheitsrelevanten Gründen sinnvoller gewesen, man hätte die Züge von Prag aus auf direktem Wege ins benachbarte Bayern geschickt. Aber ganz sicher hat über diese Frage keinerlei Rücksprache mit den operativen Kräften der Staatssicherheit stattgefunden. Die hätten den Entscheidungsträgern schnell klargemacht, welche Gefahren für die innere Sicherheit es in sich birgt, die Staatsgrenze quasi entlang der eigenen Eisenbahnlinie zu verlegen. Womöglich würden nun auch andere Bürger versuchen, in diesen Zug zu gelangen. Die Passkontrolleure im Vogtland oder wo immer dieser Zug die DDR wieder verlassen wird, könnten solche Grenzverletzer ja nicht mal anhand der fehlenden Dokumente herausfiltern. Schließlich hatte ja nun keiner in diesem Zug ein gültiges Visum zum Verlassen der DDR.

Mit wem kann er über diese sich überstürzenden Gedanken sprechen? Harald Jäger will und kann sie nicht jenen ihm unterstellten Passkontrolleuren mitteilen, die dort draußen den nun zunehmenden Rückreiseverkehr der Tagestouristen kontrollieren. In wenigen Stunden wird ihn E., der wie er den Posten eines stellvertretenden Leiters dieser Passkontrolleinheit bekleidet, ablösen. Dann würde es ein Gespräch unter Oberstleutnanten sein. Und nicht nur das – der Genosse hatte schon in der Vergangenheit immer ein offenes Ohr für Harald Jägers kritische Überlegungen. Und nicht selten hat er diese auch geteilt.

21. August 1961

Am achten Tag der neuen Zeitrechnung kam der Grenzpolizist Jäger zum ersten Mal an jenes Bauwerk, dessen Errichtung für ihn diese neue Zeitrechnung eingeleitet hatte. Am Morgen waren ihm und seinen Kameraden in einer Köpenicker Kaserne nagelneue Khaki-Uniformen verpasst worden. Das hatte nach ihrem Eintreffen am antifaschistischen Schutzwall auf westlicher Seite für Verwirrung gesorgt. Dort kannte man offenbar nur die grünen Uniformen der Volkspolizisten und die steingrauen der Nationalen Volksarmee. Jedenfalls hatte man drüben daraus schließlich den Schluss gezogen, bei den neuen Grenzschützern müsse es sich um Russen handeln. Über zwei auf einen Kleinbus montierte Lautsprecherreihen wurden die Schrebergärtner auf der anderen Seite darüber »informiert«, dass die bisherigen Volkspolizeiposten durch sowjetische Kräfte ersetzt worden seien. »Studio am Stacheldraht« nannte man die mobilen Rundfunkstationen, bei denen es sich um amerikanische Propagandasender handelte, bezahlt aus dem Etat der CIA. Jedenfalls hatte ihnen das jener Feldwebel gesagt, der sie hier zum Grenzdienst eingeteilt hatte – an der vormaligen Stadtteilgrenze zwischen Treptow und Neukölln, die nun zu einer Staatsgrenze geworden war.

Die falsche Annahme hielt sich auf der anderen Seite nur einen einzigen Tag. Zwischen Swing und Rock'n'Roll wurden die Grenzpolizisten schon am nächsten Morgen wieder in deutscher Sprache zur Fahnenflucht aufgefordert. Inzwischen hatte sich in Harald Jägers Truppe das Gerücht verbreitet, dass in der letzten Woche viele Volkspolizisten dieser Aufforderung gefolgt seien. Deshalb wären deren Einheiten in die jeweiligen Heimatbezirke zurückgeschickt und durch die zuverlässigeren Grenzpolizisten ersetzt worden. Das Gerücht vermittelte Harald Jäger das Gefühl, einer zuverlässigen und klassenbewussten Elitetruppe anzugehören. Und das war ein gutes Gefühl – eine Mischung aus prinzipienfester Moral, jugendlichem Heldenmut und ganz profanem Stolz.

Tatsächlich gab es aus den eigenen Reihen bisher keine Fahnenfluchten. Jedenfalls nicht an seinem Grenzabschnitt, der sich vom Flughafen Schönefeld bis zum Osthafen erstreckte. Dabei wäre es ganz einfach gewesen. Denn bis zu diesem Zeitpunkt hatte man hier nur an den vom Westen in den Osten führenden Straßen Betonplatten als Kraftfahrzeug-Sperren übereinandergeschichtet. Links und rechts davon waren lediglich Stacheldrahtrollen verlegt, die zu überspringen für gut trainierte Grenzpolizisten kein Problem darstellten. Und niemand hätte sie daran hindern können. Denn die Karabiner und Maschinenpistolen der Grenzschützer waren in den ersten Wochen jenes Sommers 1961 noch Attrappen, jedenfalls ohne Munition. Nur auf ausdrücklichen Befehl durfte die versiegelte Patronentasche geöffnet oder vom Postenführer ein MP-Magazin in Empfang genommen werden. Eigentlich war die Truppe, bei der Harald Jäger Dienst tat, in diesen ersten Wochen ein zahnloser Tiger – nur wusste das auf der anderen Seite niemand. Und auch er selbst wollte sich dadurch die Überzeugung nicht kaputt machen lassen, in einer wahrhaft heroischen Epoche zu leben.

Die westliche Seite verfolgte ganz offensichtlich eine Strategie von Zuckerbrot und Peitsche. Das Zuckerbrot bestand aus Hershey-Schokolade und Wrigleys-Kaugummi, die von amerikanischen Soldaten und West-Berliner Bürgern über den Stacheldraht geworfen wurden. Der Grenzpolizist Harald Jäger aber strafte das Konfekt des Klassengegners mit Nichtachtung. Im äußersten Fall kickte er die Süßigkeiten mit der Stiefelspitze in den Schützengraben, der vor dem Grenzzaun ausgehoben worden war. Andere Streifengänger warfen die Objekte der süßen Verführung auf das gegnerische Gebiet zurück. In jener Zeit wurde im Sprachgebrauch der Grenzschützer das geographische Gegensatzpaar »Ost-West« durch die ideologische Positionierung »freundwärts-feindwärts« ersetzt.

Die Peitsche hingegen bestand aus gewagten Wendemanövern, die von amerikanischen Jeeps feindwärts ganz dicht am Grenzzaun veranstaltet wurden. Die Posten freundwärts mussten das als Provokation verstehen. Und Harald Jäger hatte sich provozieren lassen. In einer eigenmächtigen und letztlich unverantwortlichen Aktion hatten er und sein Postenführer Furchtlosigkeit und Entschlossenheit demonstrieren wollen. Als ein amerikanischer Jeep herangerast war und schließlich die Spitze des aufgepflanzten Maschinengewehrs ein kleines Stück über die Betonplatten und damit auf DDR-Territorium ragte, hatten sich die beiden Grenzschützer nur kurz angesehen und wortlos verstanden. Gleichzeitig setzten sie die Stahlhelme auf, luden ihre Karabiner mit den leeren Magazinen durch und stürmten in Richtung des Klassenfeinds. Im nächsten Moment wurde drüben der Rückwärtsgang eingelegt und der Jeep fuhr mit quietschenden Reifen davon. Erst später war den beiden jungen Grenzpolizisten bewusst geworden, wie schnell ihre unüberlegte Aktion zu einem militärischen Konflikt hätte eskalieren können. »Wenn das damals herausgekommen wäre, hätte das mindestens zwei Wochen Bau, wenn nicht gar die Entlassung aus dem Grenzdienst bedeutet«, wird Harald Jäger später seinen Untergebenen erzählen. Aber auch achselzuckend: »Wir waren eben Hasardeure damals!«

Die kleine Anhöhe kurz hinter der Vorkontrolle/Ausreise ermöglicht Oberstleutnant Harald Jäger einen idealen Überblick über das gesamte Areal, welches die offizielle Bezeichnung »GÜST (Grenzübergangsstelle) Bornholmer Straße« trägt. Als Feldwebel war er vor einem Vierteljahrhundert hierher gekommen. Nicht erst heute, an diesem ereignisreichen Tag, hat sich in der DDR vieles, hier aber fast nichts verändert. Nur der Oberleutnant dort oben an der Vorkontrolle/Einreise bringt mit seinen provokanten Fragen gelegentlich ein wenig von jener Stimmung auf die GÜST, die seit kurzem im Lande um sich greift. Eine Stimmung, die von denen ausgeht, die nicht ins ungarisch-österreichische Grenzgebiet reisen oder über Prager Botschaftszäune steigen. Von Leuten, die die DDR nicht abschaffen, sondern verändern

Herbst 1989: DDR-Bürger klettern in Prag über die Mauer der bundesdeutschen Botschaft.

wollen. Deshalb rufen sie auf Leipzigs Straßen und anderswo »Wir bleiben hier!« und neuerdings »Demokratie jetzt!«. Der Parteisekretär hingegen, der in diesem Moment dort drüben auf der Diplomatenspur mit militärischem Gruß den Wagen irgendeines Botschafters empfängt, steht für die traditionelle DDR. Die der realitätsfernen ideologischen Prinzipien jener alten Männer des Politbüros. Harald Jäger fragt sich in den letzten Tagen immer häufiger, von wem eigentlich die größere Gefahr für sein krisengebeuteltes Land ausgeht. Er ahnt, dass vielen der Leipziger Montagsdemonstranten die Vokabel von den »feindlich-negativen Kräften« nicht gerecht wird. Und nicht den Umweltschützern in der Berliner Zionskirche. Wahrscheinlich trifft sie noch nicht einmal auf jeden zu, der gerade im fernen Prag einen Zug besteigt, um sich durch die DDR ins andere Deutschland transportieren zu lassen.

Dort unterhalb der Vorkontrolle/Einreise verläuft die wahrscheinlich am besten gesicherte Grenze der Welt. Doch sie hat ihre Wirkung endgültig verloren, seit ein Prager Gartenzaun zur nahezu ungesicherten Grenzstation zwischen den beiden feindlichen Brüdern »Deutschland« geworden ist. Mehr als einmal konnten Harald Jägers Leute kriminelle Schleuserbanden ermitteln und festnehmen, die DDR-Bürger ohne gültige Grenzübergangspapiere in den Westen schmuggeln wollten. In präparierten Fahrzeugen oder mit gefälschten Papieren. In dieser Nacht aber werden solch ungesetzliche Grenzübertritte von der Partei- und Staatsführung nicht nur geduldet, sondern auf deren offizielle Weisung hin durchgeführt. An diesem Abend fühlt jener Oberstleutnant, der in den vergangenen achtundzwanzig Jahren eine beeindruckende Karriere hingelegt hat, seine berufliche Existenz zum ersten Mal ad absurdum geführt.

In vierzig Tagen wird er einen Schritt tun, der diese Karriere schließlich beenden und sie auf einen Aktenvorgang mit der Personenkennzahl 270443429732 reduzieren wird. Nicht ganz freiwillig wird Harald Jäger diesen Schritt tun, aber er wird damit Weltgeschichte schreiben.

II. Dienstag, 3. Oktober 1989

Am Nachmittag trifft Erich Honecker im ZK-Gebäude aus Anlass des bevorstehenden 40. Jahrestages mit »Veteranen der Arbeiterbewegung« zusammen und erklärt, dass »die Existenz der sozialistischen DDR ein Glück für unser Volk und die Völker Europas« sei. In den Abendnachrichten gibt die DDR-Regierung bekannt, dass der pass- und visafreie Verkehr zwischen der DDR und der ČSSR mit sofortiger Wirkung ausgesetzt worden sei. Damit gibt es kein einziges Land der Erde mehr, in welches DDR-Bürger reisen können, ohne vorher ein Visum zu beantragen.

Die Meldung hatte sofort für Ruhe im Raum gesorgt. Angelika Unterlauf, die bekannte Nachrichtensprecherin des DDR-Fernsehens, hatte sie an zweiter Stelle der Übersicht verlesen. Ohne den Hauch einer Wertung in der Stimme, als pure Verkündung einer amtlichen Verlautbarung. Dennoch war nur selten zuvor hier in der Wirtschaftsbaracke zwischen Bockwurst und Club-Cola eine Ausgabe der *Aktuellen Kamera* von allen gleichermaßen aufmerksam verfolgt worden – von einfachen Passkontrolleuren, Mitarbeitern des Zolls und einigen wenigen Offizieren der Grenztruppen. Und vom stellvertretenden Leiter der Passkontrolleinheit Harald Jäger. Seither beschäftigten hier alle die gleichen Fragen, die in diesem Augenblick auch Millionen von DDR-Bürgern vor den Fernsehgeräten haben dürften. Handelte es sich bei dieser Maßnahme um eine auf Dauer angelegte Aussetzung des pass- und visafreien Verkehrs mit dem Nachbarland? Oder nur um eine zeitlich befristete? Was bedeutete das für jene, die bereits einen Winterurlaub in der Hohen Tatra geplant oder sogar fest gebucht hatten?

Harald Jäger sieht seine Vision schlagartig zur Illusion degradiert. Zeigt die eben verkündete Maßnahme doch, dass die Partei- und Staatsführung die Situation im Lande offenbar völlig falsch einschätzt. Wie ist es sonst zu erklären, dass man das Land international immer weiter isolierte, statt mit einer grundlegenden Reform des Reisegesetzes den Bedürfnissen der Bevölkerung Rechnung zu tragen? Niemand mehr hatte dem Oberstleutnant Jäger in den letzten Tagen widersprochen, als er in zahlreichen Gesprächen jene Vorstellung entwickelte, die ihm noch vor wenigen Monaten nicht in den Sinn gekommen wäre. Demnach solle allen Bürgern ein Visum erteilt werden, die ein solches beantragen. Denen, die das Land für immer verlassen, und denen, die zurückkehren wollen. So würde man zu einer für jedermann nachvollziehbaren Praxis kommen und sich ganz nebenbei einige Probleme vom Hals schaffen. Wahrscheinlich würde dann nämlich die Zahl der Ausreiseanträge deutlich sinken. Ganz gewiss aber sich der Zulauf zu den Montagsdemonstrationen verringern, die es mittlerweile nicht mehr nur in Leipzig gab. Vor allem brauche sich der Staat keine solche Blöße mehr zu geben, wie dies bei der Ausweisung der Botschaftsflüchtlinge geschehen war. Außerdem würden viele der übersiedelten DDR-Bürger schon bald wieder zurückkommen. Weil sie im Westen keine ihren Qualifikationen entsprechende Arbeit fänden. Oder keine geeigneten Lehrstellen für ihre Kinder. Natürlich könne dann auch das aufwändige Grenzregime auf das zwischen souveränen Staaten übliche Maß heruntergefahren und dem Staatshaushalt so eine enorme Entlastung ermöglicht werden.

Sogar sein Vorgesetzter, der Leiter dieser Passkontrolleinheit, hatte nachdenklich mit dem Kopf genickt. Ein Mann, der sonst Forderungen nach Veränderungen erst mal ablehnend gegenüberstand. Wahrscheinlich war auch ihm schon zu Ohren gekommen, dass derartige Denkmodelle inzwischen bereits auf den mittleren Ebenen des Ministerrats durchgespielt wurden. Selbst von ZK-Referenten. Nicht einmal der linientreue Parteisekretär brachte mehr die altbekannten Gegenargumente vor. Die, die immer dann heruntergebetet worden waren, wenn eine besonders starke Ausreisewelle Anlass zu Diskussionen gab. Die chronische

Devisenschwäche der DDR, so hieß es dann immer, mache die eigenen Bürger im westlichen Ausland zu Bettlern. Außerdem würde die höhere Akademiker-Entlohnung dort zur Abwanderung von Ärzten und Wissenschaftlern führen. Andererseits widerspräche eine Anhebung von deren Lebensstandard im eigenen Land den Prinzipien eines »Arbeiter- und Bauernstaates«.

April 1962

Als die Gefahr endlich vorbei war, wurde dem jungen Grenzpolizisten klar, dass dies einer jener Tage war, die er nie vergessen wird. Jedes Detail dieser brisanten Stunde wird wohl für immer in seinem Gedächtnis eingegraben sein – die rennende Frau, die schreiende Meute auf westlicher Seite und seine eigene Todesangst in jenem Schützengraben, der ihm kaum hätte Schutz bieten können vor amerikanischen Schnellfeuerwaffen, abgefeuert von einem Hochhaus auf der anderen Seite. Dabei hatte der Tag so angefangen wie fast alle anderen zuvor in den letzten acht Monaten, seit Harald Jäger nun schon hier an der Grenze Dienst tat.

Am Morgen war er als Postenführer eingeteilt worden und hatte mit einem Kollegen dort Stellung bezogen, wo die Wildenbruchstraße auf die inzwischen zwei Meter hohe Mauer trifft. Jenseits davon hatte man ein Holzpodest errichtet, auf dem fast immer einige Menschen standen. Die meisten sahen einfach nur herüber, andere brüllten irgendwelche Schimpfwörter und gelegentlich flogen auch mal Steine oder eine Bierflasche. »Nicht provozieren lassen!« war als Devise ausgegeben worden, und Harald Jäger hielt sich daran.

Manchmal während der langweiligen nächtlichen Postengänge zählte er die beleuchteten Fenster in dem achtstöckigen Hochhaus drüben, deren Zahl natürlich immer mehr abnahm, je später es wurde. Vor drei Tagen war an diesem Abschnitt ein Gefreiter abgehauen. Mitten am Tag hatte er seinen Postenführer abgelenkt und war dann blitzschnell über die Mauer geklettert. So wie sie es während ihrer Grundausbildung an der Eskaladierwand immer wieder hatten üben müssen.

Harald Jäger entdeckte die Frau zuerst, die sich ganz hinten, noch jenseits der Elsenstraße, hektisch nach allen Seiten umdrehte, ehe sie mit schnellen Schritten ins Grenzgebiet hineinlief. Wo war sie nur so plötzlich hergekommen? Aus einem der Wohnhäuser, die dort nahe am Grenzgebiet stehen? Der junge Grenzpolizist fühlte sein Herz bis zum Hals schlagen. Von einer Sekunde zur anderen war er herausgerissen worden aus der alltäglichen Routine.

»Was hat die Frau vor?«, schrie er seinen Kollegen an.

»Wo sind denn die Posten da hinten?«, brüllte der andere zurück.

Tatsächlich war das schon gar nicht mehr ihr Postengebiet, dort, wo diese Frau nun direkt auf die Mauer zurannte. Die beiden waren mindestens dreihundert Meter entfernt. Keine der für einen solchen Fall vorgeschriebenen Maßnahmen machte hier einen Sinn. Anrufen, Warnschuss, Nacheile – selbst ein Zielschuss auf die Beine kam aus dieser Entfernung nicht in Frage. Die Flüchtende hatte nur noch wenige Meter bis zur Mauer vor sich. Schüsse in diese Richtung verboten sich schon deshalb, weil Querschläger auf westliches Gebiet driften könnten. Warum aber unternahmen die Posten hinten an der Elsenstraße nichts?

Inzwischen war auch auf dem Holzpodest, nur wenige Meter von Harald Jäger entfernt, der Fluchtversuch bemerkt worden. Die Leute dort brüllten der Frau aufmunternd zu. »Lauf weiter! Du schaffst es!«

Das Blut hämmerte in den Schläfen des jungen Grenzpolizisten. Er musste die Posten dort hinten auf die flüchtende Person aufmerksam machen. Nur für sie gab es noch die Chance der Nacheile. Schließlich hatte die Grenzverletzerin noch eine zwei Meter hohe Mauer zu überwinden und sicher keine Erfahrung an der Eskaladierwand. Harald Jäger entsicherte seine Maschinenpistole.

»Nicht schießen!«, schrien nun die unfreiwilligen Beobachter auf der anderen Seite entsetzt.

Im letzten Moment fiel ihm noch ein, dass er den Lauf seiner Waffe nicht feindwärts halten durfte. Dann schickte er eine dröhnende Salve in den östlichen Himmel. Das mussten die Posten an der Elsenstraße doch gehört haben!?

Die Frau hatte inzwischen die Mauer erreicht. Nun erst entdeckte Harald Jäger die Leiter, die dort vorne offenbar von westlicher Seite über die Mauerkrone geschoben worden war. Ein wenig wacklig stieg die Frau die Sprossen hinauf und war im nächsten Moment auf der anderen Seite verschwunden. Auf dem Holzpodest nebenan wurde gejubelt und applaudiert. Harald Jäger empfand dies nicht nur als Willkommensgruß für jene unbekannte Frau, sondern auch als feixende Schadenfreude gegenüber den Grenzschützern, die diesmal das Nachsehen hatten. Er habe das Gefühl gehabt, eine schmähliche Niederlage erlitten zu haben, wird er später bei der Auswertung auf der Dienststelle sagen. Und dort erst wird er erfahren, dass die Genossen an der Elsenstraße zuvor vom Westen aus mit Steinen beworfen worden waren und sich deshalb in Sicherheit gebracht hatten. Der Postenführer hatte in jenem winzigen Betonbunker auf dem Grenzstreifen Schutz gesucht, der nur einer Person Platz bot. Durch die schmalen Sehschlitze, so wird er argumentieren, habe sich für ihn nur ein eingeschränkter Blickwinkel ergeben. Sein Kollege sei links davon im Schützengraben abgetaucht. Die Grenzverletzerin habe einfach Glück gehabt, dass sie »exakt im toten Winkel auf den antifaschistischen Schutzwall zugelaufen« sei. Harald Jäger wird diesen Begriff im vorliegenden Fall völlig unangebracht finden. Schließlich hatte es sich bei der Frau doch sicher nicht um eine Faschistin gehandelt und bei dem Vorfall nicht um einen imperialistischen Militärschlag. Sagen aber wird er das nicht. Denn einem spontanen Entschluss schien die Bürgerin bei dieser Grenzverletzung ganz offensichtlich auch nicht gefolgt zu sein. Die vom Westen herübergereichte Leiter sprach dafür, dass die Flucht von langer Hand vorbereitet worden war. Und warum war sie exakt an dieser Stelle aufgestellt worden? Gab es in diesem Fluchtplan womöglich jemanden, der wusste, wie die Posten auf eine Steinattacke reagieren würden? Und auch, dass sie von dort, wohin sie sich dann zurückzögen, genau auf diesen schmalen Korridor keinen Einblick haben würden?

Auf der kleinen Fläche jenes Holzpodestes jenseits der Mauer waren mittlerweile immer mehr Schaulustige erschienen. Dazwischen entdeckte Harald Jäger plötzlich in einer dunkelbraunen Lederjacke jenen desertierten Gefreiten. Ein leichter Westwind wehte Fetzen der Unterhaltung herüber, die dieser mit einem West-Berliner Schutzpolizisten führte. Ganz deutlich konnte er hören, wie der andere seinen Namen nannte: Harald Jäger.

Applaus brauste auf und man machte Platz für zwei amerikanische GIs. Irgendeiner rief plötzlich: »Knallt ihn ab!«, ein anderer: »Kill him!« Und dann begannen die Leute drüben zu skandieren: »Kill him! – Kill him! ...« Was würde passieren, wenn einer der GIs tatsächlich die Waffe auf ihn richten würde? Durfte er dann zurückfeuern? Was aber, wenn der andere nur provozieren will, wie der amerikanische Jeep-Fahrer vor einigen Monaten?

Sein Posten rief: »Lass uns in Deckung gehen!«

Blitzschnell sprangen die beiden jungen Grenzpolizisten in die nebeneinanderliegenden Schützengräben. Hier, hinter aufgestapelten Betonplatten, waren sie in Sicherheit. So schien es zunächst jedenfalls. Bis drüben plötzlich jemand aufgeregt schrie: »Von dort oben könnt ihr ihn abknallen!«

Der Blick des Harald Jäger ging hinauf zu dem Flachdach des achtstöckigen Hochhauses. Für einen geübten Schützen würde er hier wie auf dem Präsentierteller liegen.

Als es auf der anderen Seite ruhig wurde, hätte er sich mit seinem Posten zurückziehen müssen. Das aber war ihm erst klar geworden, als es nach ängstlichem Ausharren im Schützengraben zu spät dafür war. Tatsächlich tauchten schließlich dort oben die beiden GIs mit dem Schupo auf. Hatte der eine Amerikaner auch vorhin schon die Maschinenpistole bei sich? Harald Jäger begann zu zittern, konnte am eigenen Körper spüren, was es bedeutete, wenn eiskalter Schweiß den Rücken hinunterläuft. In diesem Moment musste er an seine Mutter denken, die dagegen gewesen war, dass der Sohn sich zum Grenzdienst meldete. Aus Angst, wie ihm die ältere Schwester erst vor kurzem erzählt hatte. Plötzlich tauchten Bilder in ihm auf – von der Bautzener Arbeitersiedlung Herrenteich, in der die Bewohner bei Sonnenuntergang hinter ihren Häuschen sitzen, von der Pestalozzi-Schule, wo er acht Jahre die Schulbank drückte und die nur durch den Schiller-Park von jener Oberschule getrennt lag, welche damals noch ausschließlich die Kinder der »Intelligenzija« besuchten. Er sah vor sich die glasklaren Seen in den ehemaligen Steinbrüchen südlich von Bautzen, in denen er als Kind gebadet, und den Humboldthain, wo er stundenlang das Training der Hundeführer der Grenzpolizei beobachtet hatte. Und dann erinnerte sich der junge Grenzpolizist Harald Jäger daran, wie sein Vater ihn einst auf dem Heimweg vom Fußballstadion auf der Müllerwiese in den Arm genommen und ihm gesagt hatte, er solle seine Zukunft in politischen Aufgaben suchen. Er hoffte in diesen dramatischen Minuten inständig, dass er diesem Vater irgendwann würde erzählen können, in welch gefährlicher Situation er sich befunden hatte. Denn er verspürte überhaupt keine Lust, in einem Nachruf des *Neuen Deutschland* (ND) zum Helden erklärt zu werden, wie einst jener Waldemar Estel, nach dem man inzwischen Straßen und Schulen benannt hat.

»Wenn einer von denen die Waffe hebt, putze ich sie alle drei vom Dach!«, hörte er den Posten neben sich rufen.

»Lass den Mist!«, schrie Harald Jäger aufgeregt zurück.

Er musste unbedingt verhindern, dass sein Kollege mit einer unbedachten Handlung jenem amerikanischen Soldaten dort oben überhaupt erst die Handhabe dafür lieferte, das Feuer zu eröffnen. Immer wieder hat er ihm deshalb zugerufen, er dürfe sich nicht provozieren lassen, hat geradezu gefleht, auf gar keinen Fall seine Waffe dorthin zu richten. Nach einer als schier endlos empfundenen Viertelstunde verließ der Gegner drüben das Dach. Und auch die Stimmen auf der anderen Seite waren nun verstummt. Erleichtert ließ sich der neunzehnjährige Grenzpolizist im Schützengraben nach hinten fallen. Langsam löste sich die Anspannung im Körper. Er schob den Stahlhelm zurück und wischte mit dem Ärmel seiner Uniform den Schweiß von der Stirn. Jetzt wusste Harald Jäger, dass er nicht dafür geboren war, ein Held zu sein.

Wie alle anderen wartet Oberstleutnant Jäger vor dem Fernseher in der Wirtschaftsbaracke. Auf weitere Details zu jener kurzen Meldung, die Angelika Unterlauf zu Beginn der *Aktuellen Kamera* verlesen hatte. Zunächst aber strapaziert man die Geduld der Zuschauer mit einem ziemlich ausführlichen Beitrag über ein Veteranentreffen. Im Haus des Zentralkomitees und aus Anlass des 40. Republik-Geburtstages. Alte Menschen küssen und umarmen einander, ehe Erich Honecker – laut Off-Kommentar »Kommunist und Staatsmann« – mit Applaus begrüßt wird. Man erhebt sich zur Nationalhymne, die in voller Länge übertragen wird. Dann wendet sich der SED-Generalsekretär an die »Kameraden, Aktivisten der ersten Stunde, Weggefährten und Genossen«. Der Oberstleutnant Harald Jäger empfindet in diesem Moment eine große Sympathie für diese alten Menschen. Viele von denen kämpften schon für die Ziele der Arbeiterklasse, als es noch gefährlich war, Kommunist zu sein, hatten für ihre Ideale in Zuchthäusern und Konzentrationslagern gesessen. Auch Erich Honecker selbst war einer von ihnen, denn er hatte viele Jahre im Zuchthaus Brandenburg verbracht. Andere waren in den Anfangsjahren der DDR zur Bewegung gestoßen. Wie sein eigener Vater und auch der von Marga, denen die krisenhafte Entwicklung der letzten Jahre erspart geblieben war. Damals hatte sich Erich Honecker am großen Aufbauwerk als Vorsitzender der »Freien Deutschen Jugend« beteiligt. Er befindet sich also unter alten Kampfgefährten, spricht von Gleichem zu Gleichen. Wird der »Kommunist und Staatsmann« die Gelegenheit wahrnehmen, gegenüber seinen jahrzehntelangen Weggefährten nicht nur die Erfolge zu benennen, sondern auch Fehler einzuräumen? Wird er nach dem Lenin'schen Prinzip von Kritik und Selbstkritik die Probleme im Land aus parteilicher Sicht unter die Lupe nehmen? Ist es nicht das, was die alten Kämpfer in einer solchen Zeit von einem Parteiführer erwarten, dessen historische Verdienste niemand in Abrede stellt?

Zunächst aber zieht es der Generalsekretär vor, darauf zu verweisen, dass die Existenz der DDR »ein Glück für unser Volk und die Völker Europas« sei, was die Veteranen zu spontanem Applaus, einige in der Wirtschaftsbaracke der GÜST Bornholmer Straße jedoch zum Lachen veranlasst.

In endlosen Passagen verliest Erich Honecker, was jene Veteranen ohnehin wissen – dass »die Befreiung vom Hitlerfaschismus einen neuen Anfang für unser Volk« und die Gründung »der Deutschen Demokratischen Republik den ersten Arbeiter- und Bauernstaat auf deutschem Boden« bedeutet habe. An deren Spitze hätten einst »solche Persönlichkeiten gestanden wie Wilhelm Pieck, Otto Grotewohl, Walter Ulbricht, Max Fechter, Otto Nuschke ...« Starker Applaus folgt der Aufzählung einer ganzen Reihe weiterer Namen der Gründungsväter der Republik. Schließlich feiert er das Sozial- und Wohnungsbauprogramm als sozialistische Errungenschaft. Wieder Applaus. Fast unmerklich schüttelt Oberstleutnant Harald Jäger den Kopf. Sollte tatsächlich keiner dieser Zuschauer im ZK-Gebäude, unter denen sich doch sicher auch ehemalige Kombinatsdirektoren und Ökonomen befinden, wissen, dass die zu geringe Produktivität der DDR-Wirtschaft diese gewaltigen Programme gar nicht finanzieren kann? Immerhin weiß er es doch auch. Er hatte es nicht erst von jenem kritischen Menschen erfahren, der vor einiger Zeit in die Familie gekommen war – dem Schwiegervater seines Sohnes Carsten, der Ökonomie-Professor an einer thüringischen Universität war. Das war einer, der wusste, wovon er sprach. Und *weil* er wusste, wovon er sprach, war er auch ein zorniger Mensch. Er konnte sich erregen über die Unfähigkeit des für wirtschaftliche Fragen zuständigen Politbüro-Mitglieds Günter Mittag, den er regelmäßig mit wüsten Beschimpfungen belegte. Es sei eine Katastrophe, dass »eine solche Null« ein staatliches Imperium von zweiundzwanzig Ministerien, 224 Kombinaten und 3526 volkseigenen Industriebetrieben dirigiere und überwache. Die Flüche des Wirtschaftswissenschaftlers wurden sogar noch deftiger, als Harald Jäger vorsichtig hatte durchblicken lassen, was er von den operativ tätigen Mitarbeitern seiner »Firma« erfahren hatte, die einst seine Kommilitonen an der »Juristischen Hochschule« in Potsdam gewesen waren. Demnach würden die Berichte ihrer Inoffiziellen Mitarbeiter (IM) aus den volkseigenen Betrieben, mit deren Hilfe sie die Kombinatsdirektoren kontrollierten, niemals an Honecker weitergereicht. Schon gar nicht, wenn sie über oftmals verheerende Zustände berichteten. Das könne man »dem

Generalsekretär nicht zumuten«, habe Erich Mielke, der Minister für Staatssicherheit, erklärt, weshalb Honecker nach wie vor mit beschönigenden Zahlen versorgt werde.

»Die man uns anschließend im *Neuen Deutschland* als real verkaufen will«, schrie daraufhin der Schwiegervater seines Sohnes und warf gerade erst publizierte Statistiken auf den Tisch.

»Das sind die Planvorgaben von vor zehn Jahren. Die hat man jetzt als aktuelle Produktionszahlen veröffentlicht und feiert sie auch noch als Erfolg«, ereiferte er sich. »In diesem Artikel wird damit angegeben, wie viele Computer es in unseren volkseigenen Betrieben gibt. Weißt du, Harald, die Bowling-Maschine, die gestern Abend unsere Kegel wieder aufgestellt hat und oben elektronisch die Punkte anzeigte, die ist auch ein Computer. So was zählen die alles mit! Und Erich hat davon keine Ahnung, sagst du, weil eure Leute ihm die falschen Zahlen vorlegen? Also entweder ist er ein Idiot oder ein Ignorant – aber wahrscheinlich ist er beides!«

Bei einer Familienfeier hatte Harald Jäger ihn dann einmal zur Seite genommen und ihn gebeten, eine Überlegung zu kommentieren, die ihn seit längerem beschäftigte. Etwas umständlich holte er aus: »Manche DDR-Rentner, wenn sie bei uns an der Bornholmer Straße aus dem Westen zurückkommen, zeigen den Genossen vom Zoll zum Beispiel stolz einen ›schönen Toaster‹, den sie drüben für ihre daheim gebliebenen Kinder bei Quelle gekauft haben ...«

»... ohne zu wissen, was der Aufkleber ›Made in GDR‹ auf der Unterseite des Geräts aussagt«, ergänzte sein Gegenüber.

Er kenne noch viele derartige Geschichten, bestätigte Harald Jäger. Auch aus der eigenen Familie. Seine Tochter Kerstin ziehe als Gärtnerin in der Grünpflanzengenossenschaft »Weiße Taube« Pflanzen auf, die nie eine hiesige Gärtnerei und nur selten ein Gartenbauamt der DDR zu sehen bekämen. »Stattdessen werden diese Zierpflanzen auf westlichen Gartenmärkten verkauft ...«

»... zu Schleuderpreisen weit unter den Produktionskosten!«, wurde seine Ausführung von dem Wirtschaftsprofessor abermals ergänzt.

Nun wusste Harald Jäger, dass er bei diesem Mann kein Blatt vor den Mund zu nehmen brauchte, und plauderte los: »Am 13. August haben wir damals dichtgemacht, damit unsere Arbeitskräfte für dieses Land produzieren und die Bauern ihre Blaubeeren und Steinpilze in Pankow und nicht im Westen verkaufen. Heute verschiebt unser Staat Konsumgüter in großem Stil!«

Als Carstens Schwiegervater nachdenklich schwieg, hatte Harald Jäger nachgesetzt:

»Unsere Werktätigen produzieren also Waren, die sie niemals oder nur sehr selten selbst kaufen können ...«

Sachlich stellte der Wirtschaftswissenschaftler fest: »Die so erzielten Devisen stehen immerhin dem Staatshaushalt zur Verfügung.«

Doch nach einer kurzen Weile:

»Die Frage ist allerdings, ob sie dort wirklich sinnvoll verwendet werden.«

War dies wirklich eine Frage für den Experten oder wusste er mehr, als er sagte? Harald Jäger gingen Gedanken durch den Kopf, die er niemals laut äußern würde. Wurde nicht die Arbeitskraft der Gärtner von der »Weißen Taube« dem Profit westlicher Kapitalisten zur Verfügung gestellt? Oder die der Arbeiter in dem Kombinat, das für Quelle die Toaster womöglich auch unter dem Herstellungspreis liefert? War also die einstmals abgeschaffte »Ausbeutung des Menschen durch den Menschen« in der DDR längst durch die Hintertür wieder eingeführt worden? Der Oberstleutnant erschrak über seine eigenen Überlegungen. Sie erschienen ihm nicht angebracht für einen, der für die Sicherheit des Staates zu sorgen hat. Für die Existenz eines Arbeiter- und Bauernstaates. Und als ob der Wirtschaftswissenschaftler seine unerhörten Gedanken erraten hätte, sagte er in die entstandene Stille hinein scheinbar zusammenhanglos: »Das kann man so sehen!«

Auf dem Bildschirm kann Harald Jäger beobachten, wie die Arbeiterveteranen im Haus des Zentralkomitees wieder Platz nehmen, nachdem sie sich zwischenzeitlich zum gemeinsamen Gesang der »Internationalen« erhoben hatten. Nun lauschen sie ergriffen einem Chor, der ihnen die Lieder ihrer Jugend vorsingt: »Bau auf, bau auf/Freie Deutsche Jugend, bau auf!« Auf die krisenhafte Lage im Lande war Erich Honecker zuvor nur indirekt eingegangen. Und auch nur, um sie dem Klassengegner in die Schuhe zu schieben:

»Gerade jetzt glaubt man in der Bundesrepublik, die DDR mit einem passenden Angriff aus den Angeln heben zu können. Daraus, liebe Kameraden, wird nichts!«

Spätestens jetzt müssen doch alle hier in der Wirtschaftsbaracke anwesenden Offiziere den Generalsekretär ihrer Partei als jemanden erkennen, der die Realitäten nicht mehr begreift. Oder sie bewusst falsch darstellt. Gerade hier auf der Dienststelle kann das niemandem verborgen bleiben. Hatte man doch bereits in der vergangenen Woche die erhöhte Einsatzbereitschaft und vor drei Tagen die doppelte Mannschaftsstärke angeordnet. Ganz sicher nicht, weil man einen Angriff aus dem Westen erwartete. Sämtliche seit langem existierenden operativen Alarmpläne sind schließlich gegen Teile der eigenen Bevölkerung gerichtet. Oberstleutnant Harald Jäger, der für den Fall der Konterrevolution vier seiner Leute für die »Festnahmegruppe« benannt hatte, hofft inständig, dass diese nicht zum Einsatz kommt.

Nach exakt 22 Minuten und 41 Sekunden ist endlich Angelika Unterlauf wieder auf dem Bildschirm zu sehen. Nachdem sie noch einmal die amtliche Verlautbarung über die Aussetzung des pass- und visafreien Verkehrs zwischen der DDR und der ČSSR wiederholt hat, die nicht eine einzige Frage der besorgten DDR-Bürger beantwortet, bekommt der ADN-Journalist Olaf Dietze das Wort für einen Kommentar. Sicherlich hat keiner der hier anwesenden Uniformträger von jenem Propagandisten der staatlichen Nachrichtenagentur eine systemkritische Kommentierung erwartet. Aber einige Hintergründe darüber, was die Aussetzung des pass- und visafreien Verkehrs nun konkret bedeutet, schon. Stattdessen setzt er die Schuldzuweisung des Generalsekretärs fort. Und auch er verliest monoton seine ellenlange Erklärung. Die westdeutschen Botschaften in Prag und Warschau hätten ihren Status »unter Bruch der Wiener Konvention über die diplomatischen Missionen zur Durchsetzung einer völkerrechtswidrigen, revanchistischen Anmaßung einer Obhutspflicht für alle Deutschen« missbraucht.

»Haben doch diese bösen BRD-Diplomaten tatsächlich unsere braven Bürger in ihre Botschaften entführt«, ruft ein Hauptmann der Grenztruppen in den Raum. Einige lachen. Viele nicht.

Immerhin war diesmal nicht wieder von »feindlich-negativen Kräften« in der eigenen Bevölkerung die Rede, versucht Oberstleutnant Harald Jäger der Sache für sich noch einen positiven Aspekt abzugewinnen. Gibt es auch feindlich-positive Kräfte? Einmal hatte er diese Frage gestellt. Einem, der drei Dienstgrade unter ihm stand. Die Frage aber stellte er ihm als Parteisekretär, und in der Partei hatten militärische Dienstgrade keine Bedeutung. Der Funktionär war mit dieser simplen Frage restlos überfordert und rettete sich in die Sprechblase. Nicht erst da hatte Harald Jäger erkannt – Phrasen bedeuten Defensive. Immer. Auch für ihn waren sie oft der rhetorische Notnagel, wenn er nicht mehr weiterwusste. In Diskussionen mit seinem Sohn, bei Gesprächen mit Untergebenen und nicht selten sich selbst gegenüber. Nun hat sich auch der Generalsekretär seinen alten Kampfgefährten gegenüber der Phrase bedient. Und Harald Jäger ahnte, dass dies kein gutes Omen war.

Sommer 1963

Natürlich wusste er, dass dieser Hansen eigentlich Alfred Müller hieß, und alle anderen im Saal wussten es auch. Vielleicht hatte er etwas früher als die junge Frau neben ihm mitbekommen, dass Hansen vom Ministerium für Staatssicherheit als Kundschafter (wie sich sozialistische Geheimagenten selbst titulieren) in die Würzburger Handelsgesellschaft »Concordia« geschickt worden war, hinter der sich der amerikanische Militär-Geheimdienst versteckte. An einen Einsatzort also, tief im Feindesland, den man in Fachkreisen »unsichtbare Front« nannte. Harald Jäger, der Grenzpolizist, seit kurzem im Range eines Unteroffiziers, fand diesen Hansen toll – wie er sich das Vertrauen des Stabes des US-Geheimdienstes MID erworben hatte, einen Lügendetektor-Test überstand und trotz Beschattung die Verbindung zu seinem Führungsoffizier in der DDR hielt. Vor allem aber, wie er in einer spektakulären Aktion jene amerikanischen Angriffspläne stahl, welche die DDR schließlich der Weltöffentlichkeit präsentierte. Und dann war dem politischen auch noch das private Happy End gefolgt. Die junge Frau in Harald Jägers Arm ist fast vor Rührung zerflossen, als der heimgekehrte Kundschafter endlich wieder seinem halbwüchsigen Sohn gegenübertreten durfte. Drei lange Jahre hatte der Junge den Vater für einen »Verräter an der Sache der Arbeiterklasse« gehalten.

Unteroffizier Harald Jäger und seine junge Freundin Marga waren begeistert von Alfred Müller. Beide hatten den Schauspieler zuvor auch schon in anderen Filmen gesehen, aber die darstellerische Leistung, die er in *For eyes only*, dem erfolgreichen Agententhriller der DEFA, gezeigt hatte, hielten sie übereinstimmend für seine bislang beste.

Auf dem Heimweg hatte Marga dann darüber geredet, wie schwer es einem Genossen wie diesem Hansen wohl fallen müsse, seine Frau in der DDR zurückzulassen. Womöglich sei sie noch nicht mal in die Aktion eingeweiht gewesen. Vielleicht sogar hatte auch sie ihn als Verräter verachtet und konnte ihn schließlich, von diesem bösen Verdacht befreit, überglücklich in ihre Arme schließen. Anerkennend hatte Marga festgestellt, in welche Gefahren der Genosse sich im Feindesland begeben hatte. Das Ziel, die Erhaltung des Friedens, immer vor Augen. Für Marga waren solche Männer wie Hansen Helden. Der Unteroffizier aber, in dessen Arm sie dahinschlenderte, hing ganz anderen Gedanken nach. Plötzlich schien es ihm, als ob er die Geschichte jenes Major Hansen schon lange kennen würde. Nicht aus einem Spielfilm und auch nicht aus einem der zahlreichen Bücher, die er einst in der Bautzener Stadtbibliothek ausgeliehen hatte. Er war mit Marga schon fast vor jenem Haus, in dem sie bei ihren Eltern wohnte, als es ihm einfiel. Vor einigen Jahren, er war vielleicht zwölf oder dreizehn Jahre alt, hatte er in der DEFA-Wochenschau *Der Augenzeuge* exakt eine solche Geschichte dargestellt gesehen. Das aber war eben kein mit Schauspielern in-

Als der Film »For eyes only« im Juli 1963 in der DDR in die Kinos kam, wurde er schnell ein Kassenschlager.

szenierter Film, sondern die Realität. Und nun fiel ihm auch der Name jenes Kundschafters wieder ein, der offenbar für die von Alfred Müller verkörperte Filmfigur Pate gestanden hatte: Horst Hesse.

Zur Premiere des Films For eyes only *am 19. Juli 1963 im Ost-Berliner Filmpalast »Kosmos« war Horst Hesse – zu seiner eigenen Enttäuschung, wie er später erzählen wird – nicht eingeladen worden. Hatte er nicht unter Einsatz seines Lebens die Vorlage zu jenem Agententhriller geliefert? Tatsächlich hatte sich der einstige Dispatcher aus dem Magdeburger Ernst-Thälmann-Werk mit Zustimmung des Ministeriums für*

Staatssicherheit vom amerikanischen Geheimdienst anwerben lassen. Aus seinem Einsatzgebiet in der Bundesrepublik war er schließlich mit einem Panzerschrank des MID in die DDR zurückgekehrt. Doch seine Dienststelle zog ihn nicht darüber ins Vertrauen, dass sich darin zwar Ausweise, Meldestempel und diverse Dokumente, jedoch keinerlei Angriffspläne befanden. Im Gegenteil! Auf zahlreichen Foren vor Arbeitern und Schülern hielt er Vorträge nach Texten, die man für ihn geschrieben hatte, und ließ sich als Held feiern. Und noch etwas wusste der Ex-Kundschafter Hesse zum Zeitpunkt der Filmpremiere nicht. Während er einst an der »unsichtbaren Front« seinem gefährlichen Job nachgegangen war, hatte seine Frau ausgerechnet mit jenem Führungsoffizier ihres Gatten eine Affäre, der in dem DEFA-Streifen als väterlicher Freund dargestellt wurde.

Es hatte den Unteroffizier Harald Jäger nicht gestört, dass man die Handlung des Films von der Mitte der 50er-Jahre in den Sommer des Jahres 1961 verlegt hat. So viel verstand auch er schon von Agitation und Propaganda, um zu wissen, was damit beabsichtigt war. Schließlich war noch immer nicht allen Bürgern der DDR klar, dass nur die Schließung der Grenze vor zwei Jahren den Frieden erhalten hatte. Dieser Film aber würde selbst hartnäckige Zweifler überzeugen. Wurde den Zuschauern doch eindringlich vor Augen geführt, wie raffiniert der amerikanische Geheimdienst gemeinsam mit dem Bundesnachrichtendienst nicht nur psychologische Kriegsvorbereitungen getroffen, sondern tatsächlich auch ganz reale Angriffspläne erarbeitet hatte. Zu Beginn des Films war sogar ausdrücklich darauf hingewiesen worden, dass »etwaige Ähnlichkeiten ... beabsichtigt« seien.

Natürlich freute es Harald Jäger, als ihm seine Freundin schließlich mit leuchtenden Augen erklärte, dass auch er einen wichtigen Beitrag zu dieser Friedensmission leisten würde – durch seinen freiwilligen Dienst an der Grenze. Aber er sagte ihr nicht, dass er viel lieber als Kundschafter die Wühltätigkeit des Gegners gegen den Sozialismus aufdecken und vereiteln

Während eines organisierten Treffens der Patenbrigaden lernt Harald Jäger die Schneiderin Marga kennen, die später seine Frau werden wird.

würde. Wie aber sollte er in eine solche Position kommen? Schließlich konnte man sich bei der Staatssicherheit nicht einfach bewerben wie bei der Grenzpolizei. Das wusste er von jungen Genossen, die wie er im vergangenen Jahr der SED beigetreten waren und die nach der aktiven Zeit an der Grenze ihren Dienst gern bei der Staatssicherheit fortsetzen würden. Man musste angesprochen werden. Aber vom MfS würde wohl kaum jemand auf einen Ofensetzer zugehen, der gerade mal acht Jahre lang eine sächsische Volksschule besucht hat.

Vor dem dreigeschossigen Wohnhaus in Köpenick nahm Harald Jäger zum Abschied jenes Mädchen in den Arm, das er vor einigen Wochen bei einem Tanzvergnügen in der Kaserne kennen gelernt hatte. Der Politoffizier seiner Einheit hatte deren Patenbrigade eingeladen, die praktischerweise ausschließlich aus jungen Mädchen des »VEB Berliner

Damenmode« bestand, wo Marga als Schneiderin arbeitete. Der junge Unteroffizier ahnte längst, dass dies eine schicksalhafte Begegnung war. Aber er wusste nicht, dass auch jene Begegnung sich als schicksalhaft erweisen würde, die vor einigen Stunden stattgefunden hatte – exakt vor diesem Haus hier, mit jenem zufällig heimkehrenden Jägersmann, der ihn in ein Gespräch verwickelte. Er war einer jener Männer, die man in der DDR als die »der ersten Stunde« bezeichnete – und er war Margas Vater.

Dieser hatte eine Karriere gemacht, wie sie auch in der DDR nicht alltäglich war – der gelernte Zimmermann war über ein juristisches Schnellstudium Richter geworden. Dann hatte ihn das Zentralkomitee der SED als Referenten für Rechtsfragen nach Berlin geholt. Leute mit einer solchen Biografie achteten auch im Arbeiter- und Bauernstaat darauf, dass die Töchter in »gute Hände« kamen, und damit waren nicht unbedingt Arbeiter und Bauern gemeint. Und so zeigte sich der ZK-Referent einige Monate später nicht gerade von seiner euphorischen Seite, als ihm der künftige Schwiegersohn mitteilte, er wolle nach Ablauf seiner Dienstzeit in wenigen Wochen in den erlernten Beruf als Ofensetzer zurückkehren. Er schlug ihm vor, sich doch bei der Volkspolizei zu bewerben, verwies auf die Aufstiegschancen dort. Er war enttäuscht, als ihm Harald Jäger mitteilte, keine Uniform mehr tragen zu wollen. Positiv überrascht hingegen hatte er reagiert, als der junge Mann an Margas Seite plötzlich fast nebenbei erklärte, dass er sich das Ministerium für Staatssicherheit als Arbeitgeber vorstellen könne. Allerdings hatte Margas Vater, als er schließlich ein Treffen zwischen Harald Jäger und einem Oberst der Staatssicherheit arrangierte, nicht geahnt, dass der junge Mann dabei an einen Kundschafterauftrag an der unsichtbaren Front dachte, wie der es Monate zuvor in *For eyes only* gesehen hatte. Vielmehr hatte er für den scheidenden Grenzpolizisten zunächst einen Einsatz bei einer der Passkontrolleinheiten im Auge, die in jener Zeit gerade der Staatssicherheit eingegliedert wurden. Durch entsprechende Qualifizierungsmaßnahmen würden seinem späteren Schwiegersohn auch hier vielfältige Karrierewege offen stehen. Denn dass er Karriere machen würde, davon ging der ZK-Mitarbeiter offenbar ungefragt aus.

Schon bald nach der Entlassung aus der Grenzpolizei heiratete Harald Jäger seine Freundin Marga. Wenige Monate nach der Hochzeit kam Sohn Carsten auf die Welt, ihm folgten in den nächsten drei Jahren die Töchter Kerstin und Manuela. Nicht zuletzt aus Verantwortung für die werdende Familie zog Harald Jäger nun doch wieder eine Uniform an – wieder die der DDR-Grenztruppen. Nur diesmal zur Tarnung, denn sein Arbeitgeber werden für das nächste Vierteljahrhundert nicht die Grenztruppen sein, sondern jene Institution, bei der man sich nicht bewerben, bei der man aber auch nicht kündigen konnte – der Staatssicherheitsdienst der DDR.

Der morgendliche Berufsverkehr ist schon in vollem Gange, als Oberstleutnant Harald Jäger sich mit dem Wagen auf den Heimweg macht. Zuvor hatte er sich in seinem Dienstzimmer noch einen starken Kaffee aufgebrüht. Die 24-Stunden-Schicht, die für ihn und den anderen Stellvertreter seit der »erhöhten Einsatzbereitschaft« gilt, steckt ihm in den Gliedern. Auf der Clement-Gottwald-Allee zuckelt ein Trabant vor ihm her. Dessen Fahrer gibt sich durch ein weißes Stück Stoff an der Antenne als jemand zu erkennen, der das Land für immer zu verlassen wünscht. Wenn der Antrag abgelehnt worden ist, wird der weiße Stoff durch schwarzen ersetzt. Als Mitarbeiter der Staatssicherheit hat er seiner »Firma« eigentlich Meldung über den Wagen da vorn zu machen. Fahrzeugtyp, Kennzeichen, Fahrtrichtung sind zu notieren und der Dienststelle zu melden. Harald Jäger aber hat diese Maßnahme nie befolgt. Weil ihm nicht einleuchten will, weshalb dem Ministerium für Staatssicherheit jemand zu melden sei, der sich zuvor selbst durch die Antragstellung registrieren ließ. Und nun macht es schon gar keinen Sinn mehr, da man zur gleichen Zeit Tausende mit dem Zug in den Westen fährt. Warum also soll er mithelfen jene Bürger zu kriminalisieren, die nicht den illegalen, wenngleich erfolgreichen Weg über eine Botschaftsbesetzung suchen?

Erich Mielke würde dafür eine simple Erklärung parat haben. Harald Jägers oberster Dienstherr hatte vor einiger Zeit auf einer Veranstaltung gebrüllt: »Wer nicht für uns ist, ist automatisch unser Feind!« Es wurde geklatscht. Weil es der Minister war. Auch Harald Jäger hatte geklatscht. Obwohl er im privaten Kreis widersprach. So einfach könne man es sich nicht machen, sagte er dann zu seiner Frau, die ständig von mittleren Parteifunktionären umgeben war: in der Kreisleitung, in deren Abteilung »Mitgliederbewegung« sie nach der Babypause eine neue Arbeit gefunden hat und wo es auf jede Frage eine konfektionierte Antwort gibt. Deshalb kann er sich ihr nur schwer verständlich machen. Seine Gedanken kommen dann ungeordnet daher, sperren sich immer öfter gegen die ideologischen Vorgaben. Es kommt häufig zum Streit. Man müsse sich fragen, warum diese Menschen sich von uns abwenden, argumentiert er. Das provoziert ihren Widerspruch – »Wirtschaftsflüchtlinge!« Auf Tagungen aber schenkt er dem Minister Beifall, wenn der die Faust hebt und mit martialischem Tonfall ins Mikrofon brüllt: »Wer nicht für uns ist, ist automatisch unser Feind!« Und dessen engste Mitarbeiter nicken mit dem Kopf. Manche lachen zustimmend. Oder sie schauen betreten zu Boden, wenn der Minister im gleichen Tonfall einen soeben in den Generalsrang beförderten Offizier zurechtweist: »Nimm mal die Knie zusammen, du kannst doch als Generalleutnant nicht breitbeinig dasitzen wie 'ne Hafennutte!«

Sie verhalten sich wie kleine Jungen am Esstisch ihres Vaters, denkt Harald Jäger dann über alle diese akademischen Herren in den ersten Reihen, die ihre Doktortitel nicht neben dem Dienstrang nennen dürfen, wie ihre Offizierskollegen von der Nationalen Volksarmee – wegen einer persönlichen Anordnung des Ministers, der selbst keinen solchen Titel hat.

Die jungen Leute im Trabant vor ihm beriefen sich mit ihrer Antragstellung immerhin auf eine Verpflichtung, die Erich Honecker vor mehr als einem Jahrzehnt eingegangen war. Als Staatsoberhaupt dieses Landes hatte er sie am 1. August 1975 auf der »Konferenz für Sicherheit und Zusammenarbeit« in Helsinki mit seiner Unterschrift besiegelt. Die Verpflichtung, seinem

Volk die Möglichkeit einzuräumen, das Land zu verlassen – auch für immer.

Zu Beginn der 80er-Jahre waren die Mitarbeiter der Staatssicherheit von ihrem Ministerium noch über die exakte Zahl der Ausreiseanträge informiert worden. Als diese Zahl dann aber alarmierend angestiegen war, wurde seitens des Ministeriums nur mehr über den prozentualen Anstieg dieser Anträge informiert. Wer aber die realen Zahlen zuvor noch in Erinnerung oder in seinen Unterlagen hatte, konnte auch aus dem prozentualen Anstieg eine reale Zahl ermitteln. Schließlich bekamen die Leitungsgremien der Staatssicherheit nur noch mitgeteilt, wie hoch prozentual »die Zurückdrängung der Antragstellungen« gelungen sei. Damit hatte man auf jene Aufgabe hingewiesen, die als eine »gesamtgesellschaftliche« definiert worden war und zudem noch als Erfolg gewertet werden konnte. Jedenfalls war unter allen Umständen dafür zu sorgen, dass die Zahl der Antragstellungen »zurückgedrängt« werde und die Leute im Lande verbleiben würden. Schon der Begriff »zurückdrängen« macht deutlich, dass man dabei kaum eine politisch-argumentative Überzeugungsarbeit im Auge hatte.

Mehrfach hat Harald Jäger in den letzten Jahren das Gespräch vor allem mit jungen Leuten gesucht, die über die GÜST Bornholmer Straße ausreisten. Deren Beweggründe hielt er meist für egoistisch, oft auch für naiv und gelegentlich nur deshalb für nachvollziehbar, weil es unüberwindbare weltanschauliche Differenzen gab. Alle aber wollten sich einer Gesellschaft entziehen, die ihnen keinen »ideologiefreien Raum« zubilligte, sich oft in die privatesten Belange einmischte. Daran stört sich selbst Harald Jäger zunehmend. Obgleich er mit der staatstragenden Ideologie selbst gar keine Probleme hat.

Mai 1986

Dem freundlichen Mittvierziger mit der Plastiktüte voller Bananen und Orangen hatte die Einreise verweigert werden müssen. Der Reisende aus Gelsenkirchen war mit dem grünen Pass der Bundesrepublik an die Grenze gekommen und hatte für einen Tag die Hauptstadt der DDR besuchen wollen. Sicher nicht als Tourist, dagegen sprachen die Bananen und Orangen. Der Einreise wäre nichts im Wege gestanden, wenn sein Name nicht in der Fahndungskartei gestanden hätte. Der Genosse an der Passkontrolle hatte die Pflicht gehabt, dem Mann mitzuteilen, dass seine Einreise nicht erwünscht, und auf dessen Nachfrage, dass man nicht befugt sei, ihm eine Auskunft zu erteilen. Der Passkontrolleur hätte ihm auch beim besten Willen keine andere Auskunft geben können. Der Grund der Einreiseverweigerung war in der Fahndungsakte nicht vermerkt. Wenngleich der bundesrepublikanische Pass in diesem konkreten Fall einen gewissen Hinweis gab – als Geburtsort stand da nämlich Bischofswerda in Sachsen. Außerdem war das Dokument erst vor knapp zwei Jahren ausgestellt worden.

Es sprach also manches dafür, dass der Mann erst vor zwei Jahren aus der DDR ausgereist war. Legal. Im Falle einer illegalen Ausreise hätte nämlich der Straftatbestand der »Republikflucht« vorgelegen und der Name des Betreffenden wäre in der Fahndungsakte für eine Festnahme annonciert gewesen. Wer hingegen via Ausreiseantrag die DDR verlassen hatte, dem wurde eine Rückreise, selbst wenn sie nur besuchsweise geplant war, in der Regel für einige Jahre verweigert. Damit wollte die DDR-Regierung jene demotivieren, einen Ausreiseantrag zu stellen, die Eltern, Verwandte und Freunde zurücklassen würden. Eine solche Abschreckung mag in einigen Fällen auch gelungen sein. Vielfach aber trafen sich die getrennten Familien in anderen Ländern des Ostblocks – während einer Städtereise in Prag oder einem Badeurlaub in Bulgarien oder Rumänien.

Harald Jäger selbst hatte den enttäuschten Mann zur Vorkontrolle/Einreise oben an der Brücke zurückgebracht. Der Abgewiesene sollte keine Gelegenheit bekommen, zu Bewohnern der nahe stehenden Wohnhäuser oder zu Passanten in Rufweite jenseits des Grenzzauns Kontakt aufzunehmen. Eigentlich hätte er den Mann stumm dorthin begleiten müssen. Doch der Oberstleutnant war neugierig. Vielleicht weil der Geburtsort des Reisenden Bischofswerda nicht so weit von Bautzen entfernt lag, der Heimat der eigenen Kindheit. Oder weil man aus dessen Sprache noch immer den lausitzschen Zungenschlag heraushören konnte, der ihm vertraut und sympathisch war.

Was ihn veranlasst habe, die DDR zu verlassen, hatte er den Mann gefragt, der mit hängendem Kopf neben ihm hertrottete. Um nach Amerika reisen zu können, hieß die Antwort. Ob er denn inzwischen schon dort gewesen sei? Viele Schritte des Schweigens waren gefolgt. Dann war der Mann plötzlich stehen geblieben. Nein, denn eine solche Reise könne er sich nicht leisten. Lange wäre er arbeitslos gewesen, und auch jetzt habe er nur einen schlecht bezahlten Job. Aber das Gefühl zu haben, dass seine Regierung ihm eine solche Reise niemals verbieten könne – das sei Freiheit!

Es ist kurz vor neun Uhr. Oberstleutnant Jäger parkt den Wagen in seinem Wohngebiet in Hohenschönhausen, in dem ausschließlich Mitarbeiter des Ministeriums für Staatssicherheit wohnen.

»Ganz schön geheim für einen Geheimdienst, wenn man die Mitarbeiter schon an der Adresse erkennt«, hatte er zu den neuen Nachbarn gesagt, als sie vor einem Jahrzehnt gemeinsam hier einzogen.

III. Mittwoch, 4. Oktober/ Donnerstag, 5. Oktober 1989

Schon am Dienstagabend waren Tausende, die eigentlich zur BRD-Botschaft in Prag wollten und von der neuen Maßnahme ihrer Regierung überrascht worden waren, zurück nach Dresden geflutet. Als dann am Mittwoch die westlichen Medien bekannt geben, dass die ausreisenden Botschaftsflüchtlinge am Abend über Dresden fahren würden, besetzen zahlreiche DDR-Bürger den Hauptbahnhof, um in die durchfahrenden Züge zu gelangen. Aufgeregt bittet der SED-Bezirkschef von Dresden, Hans Modrow, den DDR-Verkehrsminister Otto Arndt, die Züge umzuleiten. Doch dieser sieht sich dazu außerstande.

Zeitweilig gelingt es der Polizei unter Einsatz von Wasserwerfern und Tränengas, den Dresdner Hauptbahnhof zu räumen. Im Laufe der nächsten Stunden aber kommt es entlang der Fahrroute überall zu Menschenansammlungen. Als sich in der Nacht wieder Züge mit Botschaftsflüchtlingen Dresden nähern, wird der Bahnhof abermals gestürmt. Nun wendet sich der Leiter der Dresdner Bezirksverwaltung der Staatssicherheit, Horst Böhm, (erfolglos) an Hans Modrow mit der Bitte, Armeeeinheiten anzufordern, da die Volkspolizeikräfte allein die Durchfahrt der Züge nicht absichern könnten. Zu diesem Zeitpunkt aber gibt es darüber auf Ministerebene zwischen Erich Mielke (Staatssicherheit) und Heinz Keßler (Verteidigung) längst konkrete Absprachen.

Während die Züge mit Tausenden von geflüchteten DDR-Bürgern auf Abstellgleisen warten, kommt es rund um den Hauptbahnhof zu den schwersten Auseinandersetzungen zwischen Volk und Staatsmacht seit dem Aufstand vom 17. Juni 1953. Kaum einer ahnt, dass Armeekräfte und Panzereinheiten in Alarmbereitschaft stehen.

Endstation Grenzposten

Ein kalter Wind weht um die Häuser Berlins. Im Grenzabschnitt weist der Postenführer, ein Unterfeldwebel, seinen Posten, einen jungen Soldaten, ein. Das Gelände ist unübersichtlich.

Es ist dunkler geworden. Die Signalanlage wird überprüft. Der Posten schaut auf die Uhr: „Noch fünf Stunden", denkt er. Alle Geräte sind im Einsatz. Der Führungspunkt wird unterrichtet.

Plötzlich ein Knall. Das Gelände ist in rotes Licht getaucht. Ein Signalgerät hat sich ausgelöst. Im Laufschritt geht es zu der gefährdeten Stelle.

Nichts ist zu sehen. Alles ist wieder still und dunkel. Blitzschnell überlegt der Postenführer, was geschehen sein könnte. Ein Grenzverletzer — aber wo ist er? Ist er in der Ruine, oder nutzt er die vielen Büsche und Steine aus, um sich vor den Grenzsoldaten zu verbergen? Die Grenzstreife eilt zur Ruine, um den Weg ins Hinterland abzuriegeln.

Ein Grenzverletzer würde jetzt in der Klemme sitzen. Beim Verlassen der Ruine müßte er nämlich an den Posten vorbei.

Da, wieder ein verdächtiges Geräusch. Jetzt muß alles schnell gehen. Der Posten sichert die Ruine. Inzwischen trifft auch die Alarmgruppe ein. Die Ruine wird umstellt. Ein Scheinwerfer blitzt auf. Die Umrisse von Gegenständen sind zu erkennen. Von einem Grenzverletzer jedoch keine Spur. Sollten sich die Genossen geirrt haben?

„Hände hoch!" erklingt es plötzlich. Aus einem Winkel kommt eine Gestalt hervor. Der Grenzverletzer wird nach Waffen und anderen Gegenständen durchsucht. Aber Vorsicht ist auch weiterhin geboten. Der Festgenommene wird zum Führungspunkt eskortiert.

Unterfeldwebel H. Jäger

Ein Beitrag des Unterfeldwebels Harald Jäger in der Rubrik »Grenzposten« der Zeitung »Die Volksarmee« kurz nach dem Mauerbau.

Man weine jenen »keine Träne nach, die sich selbst aus der Gesellschaft ausgegrenzt haben«, war nach Ausweisung der Botschaftsflüchtlinge in einem Kommentar zu lesen. Immerhin im *Neuen Deutschland*, dem Zentralorgan der Partei. Seither hatte es kaum jemanden in Harald Jägers Umgebung gegeben, der sich nicht darüber aufgeregt hätte. Viele sprachen von einer »menschenverachtenden Formulierung«. Die Pragmatiker an der Parteibasis wiesen darauf hin, dass sich darunter hoch qualifizierte Facharbeiter und Akademiker befunden hatten. Auf die könne der Staat wohl kaum verzichten. Die Romantiker in seinem familiären Umfeld zerflossen vor Selbstmitleid. In der Vergangenheit sei es offenkundig nicht gelungen, diesen jungen Leuten in Pionierpalästen, FDJ-Pfingsttreffen und Weltjugendfestspielen die große weltverändernde Vision vom Kommunismus nahe zu bringen. Und die operativen Mitarbeiter der Staatssicherheit beklagten, nicht ihren Erfahrungen gemäß einbezogen worden zu sein – bevor die Partei- und Staatsführung solch folgenreiche Entscheidungen traf.

Tatsächlich war jener Kommentar landesweit unter SED-Mitgliedern auf Widerspruch gestoßen und hatte an der Parteibasis vielerorts ähnliche Kontroversen hervorgerufen wie 1976 die Ausbürgerung von Wolf Biermann. Viele Funktionäre in den Kreis- und Bezirksleitungen der SED waren irritiert, dass der zuständige Genosse im Politbüro, der solche Kommentare vor der Veröffentlichung auf den Schreibtisch bekam, die diffamierende Formulierung nicht gestrichen hatte. Offenbar hielt es niemand für möglich, dass Erich Honecker selbst den Beitrag redigiert haben könnte. Und schon gar nicht, dass jene Formulierung von ihm überhaupt erst handschriftlich eingefügt worden war. Das nämlich wird der Öffentlichkeit erst bekannt werden, als kaum noch jemand dem einst mächtigen Generalsekretär eine Träne nachweinen wird.

Sommer 1966

Der junge Feldwebel Harald Jäger hatte schon in den Tagen zuvor mitbekommen, wie seine drei Kollegen, die den gleichen Dienstrang wie er trugen, nacheinander in die Dienstbaracke gebeten worden waren. Feldwebel N. tönte danach, man hätte ihm eine Tätigkeit an der Fahndungskartei angeboten, die er aber ablehnen musste. Er wolle schließlich kein »Schreibtischhengst« werden. Es sei ihm wichtiger, »mit richtigen Menschen« zu tun zu haben.

Dies war eine Haltung, die Harald Jäger gar nicht verstehen konnte. Wie konnte man überhaupt auf die Idee kommen, eine angebotene Tätigkeit zurückzuweisen, denn es habe doch ein jeder dort seine Pflicht zu erfüllen, wo der Staat ihn brauche. Hinzu kam: »Fahndung« hörte sich für ihn großartig an. Ein bisschen nach Agentenjagd und nach dem Aufdecken feindlichen Bandentums. Ihm wollte nicht in den Kopf, wie man jemanden, der eine solche Tätigkeit ausübt, als »Schreibtischhengst« diffamieren konnte. Harald Jäger bedauerte sehr, dass er nicht gefragt worden war, aber wahrscheinlich hatte bereits einer der beiden anderen Feldwebel zugesagt.

Endlich aber war auch er ins Leiterzimmer der Dienstbaracke gerufen worden. Der damalige Chef der Passkontrolleinheit hatte sich viel Zeit genommen zu begründen, weshalb man ihn erst jetzt hierher gebeten habe. Dies sei keine Arbeit, die man per Befehl zuweisen könne, hatte der Offizier erklärt, hier sei Kreativität gefragt und perspektivisch eine Menge Eigeninitiative. Eine Aufgabe, mit der man wachse. Da müsse jeder selbst einschätzen, ob er sich das zutraue oder nicht. Natürlich seien die älteren Feldwebel zuerst gefragt worden, das sei völlig normal. Und da er, Feldwebel Jäger, mit dreiundzwanzig Jahren nun mal der jüngste mit diesem Dienstgrad hier sei, käme er eben erst jetzt dran. Auf diese Weise hatte er erfahren, dass die drei älteren Feldwebel sich entweder nicht für ausreichend kreativ hielten oder aber nicht mit der Aufgabe wachsen wollten. Vor diesem Hintergrund wirkte die Angeberei von Feldwebel N. geradezu lächerlich. Harald Jäger hatte jedenfalls ohne zu zögern zugesagt, sich für die im Aufbau befindliche Fahndungsabteilung seiner Grenzübergangsstelle zur Verfügung zu stellen.

In den ersten Wochen und Monaten sah die Tätigkeit im hinteren Bereich der Passkontrollbaracke überhaupt nicht nach Kreativität aus. Es mussten zunächst Hunderte von Karteikarten angelegt und je nach »Fahndungsziel« katalogisiert werden. Also, wer war festzunehmen, wer den operativen Kräften draußen zur Beobachtung zu melden ... Fortan also musste der Pass eines jeden Einreisenden mit dieser neu entstandenen Fahndungskartei verglichen werden. Nur selten ging ein »dicker Fisch« ins Netz. Jemand, der in der DDR per Haftbefehl gesucht wurde und dessen Karteikarte entsprechend gekennzeichnet war. Wie die von Heinrich Lübke, dem westdeutschen Bundespräsidenten. Dieser soll nämlich einst als Vermessungsingenieur am Bau von Konzentrationslagern beteiligt gewesen sein. Das aber stand nicht auf der Karteikarte. Harald Jäger hat es später im *Schwarzen Kanal*, der wöchentlichen Sendung des Chefpropagandisten des DDR-Fernsehens Karl-Eduard von Schnitzler, erfahren. In gewisser Regelmäßigkeit aber hielt er den Pass eines Reisenden in der Hand, der zur Beobachtung ausgeschrieben war.

Der Vorgang, der dann einsetzte, ist seither immer der gleiche. Umgehend muss per Telefon die eigene Fahndungsleitstelle verständigt werden, welche sich ihrerseits ebenfalls umgehend mit der für »Observation und Ermittlung« zuständigen Hauptabteilung VIII in Verbindung setzt. Hier an der Grenzübergangsstelle gilt es dann, Zeit zu schinden. Der Reisende soll schließlich nicht dadurch gewarnt werden, dass er wesentlich länger als alle anderen aufgehalten wird. Er würde sonst sicher während seines Aufenthalts in der DDR umsichtiger vorgehen, einen konspirativen Treffpunkt womöglich gar nicht erst aufsuchen. Deshalb muss Harald Jäger an Tagen, an denen es kaum Verkehr an der Grenzübergangsstelle gibt, um Zeit zu gewinnen, auch schon mal selbst die Genossen von der VIII anrufen. Sie sitzen in konspirativen Wohnungen und warten auf ihre Einsätze. Zum Beispiel vorn, an der Schönhauser Allee, und etwas weiter östlich, in der Wisbyer Straße. Wenn die zu observierende Person mit dem Auto einreist, ist es insofern einfacher, als sie die Leute von der VIII unterwegs übernehmen können.

Das Ganze war von Anfang an eine Arbeit nach Harald Jägers Geschmack. Sie hatte zwar noch immer nicht jene abenteuerliche Brisanz wie die eines Major Hansen, den er einst im Kino bewunderte – ein wenig mit Agentenjagd aber hatte es schon zu tun. Und im Gegensatz zu jener der Passkontrolleure, geschah sie natürlich im Verborgenen, was dem jungen Feldwebel endlich das Gefühl gab, einer geheimdienstlichen Tätigkeit nachzugehen. Er ahnte damals schon, dass dies seine künftige Hauptaufgabe werden könne. Doch es sah zunächst überhaupt nicht danach aus, als ob sie »Kreativität und Eigeninitiative« erfordern würde. Noch nicht!

Das Erste, was Harald Jäger beim Betreten der Dienstbaracke sofort spürt, ist diese seltsam gedrückte Stimmung. Stumm verfolgen hoch dekorierte Offiziere die gespenstischen Szenen auf dem Bildschirm. Schon an einem einzigen Begriff im Off-Kommentar erkennt Oberstleutnant Jäger, dass es sich um einen Fernsehkanal des Gegners handeln muss – an dem Begriff »Stasi«. Das ist die Sprache des Klassenfeinds. Und die der DDR-Opposition. Kaum ein Genosse würde das MfS öffentlich mit dem diskriminierenden Begriff »Stasi« bezeichnen. Oder dessen Mitarbeiter gar den eigenen Dienstherrn.

Mit herangezoomten Kameraeinstellungen, vom gegnerischen Massenmedium wirkungsvoll in Szene gesetzt, wird der DDR-Führung hier vor dem Dresdner Hauptbahnhof das Ergebnis ihrer eigenen Fehlentscheidungen vorgeführt. Harald Jäger hatte Szenen wie sie hier auf dem Bildschirm zu betrachten sind, schon am Wochenende befürchtet. Als er erfuhr, dass die Botschaftsflüchtlinge über das Territorium der DDR fahren sollten. Doch erst seit man gestern potenziellen Nachahmern die Möglichkeit genommen hat, nach Prag zu gelangen, sind seine Befürchtungen zur erschreckenden Realität geworden. So wie sie in diesem Augenblick dort in dem kleinen Junost-Fernseher zu besichtigen ist – direkt neben der Standleitung zum Minister für Staatssicherheit: Das Areal vor dem Hauptbahnhof gleicht einem Kriegsschauplatz. Polizeiautos brennen, Steine fliegen in Richtung der Volkspolizisten. Immer wieder suchen Demonstranten Lücken in der Postenkette. Offenbar wollen sie die Gleise erreichen, auf denen man die letzten Züge aus Prag erwartet. Den Transport in die vermeintliche Freiheit.

Zum Glück setze man offenbar keine Armee ein, bemerkt der Sprecher aus dem Off. Für einen kurzen Augenblick treffen sich die Blicke des Vorgesetzten und seines Stellvertreters. Kaum einen Wimpernschlag lang, von niemandem im Raum bemerkt. Und doch wurde Oberstleutnant Jäger in diesem Bruchteil einer Sekunde noch einmal zur strikten Geheimhaltung verdonnert. Selbst hier vor den anderen Offizieren der Passkontrolleinheit und vom Zoll. Harald Jäger weiß, dass auch er eigentlich gar nicht wissen darf, was ihm sein Vorgesetzter am frühen Abend hinter vorgehaltener Hand anvertraut hat. Nämlich, dass in Dresden schon seit gestern Armeekräfte und Panzereinheiten in

Alarmbereitschaft stehen. Warum aber hat sein Chef ihn eingeweiht?

In der Vergangenheit hatte der PKE-Leiter seinen Stellvertreter mehrfach für besonders brisante Aufgaben ausgewählt. Für solche, die einer hohen Geheimhaltungsstufe unterlagen. Sogar für solche, die eigentlich in den Bereich von E., des für »Fahndung und operative Arbeit« zuständigen anderen Stellvertreters fallen würden. Wie vor einigen Jahren, als zur Unterstützung der polnischen Genossen eine Einsatzgruppe zusammengestellt werden sollte. Die Solidarność-Bewegung war im befreundeten Nachbarland immer stärker geworden, weshalb das Ministerium Einheiten der verschiedenen Hauptabteilungen angewiesen hatte, Mitarbeiter mit operativer Erfahrung auszuwählen. Harald Jäger war seither genauestens informiert über jene konterrevolutionäre Organisation, die der Westen zu einer »unabhängigen Gewerkschaftsbewegung« hochstilisiert. Die logistisch von westlichen Geheimdiensten und finanziell vom Vatikan unterstützt wird. Das hatte er im Parteilehrjahr erfahren, und auf einer Aktivtagung seines Ministeriums wurden dafür auch Beweise genannt. Er fand es folglich legitim, nun seinerseits die Arbeit der polnischen Tschekisten (wie man kommunistische Geheimdienstler nach der *WetscheKa*, dem Vorbild des ersten sowjetischen Geheimdienstes nennt) zu unterstützen. Deshalb wählte der Oberstleutnant drei seiner Mitarbeiter aus, die nicht nur operative Erfahrungen mitbrachten. Sie verfügten auch über eine überdurchschnittliche Intelligenz, was bei Passkontrolleuren ja nicht automatisch der Fall war. Außerdem sollten es zurückhaltende Genossen sein, die möglichst keinen Alkohol tranken. Auf keinen Fall kamen jene Angeber und Hallodris in Frage, die wegen charakterlicher Schwächen aus der operativen Tätigkeit entfernt und hierher an die Passkontrolle abgeschoben worden waren. Die Genossen aber, die er schließlich für den Polen-Einsatz nach oben gemeldet hatte, waren nie zum Einsatz gekommen. Sie haben auch nie erfahren, dass sie für einen solchen überhaupt vorgesehen waren. Der polnische Parteichef, General Wojciech Jaruzelski, hatte sich für eine andere Lösung des Problems entschieden – er verhängte das Kriegsrecht.

Herbst 1986

Es war längst kein Zufall mehr, dass der Leiter der Passkontrolleinheit Bornholmer Straße Harald Jäger, der seit dem 1. Oktober 1980 auch offiziell sein Stellvertreter ist, mit brisanten geheimen Aufträgen betraute. Es war eigentlich von Anfang an kein Zufall. Schließlich war er schon von seinem Vorgänger auf die »besonderen Fähigkeiten des Genossen Harald Jäger« hingewiesen worden. Scherzhaft hatte dieser den jungen Oberleutnant damals als seinen »Aufklärungs- und Abwehrchef« bezeichnet. Jäger habe sich nämlich nicht nur in der Fahndung als zuverlässig erwiesen, sondern auch organisatorisches Talent beim Aufbau jenes operativen Bereichs bewiesen, der sich mit dem »Abschöpfen« der westdeutschen Reisenden beschäftigte. Insbesondere seiner freundlich-jovialen Art sei es zu verdanken, dass die von ihm entwickelte Operativkartei viele interessante Fakten enthalte, die inzwischen auch von den operativen Diensteinheiten anderer Hauptabteilungen, gelegentlich sogar von den »sowjetischen Freunden« geschätzt wurden. Nicht zuletzt diese fachliche Beurteilung hatte den neuen PKE-Leiter in den folgenden Jahren immer wieder veranlasst, Harald Jäger mit besonderen Aufgaben zu betrauen und ihn schließlich als seinen Nachfolger zu betrachten.

Lange bevor die Tätigkeit des »Abschöpfens« vom Ministerium für Staatssicherheit im »Maßnahmeplan zur operativen Filtrierung des Reiseverkehrs« konkretisiert worden war, hatte es Pioniere wie Harald Jäger gegeben. Sie haben auch ohne eine solche Dienstanweisung dem Informationshunger ihrer Behörde durch selbst entwickelte Ermittlungspraktiken Rechnung getragen. Denn dies war sie, jene »Eigeninitiative«, von der die Rede gewesen war, als man ihn von der Passkontrolle weg zur Fahndungsarbeit geholt hatte. Und inhaltlich war es vor allem auch eine wirklich geheimdienstliche Tätigkeit. Gerade weil viele seiner westlichen Gesprächspartner nicht wissen konnten, dass ihre Plauschereien in der Dienstbaracke anschließend in »Ersthinweise« und »operative Feststellungsergebnisse« katalogisiert wurden.

Es mag ja für die Reisenden einem mutigen Glaubensbekenntnis gleichgekommen sein, wenn man sich einem kommunistischen Offizier gegenüber dazu bekannte, den Pfarrer einer Kirchengemeinde zu besuchen. Es wurden sicher sogar Eitelkeiten befriedigt, wenn man sich der Bekanntschaft dieses oder jenes DDR-Künstlers schmückte. In ihrer oft grenzenlosen Naivität war diesen Reisenden gar nicht klar, dass sie ihre östlichen Bekannten dadurch vielfach überhaupt erst zum Beobachtungsziel des MfS machten. Auch rechneten beispielsweise deutsche Ehefrauen amerikanischer Soldaten offenbar mit keinerlei Folgen, wenn sie mit ihrem »Badeurlaub mitten im Winter« in Miami Beach angaben. Auf gar keinen Fall jedoch damit, dass sie sich durch ihre Auskunftsfreudigkeit selbst zum Objekt von IM innerhalb wie außerhalb der DDR machen könnten. Oder Leute, die – zufällig oder nicht – in der Nähe alliierter Raketenstützpunkte wohnten. Oder dort bei einer Lokalzeitung arbeiteten, also über investigative Erfahrungen verfügten. All diese Informationen jedenfalls wurden als »Ersthinweis« registriert.

Die »operativen Feststellungsergebnisse« beinhalteten hingegen Fakten, die über einen solchen Reisekontakt hinausgingen. Vielfach gab es auch einen Hinweis von den Zollorganen, dass ein Reisender auf Grund besonderer Merkmale in eine der Kategorien passen würde. Wenn er beispielsweise entsprechendes Adressmaterial bei sich führte oder Unterlagen wissenschaftlicher oder politischer Institute. Gelegentlich auch Gehaltsstreifen von staatlichen Stellen.

Generell waren diese Informationen den entsprechenden Diensteinheiten mitzuteilen und anschließend umgehend zu vernichten. Doch die von Harald Jäger entwickelte Kartei verstieß nicht nur gegen diese Dienstanweisung. Die gesetzlichen Bestimmungen in der DDR sahen grundsätzlich vor, dass solcherart ermittelte Informationen direkt der Dienstaufsicht des zuständigen Ministers unterstanden – zum Beispiel dem für Staatssicherheit. Im MfS war dafür die »operative Registratur« bei der Hauptabteilung XII eingerichtet worden.

Ein gesetzeskonformes Vorgehen aber schien der operativen Weitsicht von Harald Jäger und seinen Vorgesetzten zu wider-

sprechen. Wie sollten denn, so fragten sie sich damals, jemals aus Ersthinweisen verwertbare operative Feststellungsergebnisse werden, wenn ihnen diese Informationen beim erneuten Einreisen der Befragten gar nicht mehr zur Verfügung standen? Außerdem konnte auch nur durch den direkten Vergleich der Gesprächsergebnisse über einen längeren Zeitraum festgestellt werden, ob sich die Reisenden nicht vielleicht in Widersprüche verwickelten. Viele Kontakte wurden so zu einer Art Langzeitstudie und die Kartei als Ganzes im Laufe der Jahre immer umfangreicher. Deren zunehmende Wertschätzung bei nahezu allen operativen Diensteinheiten und sogar beim KGB musste von Oberstleutnant Jäger und seiner Truppe schließlich als stillschweigende Legitimation verstanden werden. Denn es ist kaum anzunehmen, dass dem Ministerium für Staatssicherheit die Existenz dieser illegalen Operativkartei, in den mehr als zwei Jahrzehnten, in denen sie geführt wurde, verborgen geblieben war.

Schon der Blick seines Vorgesetzten hatte Oberstleutnant Jäger verraten, dass er abermals einen Auftrag mit höchster Geheimhaltungsstufe für ihn bereithielt. Man müsse aus der unheilvollen Entwicklung in Polen fürs eigene Land die richtigen Schlüsse ziehen, hatte der PKE-Leiter zunächst erklärt. Dann hatte er ihn mit einem ähnlichen Anliegen beauftragt, wie einige Jahre zuvor für jenen Polen-Einsatz, der nie zustande kam. Diesmal aber sollten die für den »Ernstfall« ausgewählten Genossen »groß und kräftig sein und möglichst nicht allzu weit auseinander wohnen«. Ferner sollte mindestens einer von ihnen einen Offiziersrang bekleiden und einer einen viertürigen Privat-Pkw besitzen. Sofort war Harald Jäger klar, dass für diesen Auftrag der viertürige Pkw die größte Schwierigkeit darstellen würde.

Im Gebäude der Hauptabteilung VI in Berlin-Schöneweide war bei dessen Leiter eine »Alarmgruppe« gebildet worden. Hier war ihm dann mitgeteilt worden, was die ausgewählten Genossen erst erfahren würden, wenn die »Konterrevolution« Realität wäre. Nämlich, dass sie Teil einer Festnahmegruppe seien. Dann würde ihnen hier in der Hauptabteilung ein bis dahin versiegelter Brief ausgehändigt. Darin befänden sich Namen und Adressen jener »feindlich-negativen Kräfte«, die von ihnen umgehend festzunehmen und an geheime Internierungsorte zu bringen seien. Ganz bewusst schien man die Vokabel »Lager« vermieden zu haben, obgleich es sich natürlich um solche handeln würde.

Gelegentlich war in der Zeit danach der Probealarm geübt worden, um sicherzustellen, dass es den in Hohenschönhausen beheimateten Genossen binnen vierzig Minuten gelingen würde, nach Schöneweide zu gelangen. Dabei ist niemandem so recht klar geworden, weshalb der Probealarm immer nur nachts geübt wurde, der viertürige Pkw also nie in die Verlegenheit kam, während des Berufsverkehrs im Stau zu stecken. Oberstleutnant Harald Jäger war dies gegenüber dem Vorgesetzten eine seiner sarkastischen Bemerkungen wert: »Na, dann hoffen wir mal, dass die Konterrevolution nachts stattfindet!«

Waren da eben im Fernseher Schüsse zu hören? Auf dem Dresdner Bahnhofsvorplatz rennen die Menschen schreiend auseinander, ehe sie sich weiter hinten neu formieren. Das Ganze wirkt auf Harald Jäger schon längst nicht mehr wie ein spontanes Zusammentreffen von Gleichgesinnten. Eher wie eine geplante politische Aktion. Ist das dort auf dem kleinen Fernsehschirm etwa schon die Konterrevolution? Wohl kaum. Diese Leute dort wollen ja nicht die sozialistische Ordnung beseitigen, sondern diese vielmehr verlassen. Augenscheinlich wird das auch von offizieller Seite so eingeschätzt. Schließlich liegen derzeit keinerlei Einreisebeschränkungen für den Raum Dresden vor, wie sie im Fall von konterrevolutionären Aktivitäten natürlich umgehend verfügt worden wären. Und auch die geheimen operativen Festnahmegruppen, die es doch sicher auch in Dresden gibt, sind bislang offenbar nicht zum Einsatz gekommen. Warum aber hält man dann Armeekräfte und sogar Panzereinheiten in Reserve? Ganz sicher nicht, um die Demonstranten einzuschüchtern. Dagegen spricht die hohe Geheimhaltungsstufe, weshalb auch er seine Überlegungen niemandem hier im Raum mitteilen kann.

Im nächsten Moment wird Harald Jäger von einer schrecklichen Ahnung erfasst. Dem Verdacht nämlich, man könne in Dresden nicht mehr auf die Durchsetzungskraft der Volkspolizei vertrauen und nicht auf die Wirksamkeit operativer Maßnahmen durch die Staatssicherheit, sondern eine Lösung à la General Jaruzelski bevorzugen. Es wäre nicht die erste fatale Fehleinschätzung der letzten Tage. Seine Gedanken überstürzen sich. Der Einsatz von Armeeeinheiten wäre Wahnsinn, würde womöglich den Bürgerkrieg bedeuten. Undenkbar, dass die sowjetischen Streitkräfte dabei ruhig zusehen. Sie haben geopolitische Interessen zu verteidigen. Gerade hier an der Nahtstelle der Systeme. Daran hat sich auch durch die Perestroika nichts geändert. Wie würde sich die NATO verhalten? Die DDR von 1989 ist nicht Prag 1968. Noch immer existiert kein Friedensvertrag mit den westlichen Siegermächten. Und die BRD hat trotz Entspannungspolitik nie aufgehört, eine Obhutspflicht zu beanspruchen für »die lieben Landsleute im Osten« ...

Harald Jäger spürt, wie sein Körper zu zittern beginnt. Ganz leicht noch, von außen sicher kaum zu bemerken. Verunsichert sieht er zu seinen Kollegen hinüber. Sie starren mit ernsten Gesichtern auf den Bildschirm. Wie gern wäre er in diesem Moment so ahnungslos wie sie, hätte am liebsten nichts über die Panzereinheiten in Dresden gehört. Er spürt, wie sein Atem flach wird und ihm eiskalter Schweiß den Rücken hinunterläuft – ein Gefühl, das er zuletzt als junger Grenzpolizist in einem Schützengraben an der Treptower Wildenbruchstraße verspürt hatte.

Sommer 1976

Er hatte keine Zweifel, dass er den Anforderungen genügen würde, in dem einen wie dem anderen Fall. Es war die Alternative, die Harald Jäger zu schaffen gemacht hat. Auch wenn es eigentlich gar keine Alternative war, denn man würde ihm die Entscheidung nicht überlassen. Diese Gewissheit aber hat er tagelang zur Seite geschoben und die vermeintlichen Wenn und Aber abgewogen.

Zunächst mal war er stolz darauf, dass man ihm diese beiden Lebenswege überhaupt zutraute. Dafür hatte er einst drei Jahre lang in der Volkshochschule Köpenick alle Fächer gebüffelt, um den vollwertigen 10.-Klasse-Abschluss nachzuholen. Und das neben seinen vollen Dienstverpflichtungen. Danach hatte er seine gesellschaftspolitischen Kenntnisse auf Kreis- und Bezirksparteischulen vervollständigt. Hier hatte er sich sogar in Rhetorikkursen und Rollenspielen offensiv mit den gegnerischen Argumenten auseinandergesetzt, was sich beim »Abschöpfen« als hilfreich erwies. Nun also sollte er auf der Juristischen Hochschule des MfS in Potsdam-Eiche zum Diplom-Juristen ausgebildet werden. Dem würden sich höhere Leiteraufgaben mit den entsprechenden Offiziersrängen anschließen. Hatte sein PKE-Leiter doch erwähnt, dass er sich Harald Jäger schon bald als einen seiner Stellvertreter, in ein paar Jahren sogar als Nachfolger vorstellen könne. Somit lag der Rang eines Oberstleutnants für ihn in überschaubarer zeitlicher Nähe. Das war mehr, als er sich selbst wenige Jahre zuvor noch hatte erhoffen können.

Die berechenbare Geradlinigkeit seines weiteren Lebensweges hätte den mittlerweile fünfunddreißigjährigen Zugführer einer Passkontrolleinheit sicher nicht gestört, würde ihm Margas Onkel nicht »diesen Floh ins Ohr gesetzt« haben, wie es sein Schwiegervater nannte. Der Bürgermeister einer kleinen anhaltinischen Gemeinde im Kreis Nebra hatte Harald Jäger bei einem Besuch erzählt, dass in seiner Gegend in absehbarer Zeit der Kreisinnungsmeister der Ofensetzer in Rente gehe. Er könne sich doch, statt sich auf einer Juristischen Hochschule zum »Paragrafenreiter« ausbilden zu lassen, seiner Wurzeln besinnen und den Meisterkurs im alten Beruf absolvieren. Damit war die Idee geboren, die Harald Jäger tagelang durch den Kopf spukte.

Er hat nie einen Zweifel daran gelassen, dass er seinen erlernten Beruf gern ausgeübt hatte. Gelegentlich griff er sogar im privaten Kreis mal zu Haumesser und Schleifstein. Praktisch-handwerkliche Arbeiten verschafften ihm von jeher eine größere Befriedigung als das Büffeln von theoretischem

Lehrstoff. Dies würde auch jetzt so sein, da hatte Margas Onkel recht. Andererseits freute er sich schon seit Wochen auf die Begegnung mit den MfS-Mitarbeitern aus den anderen Hauptabteilungen, die mit ihm in Potsdam-Eiche studieren würden. Er war gespannt auf den Erfahrungsaustausch mit den Genossen aus den operativen Bereichen draußen im Lande und in den großen Kombinaten. Vielleicht würde er ja sogar Mitarbeiter der »Hauptverwaltung Aufklärung« kennen lernen. Jene Genossen also, die die Kundschafter an der unsichtbaren Front anleiten und womöglich selbst im Feindesland als Kuriere und Instrukteure eingesetzt werden. Sie alle durften sich, wie er, nicht nur als »Schild und Schwert der Partei« bezeichnen lassen, sondern auch als eine wehrhafte Elitetruppe ihres Staates empfinden.

Eine gesellschaftliche Anerkennung aber war damit schon deshalb nicht verbunden, weil die Mitarbeiter der Staatssicherheit natürlich konspirativ agierten und entsprechende Legenden hatten. Harald Jäger beispielsweise die als Angehöriger der Grenztruppen. Andere gaben sich als Mitarbeiter von Polizei oder des Innenministeriums aus. Vielfach kannten nicht einmal die eigenen Familienangehörigen deren wahre Identität. In nicht wenigen Fällen, vor allem bei den mit Observations-Aufgaben betrauten MfS-Mitarbeitern, führten solche Doppelidentitäten zu krankhaften Persönlichkeitsstörungen. Das Ministerium für Staatssicherheit hatte deshalb in der hauseigenen Poliklinik in der Berliner Ruschestraße sogar eine Psychologin angestellt, die in solchen Fällen Gruppentherapie-Gespräche durchführte. Hinzu kam, dass die gesellschaftliche Akzeptanz gegenüber der »Firma« allgemein nicht besonders hoch war. Im familiären Umfeld von Harald Jäger war dies freilich anders. Aber dass die Beliebtheit von Handwerkern in einer Mangelgesellschaft wie der DDR naturgemäß groß war, hatte bei seinen Zukunftsüberlegungen damals durchaus eine Rolle gespielt. Handwerker nämlich waren auch ohne Ehrentitel die wahre Elite in der DDR, und viele ließen ihre Umwelt das auch spüren.

Einige Tage hatte sich Harald Jäger das freie Leben eines Handwerksmeisters ausgemalt, bei dem er nicht mehr unter der ständigen Beobachtung eines Vorgesetzten stehen würde. Aber er konnte auch Margas Hinweis nicht vom Tisch wischen, demzufolge dessen Bezahlung natürlich geringer sei als die eines Offiziers und sie immerhin drei Kinder großzuziehen hätten. So jedenfalls argumentierte sie, wenn ihr Vater anwesend war. Unter vier Augen schwärmte auch sie von einer freien Handwerkerexistenz.

Schließlich wandte er sich an jenen MfS-Offizier, mit dem ihn sein Schwiegervater einst zusammengebracht hatte und der in all den Jahren ein väterlicher Freund geblieben war. Harald Jäger hatte nur von ihm wissen wollen, ob es – rein theoretisch – einen Weg gäbe, den Dienst beim Ministerium für Staatssicherheit zu kündigen.

Der Mann, der ihm dort seinerzeit die Tür geöffnet hatte, sah seinen einstigen Schützling eine kurze Weile mit ruhiger Nachdenklichkeit an, ehe er ohne jede Zweideutigkeit antwortete: »Es gibt im Prinzip immer einen Weg, sich voneinander zu trennen. Allerdings würdest du dann auch ganz sicher niemals und nirgendwo in der DDR Kreisinnungsmeister werden.«

Im darauf folgenden Monat hatte Harald Jäger sein Studium an der Juristischen Hochschule des MfS in Potsdam-Eiche aufgenommen.

Wann immer Oberstleutnant Jäger das Gefühl hatte, sich zurückziehen zu müssen, begab er sich hierher an die Basis – zu den Schalterhäuschen der Passkontrolle. Dorthin, wo sein Staat in diesen schwierigen Tagen noch immer selbstbewusst Souveränität demonstrierte. Hier hat er stets jene Bodenhaftung gefunden, die er vor schwierigen Entscheidungen brauchte. Er bekam hier auch die Stimmung unter den einfachen Passkontrolleuren mit. Selbst wenn diese nicht in jedem Fall von ihm geteilt wurde.

Viele seiner Offizierskollegen können nur schwer nachvollziehen, wenn Harald Jäger ihnen erzählt, dass er dort am besten mental entspannen kann, wo er vor einem Vierteljahrhundert seinen Dienst als einfacher Passkontrolleur begonnen hatte. Er war eben einer von der »Pike«, wie manche von ihnen dann schmunzelnd bemerken. Nie lasse er »den Chef raushängen«, wird ihm von den Kollegen hier draußen bestätigt. Als gegenteiliges Beispiel haben sicher viele den Leiter dieser Passkontrolleinheit im Kopf, was aber ungesagt bleibt. Der nämlich war nie ein einfacher Passkontrolleur. Der ehemalige Lehrer hatte seine Karriere vielmehr gleich mit der Offizierslaufbahn begonnen.

»Na, dann machen wir uns mal auf die Wildschweine gefasst!«, sagt der PKE-Leiter mit unfeiner Ironie. Fast lautlos war er zu seinem Stellvertreter getreten, der am Postenhäuschen der Vorkontrolle/Ausreise gedankenverloren in Richtung Bornholmer Straße blickte.

Harald Jäger weiß nicht mehr, wer diese Bezeichnung einmal erfunden hatte. Es gibt sie auch noch nicht so lange für diejenigen, die man »Wildschweine« nennt – Leute, die ohne gültige Grenzübertrittspapiere ankommen und die sofortige Ausreise verlangen. In letzter Zeit wurden es mehr. Bis zu siebzig in einem Monat. Anfangs hatte er deren Namen notiert und sie dann mit einer Belehrung nach Hause geschickt. Vorn auf dem großen Hinweisschild stehe, dass dies Grenzgebiet und daher das Weitergehen ohne gültige Grenzübertrittsdokumente untersagt sei. Sie hätten somit eine Ordnungswidrigkeit begangen. Bis eines Tages ein junger Mann direkt nach der Zurückweisung hier an der Bornholmer Straße zur Grenzkontrollstelle an der Invalidenstraße gegangen war. Dort wurde offenbar schon immer anders verfahren. Das aber erfuhr Harald Jäger erst, als er diesen Anruf bekam. Ein junger Mann habe nach seiner Festnahme erklärt, zuvor an der »Bornholmer« zurückgeschickt worden zu sein. Was aber hatte dieses »Wildschwein« mit dieser Aussage bezweckt? Erst sehr viel später war ihm dessen wahre Absicht klar geworden.

Harald Jäger war in Erklärungsnot gekommen. Eine schriftliche Stellungnahme war von ihm verlangt worden. Ein ungeheuerlicher Vorwurf stand im Raum. Er habe eine versuchte Republikflucht nicht gemeldet, jenen Straftäter nicht den Genossen der Abteilung IX zugeführt, die in der Uniform von Volkspolizisten Dienst tun. So wie er in der der regulären Grenztruppen, denen er schließlich auch nicht angehört. Er untersuchte Gesetzestexte, überlegte dialektische Finessen. Wie konnte man einem Bürger den Versuch eines illegalen Grenzübertritts unterstellen, der sich mit seinem Anliegen an die Grenzorgane wende? Jemand, der sich belehren und wegschicken lässt, sei vielleicht ein Provokateur, aber doch kein Republikflüchtling. Er wusste nicht, dass jenem jungen Mann gerade daran gelegen war, als solcher rechtskräftig verurteilt zu werden.

Frühjahr 1988

»Unser Geiselnehmer ist hier oben bei mir!«, hörte er flüsternd die Stimme des Oberleutnants von der Vorkontrolle/Einreise im Telefonhörer. Schlagartig war Oberstleutnant Harald Jäger wach und blickte unwillkürlich hinüber zur großen Wanduhr. Es war Viertel nach vier Uhr morgens. Eine knappe Stunde mag er geschlafen haben, auf der schmalen Couch im Leiterzimmer in der Dienstbaracke.

Was war nur mit dem Genossen oben an der Grenzbrücke los. Hatte er getrunken?

»Sag das noch mal!«, forderte er ihn auf.

»Der Geiselnehmer, den wir letzten April überwältigt haben, er steht hier draußen und sagt, er wolle einreisen«, wiederholte der Posten.

»Ich komme«, rief Harald Jäger, der diensthabende PKE-Leiter, in den Hörer, griff nach seiner Uniformjacke und lief schräg über den Flur zum Raum mit der Fahndungskartei. Niemals würde er den Namen jenes Kriminellen vergessen, und er war sicher, hier keine entsprechende Karteikarte zu finden. Der Mann saß schließlich im Gefängnis, der Genosse oben an der Vorkontrolle/Einreise muss sich geirrt haben. Mit flinken Fingern durchsuchte er die alphabetisch geordneten Karteikarten. Wenn überhaupt, müsste dessen Karte jetzt hier ... Tatsächlich hielt er im nächsten Moment jenen rechteckigen Karton mit dem Namen des Geiselnehmers in der Hand, mit dem Vermerk, dass er zurückzuweisen sei. Sofort war die Erinnerung an jenen Spätnachmittag im letzten Herbst wieder da, dessen Dramatik für Harald Jäger auch mit einem Telefonat begonnen hatte. Einer seiner Zugführer hatte ihn zu Hause angerufen und sich mit »Major Sommer« gemeldet. Mehr brauchte er nicht zu sagen.

Oberstleutnant Jäger hatte an der Juristischen Hochschule des MfS eine Diplomarbeit zum Thema »Terrorabwehr« geschrieben. Und weil der stellvertretende Leiter seiner Hauptabteilung, Oberst Rudi Ziegenhorn, gerade an einer Dissertation über dieses Thema arbeitete, hatte er ihm mit der Ausarbeitung eines praktischen Alarmplans für den Fall einer Geiselnahme zugearbeitet. Bei Wünsdorf südlich von Berlin, in der Nähe der sowjetischen Kommandantur, war die Befreiung einer Geisel und das Unschädlichmachen des Geiselnehmers immer wieder geübt worden. Auf dem maßstabgerechten Nachbau einer Grenzübergangsstelle. Ausgelöst werden sollte der Alarm immer mit der Namensnennung »Sommer«. Der Name war bewusst gewählt worden, denn in keinem der vier Züge, welche an der Bornholmer Straße in verschiedenen Schichten Dienst taten, gab es einen Genossen dieses Namens.

Während Harald Jäger in seinem Dienstwagen mit überhöhter Geschwindigkeit zur GÜST raste, lief dort alles wie im Alarmplan vorgesehen ab. Erst später wird er erfahren, dass der Geiselnehmer in einem Sägewerk bei Eberswalde mit einem Fleischermesser aus der Betriebsküche den dortigen Parteisekretär als Geisel genommen und einen Kraftfahrer gezwungen hatte, mit ihnen in einem Barkas-Kleinbus in Richtung Berlin zu fahren. An der Grenzübergangsstelle zeigte der am ganzen Körper schlotternde Fahrer ins Wageninnere. Dort entdeckte der Posten von der Vorkontrolle/Ausreise jenen Geiselnehmer auf der Geisel liegend – das Messer am Hals seines Opfers. Der Täter verlangte, dass man ihm unverzüglich die Ausreise nach West-Berlin gestatte. Den Geiselnehmer im Blick, rief der Passkontrolleur den Lageoffizier an, meldete sich mit »Oberleutnant Sommer« und bat um Erlaubnis, einen Barkas die Grenze passieren lassen zu dürfen. Umgehend informierte der Lageoffizier nacheinander den Zugführer, das

Grenzzollamt, den diensthabenden Offizier der Grenztruppen und den Posten der Vorkontrolle/Einreise oben an der Grenzbrücke. Sofort waren alle zur Verfügung stehenden Sperrmittel geschlossen, der Fahrzeugverkehr und die Fußgänger-Einreise gestoppt worden. Der – wie in jeder Schicht – anwesende Scharfschütze holte das Spezialgewehr aus dem Schrank und bezog seine Stellung in der Dienstbaracke unterhalb der Grenzbrücke. Von dort aus hatte er ein freies Schussfeld über den gesamten westlichen Teil der GÜST. Gleichzeitig wurde das Operative Leitzentrum und von dort das Ministerium für Staatssicherheit informiert. Während all diese im Alarmplan vorgesehenen Aktionen liefen, hatte der Posten von der Vorkontrolle/Ausreise die Aufgabe, beruhigend auf den Geiselnehmer einzuwirken. Es musste Zeit geschunden werden. Auch das war immer wieder mit allen Genossen, die hier unten eingesetzt werden, geübt worden.

Als Harald Jäger eintraf, erlebte er gerade noch mit, wie auf das Zeichen des Zugführers hin ein Hauptmann die Seitentür des Barkas aufriss und dem Geiselnehmer ein besonders wirksames Tränengas direkt ins Gesicht sprühte. Im nächsten Moment konnte er festgenommen und die Geisel befreit werden. Außer einer kleinen Schramme am Hals und tränenden Augen war der Parteisekretär aus dem Sägewerk unverletzt. Während dem Urheber des Anschlags Handschellen angelegt wurden, löste sich die Spannung bei den an der Befreiungsaktion beteiligten Offizieren. Einige liefen tief durchatmend und mit hängenden Köpfen über den Platz, andere lachten befreit und beinahe hemmungslos. Jeder auf der GÜST Bornholmer Straße war an jenem Nachmittag vor sieben Monaten davon überzeugt, dass dieser Kriminelle für Jahre hinter Gittern verschwinden würde. Und nun will ihn der Posten an der Vorkontrolle/Einreise dort oben tatsächlich erkannt haben.

Als Harald Jäger den mittelgroßen Mann im Schein der Lampe des Postenhäuschens entdeckte, war ihm sofort klar, dass sein Oberleutnant recht hatte. Aber wie konnte es denn möglich sein, dass sich dieser Verbrecher in Freiheit befand?

Ja, sich den Grenzanlagen vom Westen her nähern konnte? Nachts um vier.

Eine Provokation fürchtend, hatte der mit diesem Vorgang überforderte Oberstleutnant Jäger beschlossen, sich strikt an die Dienstvorschriften zu halten – Irritation und Fassungslosigkeit überspielend.

»Was wünschen Sie?«

»Da staunste, wa?«, bekam er zur Antwort.

Er kann unmöglich aus dem Gefängnis ausgebrochen und auf verschlungenen Pfaden in den Westen geflohen sein. Dann nämlich wäre er mit dem Vermerk »Festnahme« in der Fahndungskartei gespeichert. Außerdem wäre er dann wohl kaum freiwillig an der Grenze erschienen – von der »falschen« Seite.

»Ich wollte mir eure Grenzanlage mal von hier aus ansehen. Nachdem es ja das letzte Mal nicht geklappt hat.«

»Wenn Sie in die Hauptstadt der Deutschen Demokratischen Republik einzureisen wünschen, so ist dies ab acht Uhr wieder möglich.«

Ist der Mann etwa betrunken?

»Wer sagt denn, dass ich einreisen will? Ich wollte euch nur noch mal ›Tach‹ sagen. War doch ein nobler Zug von der DDR, mich in den Westen zu schicken. Hat euch schließlich auch ein schönes Sümmchen eingebracht. Na ja, hatten wir schließlich alle was von ...«

Der verunsicherte Blick des Postens links hinter dem einstigen Geiselnehmer war Oberstleutnant Jäger unangenehm. Er konnte selbst nicht fassen, was er da eben gehört hatte.

»Ich fordere Sie auf, unverzüglich das Gebiet der Grenzübergangsstelle zu verlassen!«

Sollte dieses kriminelle Subjekt, für dessen Festnahme seine Leute immerhin einiges gewagt hatten, tatsächlich gegen Devisenzahlung in die BRD abgeschoben worden sein? Das freche Grinsen des Mannes ließ blanke Wut in ihm hochkommen. Wenn er dem Mann jetzt hier oben in der Dunkelheit mit der Faust in die Fresse ... Harald Jäger verbot sich den Gedanken schon im nächsten Moment.

»Ich fordere Sie ein letztes Mal auf ...!«

»Ist ja gut, ich geh ja schon. Grüß mal noch schön deine Genossen, alle!«, sagte der einstige Geiselnehmer, ehe er in Richtung Grenzbrücke davonlief.

Noch immer spürte Harald Jäger den fragenden Blick des jungen Oberleutnants. Was sollte er ihm sagen? Sollte er von der PKE-Leitersitzung im letzten Jahr erzählen? Als Generalmajor Fiedler, der Leiter dieser Hauptabteilung, erklärt hatte, dass die chronische Devisenschwäche der DDR inzwischen dazu zwinge, für Westwährungen nahezu alles zu verkaufen – Meißner Porzellan, Blüthner-Konzertflügel, ja sogar Fuchsjagden. Über eine Schweizer Firma könnten reiche Bundesbürger für ihre armen Ostverwandten sogar volkseigene Wohnungen in bester Lage als Eigentumswohnungen erwerben. Sollte er berichten, dass die meisten der Ferienplätze in den luxuriösen Interhotels, die einst für »Helden der Arbeit« reserviert waren, nun für Devisen bringende Reisende aus dem westlichen Ausland zur Verfügung stehen? Deshalb war ja wohl inzwischen auch die Rolle der Passkontrolleure via Dienstanweisung als die von »Diplomaten in Uniform« definiert worden.

Natürlich waren auf jener PKE-Leitertagung all diese Maßnahmen letztlich positiv dargestellt worden. Denn schließlich würden die Deviseneinnahmen ja in den Wohnungsbau gesteckt und kämen auf diese Weise den Werktätigen direkt zugute.

Sollte er dem jungen Genossen hier zu dieser nächtlichen Stunde davon berichten, dass jenes sich hartnäckig haltende Gerücht wahrscheinlich stimmt, wonach Kuriere der DDR-Staatsbank kofferweise Banknoten der eigenen Währung zu den West-Berliner Wechselstuben tragen? Um von jenen Institutionen, die von den heimischen Medien seit jeher »Relikte des Kalten Krieges« genannt werden, zum Schwarzmarkt-Kurs D-Mark zu erhalten. Jedenfalls werden dort seit einiger Zeit druckfrische Banknoten ausgegeben, welche die Genossen vom Zoll zum Teil bei den in die DDR einreisenden Bundesbürgern wieder konfiszieren. Schon das alles konnte er dem Posten hier oben an der Vorkontrolle/Einreise nicht erzählen. Wie also sollte er ihm jenen ungeheuerlichen Vorgang erklären, der sich eben abgespielt hatte? Harald Jäger versuchte es gar nicht erst. Er hätte selbst jemanden gebraucht, der ihm eine einigermaßen plausible Erklärung dafür liefern konnte.

Die Ermahnung des Genossen Oberstleutnant Jäger war damals von höchster Stelle erfolgt. Seine Stellungnahme gehe in die völlig falsche Richtung, hieß es. Auch bei den »Wildschweinen« handle es sich schließlich um Grenzverletzer. Seine Haltung ihnen gegenüber sei daher ideologisch nicht haltbar. Man dürfe solche Fragen nicht juristisch beantworten, sondern operativ. Das bedeute, dass »Wildschweine« künftig verhaftet und zugeführt werden müssten. Provokateure seien Staatsfeinde. Somit hätten sie das Privileg auf eine rechtsstaatliche Behandlung verwirkt. Harald Jäger weiß, was damit gemeint war. Sein inzwischen verstorbener Schwiegervater, der Referent für Rechtsfragen beim ZK der SED, hatte ihm einst erklärt, man habe auch in der DDR eine Klassenjustiz. Wie überall auf der Welt werde daher im Sinne der herrschenden Klasse Recht gesprochen. Nur, dass das im Sozialismus eben die Arbeiterklasse sei.

Nachdem Harald Jäger nun an diesem ereignisreichen Tag die Aussage seines Schwiegervaters eingefallen war, lässt er einen Gedanken zu, den er sich in dieser Klarheit noch vor einem Monat verboten hätte. Damit lässt sich alles rechtfertigen, auch jeder Rechtsbruch, geht es ihm durch den Kopf, während er schweigend neben seinem Vorgesetzten auf die »Wildschweine« wartet.

IV. Sonnabend, 7. Oktober 1989

Schon am ersten Tag der Feierlichkeiten zum 40. Jahrestag der DDR, dem 6. Oktober, gab es während des obligatorischen Fackelzuges am Abend erste spontane öffentliche Ovationen für Michail Sergejewitsch Gorbatschow. Am nächsten Tag wächst auf dem Alexanderplatz die Schar von ein paar hundert Protestierern schnell auf einige Tausend. »Agitatoren« der Partei versuchen sie in Diskussionen zu verwickeln. Doch dann begeben sich viele zum Ufer der Spree – in Rufweite des Palastes der Republik, wo sich die gesamte Partei- und Staatsspitze auf dem Abschlussempfang befindet.

Am Rande dieses Empfangs kommt es zu einem vertraulichen Gespräch der Politbüro-Mitglieder Egon Krenz und Günter Schabowski mit dem ZK-Mitglied der KPdSU, Valentin Falin. Die deutschen Genossen erklären dem Gorbatschow-Vertrauten, dass bald ein Wechsel an der SED-Spitze vollzogen werde.

Draußen entwickeln sich Sprechchöre: »Gorbi, Gorbi« und »Wir sind das Volk!«. Andere Demonstranten sind in den benachbarten Stadtbezirk Prenzlauer Berg gezogen. Einheiten von Polizei und Staatssicherheit gehen nun gewaltsam gegen die Demonstranten vor. Es kommt zu Verhaftungen. Zeitgleich werden auch in anderen DDR-Städten Demonstrationen mit massiver Gewalt beendet. In dem kleinen Ort Schwante, am nördlichen Rand von Berlin, findet an diesem Abend die Gründung einer sozialdemokratischen Partei für die DDR statt.

Je näher Harald Jäger in seinem Dienstwagen dem Zentrum der Hauptstadt kommt, desto mehr Transparente entdeckt er an Plätzen und Gebäuden, deren Losungen die Bevölkerung auf den Jahrestag einstimmen sollen. Bei seinem letzten Besuch in Bautzen hat er mit seinen Geschwistern über diese Parolen gesprochen. Über deren Inhalte wie über die Existenz der Transparente generell. In den Anfangsjahren der Republik mag es ja noch einen Sinn gemacht haben, die Ziele der Partei auf diese Weise zu verkünden. Darüber war man sich einig. Aber ist dies nach vierzig Jahren DDR wirklich noch die geeignete Form, dem Volk politische Ziele zu vermitteln?

Gelegentlich geraten die offiziellen Losungen in groteske Zusammenhänge. Harald Jägers jüngerer Bruder Christoph erzählte ihm von einer kuriosen Beobachtung. In der Altstadt von Bautzen hat die Kreisdienststelle der Staatssicherheit ihren Sitz, und jeder Bürger weiß, dass sich hinter diesem Gebäudekomplex die gefürchtete Haftanstalt »Bautzen II« befindet. Kein Wunder also, dass am letzten Maifeiertag viel gelacht wurde über das dort angebrachte Transparent mit der nun doppeldeutigen Parole: »Heraus zu neuen Taten!«

Angesichts der Parolen zum 40. Republikgeburtstag würde Harald Jäger zwar nicht so weit gehen wie sein jüngerer Bruder, der inzwischen von »Durchhalteparolen« spricht. Aber die Menschen dort auf den Bürgersteigen, das weiß er, brauchen keine Parolen. Sie kennen schließlich die Realitäten in der DDR. Diejenigen, die zu diesem Lande halten und an seine Zukunft glauben, müssen nicht agitiert werden. Und jene, die den Glauben daran verloren haben, wollen es nicht. Schon gar nicht durch Parolen. Vor allem fragt er sich in den letzten Wochen immer öfter: Wer agitiert hier eigentlich wen? Wie eh und je waren auch die Parolen zum 40. Jahrestag der DDR auf der Ebene des ZK ausgearbeitet und im Politbüro abgesegnet worden, um dann dem Volk verkündet zu werden. Streng wird darüber gewacht, dass keine anderen in der Öffentlichkeit auftauchen. Zu allen möglichen Anlässen, die mit einer Demonstration begangen werden, wird Marga als Mitarbeiterin der Kreisleitung Hohenschönhausen der SED regelmäßig dafür eingeteilt, die Parolen auf den Transparenten des sich formierenden Demonstrationszuges mit den offiziell genehmigten zu vergleichen. Sollte aber jemand quasi eine private Parole dazwischengeschmuggelt haben, so musste sie umgehend einen dafür vorgesehenen Funktionär verständigen. Der würde selbst dann für deren Entfernung sorgen, wenn diese Staat und Partei über alles loben würde. Denn hinter einem Lob kann auch eine subversiv-satirische Haltung stecken. Wie dies vor einigen Jahren in Rostock der Fall gewesen sein soll, wo Schauspieler vom Volkstheater angeblich im Demonstrationszug ein Transparent entrollt hätten, mit der Losung: »Die Sonne scheint, der Himmel lacht – das hat die SED gemacht!«

Vielleicht will das Politbüro deshalb lieber selbst darüber bestimmen, wie das Lob gegenüber Staat, Partei und Arbeiterklasse zu formulieren ist. Aber bedeutet dieser Vorgang nicht einmal mehr die Trennung von Parteiführung und Volk? Jedenfalls denkt Harald Jäger so darüber, und er hat es auf der Dienststelle oft genug gesagt. Und auch, dass er deshalb nie am Todestag von Karl Liebknecht und Rosa Luxemburg zur Kundgebung auf den Friedhof der Sozialisten in Friedrichsfelde gehe. Denn er wolle, um die einst ermordeten Parteigründer zu ehren, nicht zuvor am winkenden Politbüro vorbeiziehen. Er sei in seinem Elternhause nun einmal so erzogen worden, dass es in einem Arbeiter- und Bauernstaat eine Trennung zwischen Parteiführung und Volk nicht geben dürfe.

Einmal hatte er dieses Thema angesprochen – vor vielen Jahren auf der Kreisparteischule. Prompt wurde ihm vom Referenten Lenins Schrift *Der ›Linke Radikalismus‹, die Kinderkrankheit im Kommunismus* argumentativ um die Ohren geschlagen. Der große Revolutionär habe darin das »dialektische Wechselverhältnis von Führer – Partei – Klasse – Masse« erläutert, demzufolge die Abschaffung der »Führer« aus bloßer Angst vor diesem Wort den Verzicht auf die Parteiherrschaft und damit im Ergebnis den »Verzicht auf die Diktatur des Proletariats und auf die Revolution schlechthin« bedeute. Noch heute ist Harald Jäger ein wenig stolz, dass ihm seinerzeit jene Strophe aus dem »Einheitsfrontlied« eingefallen war: »Und weil der Mensch ein Mensch ist/hat er Stiefel im Gesicht nicht gern./Er will unter sich keinen Sklaven sehn/und über sich keinen Herrn.« Schon sein Vater, Paul Jäger, hat sich während heftiger Diskussionen mit Margas Vater gelegentlich auf die bekannten Brecht-Verse bezogen. Nicht zuletzt auf die Strophe, in der es heißt: »... Es kann die Befreiung der Arbeiter/nur das Werk der Arbeiter sein.«

27. April 1976

An der Kaffeetafel aus Anlass von Harald Jägers dreiunddreißigstem Geburtstag verteidigte dessen Vater noch einmal jene Jahre zurückliegende Aktion mit den Vergleichsfotos als »konstruktive Kritik«. Die Rüge habe ihn damals schwer getroffen, die Parteistrafe sei zu Unrecht erfolgt.

Seiner eigenmächtigen Aktivität im VEB Waggonbau Bautzen vorausgegangen waren seinerzeit zahlreiche, aber wenig erfolgreiche Appelle der Betriebsleitung für eine Erhöhung der Arbeitsproduktivität. Bis der Schmiedemeister und Genosse Paul Jäger der Betriebsparteileitung Fotos vorlegte, die er von einem Fenster des Verwaltungsgebäudes aus gemacht hatte. Genau gegenüber vom Werkstor. Mit der kleinen Holzbrücke über der Spree im Hintergrund und am rechten Bildrand die große Uhr. Die erste Aufnahme hatte er eine halbe Stunde vor Schichtschluss aufgenommen, dann im 15-Minuten-Takt drei weitere. Auf dem Foto, welches eine Viertelstunde vor Schichtschluss entstanden war, konnte man von allen Aufnahmen die mit Abstand meisten Arbeiter sehen – beim vorzeitigen Verlassen des Werksgeländes. Die kleine Spreebrücke war voller Menschen, und die ersten hatten sogar schon hinten links die Fahrradständer erreicht. Dabei hatte Paul Jäger seine Arbeitskollegen bewusst nicht von vorn aufgenommen. Es war ihm nicht darauf angekommen, Einzelne zu diffamieren. Vor allem, weil ihm natürlich klar war, dass andere für diese zu früh heimkehrenden Kollegen die Karten in die Stechuhr steckten und sie sich wahrscheinlich am nächsten Tag abwechselten. Er hatte lediglich die Fotos mit der Bemerkung auf den Tisch gelegt, dass die Arbeitsproduktivität allein dadurch gesteigert werden könne, indem man die volle Schicht arbeite. Der Betriebsparteileitung aber war das Verhalten des Genossen Paul Jäger eine Rüge wegen »Diffamierung der Arbeiterklasse« wert. Jahre später lieferte Margas Vater, der ZK-Mitarbeiter, dafür dann sogar noch die theoretische Begründung.

Harald Jägers Vater Paul (rechts) – Schmiedemeister und Parteisekretär im VEB Waggonbau Bautzen – im Gespräch mit einem Lehrling.

Man könne in der kapitalistischen Welt schließlich auch nicht die herrschende Klasse ungestraft ausspionieren, gab er sich kämpferisch. Dem war eine jener heftigen Auseinandersetzungen gefolgt, an deren Ende der Praktiker vom Waggonbau und der Theoretiker aus dem ZK dann immer versöhnlich feststellten, dass eigentlich eine Mischung aus ihnen beiden der »ideale Genosse« wäre.

Nachdem die einstigen Streithähne gestorben waren, musste Harald Jäger oft an deren Dispute mit dem jeweils versöhnlichen Ende zurückdenken. Inzwischen hatte ihn das Leben in diesem Lande gelehrt, dass es zwar den »idealen Genossen« nirgendwo gab, allerorten aber jene fatale Trennung zwischen Theorie und Praxis, wie sie durch diese beiden repräsentiert worden war.

Auf der Parteiversammlung seiner Diensteinheit im vergangenen Monat musste er die Parolen über sich ergehen lassen. Vom Parteisekretär in die Form eines Referats gegossen – unter dem Tagesordnungspunkt »Vorbereitung des 40. Jahrestages«. Harald Jäger hat geschwiegen, wie die anderen Genossen auch. Hätte er den Redner unterbrechen und daran erinnern sollen, wie jener einst geflucht hatte? Weil es kein Baumaterial für die Gartenlaube gab. Oder über die ständig schlechter werdende Versorgungslage mit Lebensmitteln und Textilien. Da war dieser Parteisekretär noch ein Passkontrolleur unter vielen gewesen. Nach seiner Wahl war er dann wie ausgewechselt, hielt sich offenbar plötzlich für bedeutend. Doch er war nicht bedeutend, sondern feige und leider auch unglaubwürdig. Wenn Genossen brisante politische Fragen an ihn richteten, war er auffallend bemüht, möglichst Antworten zu geben, die nicht gegen ihn verwendet werden konnten. Nur waren Stellungnahmen, die sich an der vorgegebenen Parteilinie orientierten, nicht unbedingt hilfreich. Solche konnte man schließlich im *Neuen Deutschland* nachlesen.

Vor einiger Zeit hatte Harald Jäger den Parteisekretär mit der ganz profanen Frage aus der Fassung gebracht, weshalb er eigentlich bei sich zu Hause das *ND* zweimal beziehen müsse. Das Abonnement »des Zentralorgans unserer Partei« sei für jeden Genossen eine »selbstverständliche Verpflichtung«, hatte ihm der Parteisekretär daraufhin geantwortet. In seinem Falle müsse die Zeitung eben deshalb zweimal abonniert werden, weil Marga schließlich auch Genossin sei. Man nähme die Zeitung ja auf den Weg zur Arbeit mit und selbst dort hätte man Zeit zu lesen – und zwar jeder für sich. Oberstleutnant Jäger wollte diese Kette der Unlogik nicht widerspruchslos hinnehmen. Es sei ihm leider nicht möglich, während der Autofahrt Zeitung zu lesen. Im Übrigen läge sowohl hier in der Dienstbaracke das jeweils aktuelle Exemplar als auch in der SED-Kreisleitung, wo Marga arbeite. Daraufhin hatte ihn der Parteisekretär wie einen störrischen Jungen angesehen, dem er eine Selbstverständlichkeit zu erklären habe.

»Nach deiner Logik würde das ja bedeuten, dass die Auflage des *ND* niedriger sein müsse als die Zahl der Parteimitglieder!«

Es ging also wieder mal nur um eine Zahl. Harald Jäger wusste, dass jeder weitere Wortwechsel zu einer kleinlichen Diskussion führen würde. Eine ironische Schlussbemerkung aber konnte er sich nicht verkneifen:

»Und deine Logik geht davon aus, dass das *ND* nur von Genossen gelesen wird!«

Harald Jäger holt also weiterhin zwei Exemplare des *Neuen Deutschland* aus dem Briefkasten, wenn er nach Hause kommt. Und Marga muss nach wie vor zwei ungelesene Zeitungen entsorgen, deren Inhalt man schon kennt.

Auf der Parteiversammlung in Vorbereitung des Republikgeburtstages aber hatte Oberstleutnant Jäger keines jener kritischen Worte gesagt, für die er draußen bei vielen auf der Dienststelle bekannt war. Und auch alle anderen lauschten den Ausführungen des Parteisekretärs schweigend und spendeten anschließend Applaus. Eine groteske Versammlung, auf der nahezu jeder von jedem wusste, worüber der jeweils andere gerade schwieg. Offenbar mutiert die Schulungsbaracke, wenn sie denn für Parteiversammlungen genutzt wird, zu einer Art magischem Ort. Mit dem Überschreiten der Schwelle scheinen alle regelmäßig ihre privaten Ansichten und Unzufriedenheiten abzulegen, um sie anschließend wie einen an der Garderobe aufgehängten Mantel wieder mitzunehmen. Das war nicht immer so in den vergangenen fünfundzwanzig Jahren. Aber je krisenhafter sich die DDR entwickelt hatte, umso mehr haben sich die Sitzungen der Parteiorganisation zu Versammlungen janusköpfiger Applausspender gewandelt. Und Oberstleutnant Harald Jäger ist einer von ihnen. Das weiß er auch.

Herbst 1987/Winter 1988

Die Nachricht, welche Marga im letzten Herbst mit nach Hause gebracht hatte, empfand er als empörend. Und Kerstin, seine Tochter, war gleichermaßen überrascht wie irritiert. Das habe nichts mit innerparteilicher Demokratie zu tun, hatte Harald Jäger seiner Familie erklärt. Im Gegenteil! Das Lenin'sche Prinzip des »demokratischen Zentralismus« sehe nun einmal die Wahl von unten nach oben vor. Wie also konnte die Kreisleitung der Partei festlegen, dass Kerstin ihr ab kommendem Frühjahr als Kandidatin angehören solle? Wie eine derartige Entscheidung über deren Kopf hinweg treffen? Vor allem aber über die Köpfe der Genossen ihrer Parteigrundorganisation, welche sie für eine solche Funktion vorzuschlagen und zu wählen haben.

Durch Zufall hatte seine Frau auf ihrer Arbeitsstelle, eben jener Kreisleitung, davon erfahren. Doch derartige Vorgänge schienen mittlerweile landesweit üblich zu sein. Im vergangenen Jahr war Harald Jägers jüngere Tochter Manuela bereits im Mai von der FDJ-Kreisleitung darüber informiert worden, dass sie ab Herbst für eine Funktion in der FDJ-Leitung ihres Lehrjahres vorgesehen sei. Deshalb solle sie im Juli an einer Schulung teilnehmen – drei Monate bevor sie ihre Lehrstelle in der »Landwirtschaftlichen Produktionsgenossenschaft (LPG) 1. Mai« in Wartenberg antrat und deren FDJ-Gruppe überhaupt erst zusammengestellt würde. Auf Vorschlag des Vaters hatte das Mädchen damals abgelehnt.

Die Vorgänge beschäftigten Harald Jäger über Wochen. Selbst dann noch, als auch Kerstin eine Wahl in die Kreisleitung abgelehnt und Marga wegen der Weitergabe jener Information von dieser gerügt worden war. Sollte es vielleicht so sein, dass sich Leitungsgremien in Partei und Jugendverband gern Familienmitglieder von Mitarbeitern der Staatssicherheit aussuchen? Weil diese als besonders zuverlässig gelten? Das wäre verständlich. Dennoch ist eine Verletzung der Lenin'schen Prinzipien nicht hinnehmbar. Er erzählte dem Parteisekretär seiner Dienststelle davon. Doch ausgerechnet jener Genosse, der sonst nahezu kritiklos die Linie der Partei vertritt, hielt plötzlich Verstöße gegen deren Statut für akzeptabel. Es kam zum Streit. Der Parteisekretär sprach mal wieder von Haarspalterei, ein Wort gab das andere, bis ihm der Funktionär vorschlug, doch aus der Partei auszutreten. Dies war eine besonders infame Methode, das Gegenüber mundtot zu machen. Denn der Genosse wusste, man kann nicht aus der Partei austreten, wenn man für »die Firma« arbeitet. Ein solcher Schritt würde nicht nur die eigene Existenz vernichten, sondern auch die der ganzen Familie. Eine unehrenhafte Entlassung aus der Staatssicherheit nämlich hätte für die Frau den Verlust der Arbeitsstelle in der Kreisleitung und für den Sohn den des Studienplatzes zur Folge. Für Mitglieder des MfS herrscht Sippenhaft.

Pünktlich um acht Uhr übernimmt Oberstleutnant Harald Jäger von seinem Vorgesetzten für die nächsten vierundzwanzig Stunden das Zepter. Minuten später ruft er jene Offiziere zu sich, die mit ihm diese Zeit hier verbringen werden – die Zugführer, den Sicherheitsoffizier, den Parteisekretär und den für die Fahndungsgruppe verantwortlichen Genossen.

Wie von einer neben sich stehenden Position aus sieht Harald Jäger zu, wie Oberstleutnant Jäger seine Offiziere auf die besondere Bedeutung des Tages hinweist. Gerade heute, »am 40. Jahrestag unserer Republik«, werde der Gegner nichts unversucht lassen, die Feierlichkeiten zu stören. Man habe deshalb insbesondere auf den Versuch der Einreise von »Demonstrativtätern« gefasst zu sein. Die versammelten Offiziere wissen natürlich, was ihr diensthabender Leiter damit meint. Sie würden ihm im Zweifelsfall sofort Meldung machen. Er wird sich dann den jeweiligen Fall ansehen und gegebenenfalls dem Operativen Leitzentrum telefonisch die Zurückweisung der betreffenden Person empfehlen. Dann müssten umgehend deren Personalien per Telex auch den anderen Grenzübergangsstellen übermittelt werden. Umgekehrt würden die von dort gemeldeten Personen in die eigene Fahndungskartei eingearbeitet werden.

Natürlich verzichtet der diensthabende PKE-Leiter auch bei diesem morgendlichen Rapport nicht auf die üblichen Formulierungen. Wie in allen Dienstplänen werden seine Leute auch heute wieder dazu verpflichtet, »die Passkontrolle zuverlässig und effektiv« zu gewährleisten. Und es fehlt auch nicht der Hinweis auf die »Verpflichtungen im Rahmen des sozialistischen Wettbewerbs«. Demnach seien die Zahlen für die »operativen Ersthinweise und Feststellungsergebnisse zu erhöhen«.

Längst also hatten die Parolen auch die Dienstbaracke erreicht. Nur werden sie hier nicht auf roten Transparenten, sondern in Form von Dienstanweisungen verkündet. Als Harald Jäger sich dabei ertappt, wechselt er in einen jovialeren Tonfall:

»Wie erkennt man einen Demonstrativtäter? – Ganz sicher trägt er kein Schild um den Hals. Da ist schon der Erfindungsreichtum unserer Passkontrolleure gefragt.«

Eine der wenigen Privataufnahmen, die den MfS-Oberstleutnant Harald Jäger in seinem Dienstzimmer zeigen.

Oberstleutnant Jäger empfiehlt, mit den Reisenden »das offensive Gespräch zu suchen«. Am heutigen Feiertag böte sich zum Beispiel an, darauf zu verweisen, dass die Geschäfte in der Hauptstadt geschlossen seien. Auf diese Weise solle in Erfahrung gebracht werden, wie der Reisende den Tag zu verbringen gedenke. Vielleicht sogar, ob ein Treffen mit irgendjemandem geplant sei.

»Im Zweifel schicken wir heute lieber einen harmlosen Touristen zurück, als dass wir es Demonstrativtätern ermöglichen, unsere Feierlichkeiten zu stören«, schließt Oberstleutnant Jäger seine Instruktionen. Und den diensthabenden Leiter des Zolls bittet er, seine Leute besonders auf mitgeführte Druckerzeugnisse bei den Reisenden achten zu lassen. Allen Anwesenden ist unausgesprochen klar, dass es für westdeutsche Reisende schon lange nicht mehr so schwierig war, in die DDR einzureisen wie heute.

Sommer bis Herbst 1985

Es hatte eine Weile gedauert, ehe man den Mann aus Hessen zur Fahndung ausgeschrieben hat. Da war er bereits zwei- oder dreimal über die Bornholmer Straße eingereist. Als Tourist, mit Gummistiefeln, Spaten und Wanderkarten für die Uckermark und die Mecklenburgische Seenplatte. Dieser Mann aber war kein Wanderer. Eines Tages nämlich waren bei ihm Bodenproben im Kofferraum gefunden worden. Diese wurden vom Zoll mit dem Hinweis konfisziert, dass man prüfen wolle, ob sich darin wertvolle Bodenschätze wie etwa Goldspuren befänden. Etwas Besseres war den Zöllnern nicht eingefallen. Der Mann aber fühlte sich nicht gewarnt und kam wieder. Inzwischen hatte E., der Operativoffizier, die Schweriner Bezirksverwaltung des MfS auf ihn aufmerksam gemacht. Nun wurde die Bürokratie der Staatssicherheit aktiv. Die für Ermittlungen zuständige Abteilung IX informierte die Genossen der zentralen Operativkartei des MfS in der Hauptabteilung (HA) XII. Die wiederum beantragten im Fahndungsleitzentrum der Passkontrollen (HA VI), den Mann wegen des Verdachts der Militärspionage zum Fahndungsobjekt zu erklären. Das war relativ einfach zu begründen. Schließlich konnte man in Mecklenburg nicht mal spazieren gehen, ohne diverse Übungsgelände der sowjetischen Truppen zu streifen.

Jedenfalls waren fortan die Observateure der Schweriner Bezirksabteilung VIII auf ihn angesetzt. Da ihnen aus Berlin die Adresse des DDR-Gastgebers jenes »Touristen« mitgeteilt worden war, sollte es nicht allzu schwierig sein, ihn rund um die Uhr zu überwachen. Dann aber hatten sie ihn bei seinen Streifzügen durch die mecklenburgischen Wälder immer wieder verloren. Selbst die Spürhunde waren nicht mehr fündig geworden. Offenbar hatte der Mann die Schuhe gewechselt. Natürlich – daher die Gummistiefel. Die PKE wurde angewiesen, das nächste Mal auf besondere Weise unterstützend zu wirken. Vorausgesetzt, der Mann komme noch einmal zurück.

Eines Tages war er wieder da. Die Genossen vom Zoll täuschten Interesse an den Schuhen des Reisenden vor. Sie befolgten damit eine heimliche Anordnung des für die operative Arbeit zuständigen PKE-Offiziers. Das aber wusste der schmächtige, intellektuell wirkende Mittdreißiger nicht, weshalb ihn die ganze Prozedur zu einem milden Lächeln animierte. Nun stand er also im KD-Raum, dem Körperdurchsuchungsraum des Zolls, in Socken da. Man hatte ihm eine Fußmatte hingelegt. Damit er sich nicht erkälte, war ihm von dem freundlichen Zolloffizier erklärt worden. Nach einer Weile bekam der »Tourist« die Schuhe zurück und durfte ohne weitere Probleme einreisen. Fortan konnte er das Schuhwerk wechseln, so oft er wollte – die Spürhunde würden ihn finden. Der Moschusgeruch, den jene Fußmatte übertragen hatte, würde von nachhaltiger Wirkung sein. Dies war das letzte Mal gewesen, dass Harald Jäger jenen Mann gesehen hat, der fortan in der Operativgruppe der PKE nur als »Moschusochse« bezeichnet wurde.

Der Passkontrolleur habe sich im Sinne der Instruktion absolut richtig verhalten, nimmt sich Harald Jäger vor, später bei der Auswertung anerkennend zu bemerken. Als dieser nämlich von einem jungen Reisenden gefragt worden war, weshalb die Einreise mit dem Fahrrad nicht gestattet sei, hatte er sich umgänglich gegeben. Er hat lächelnd mit den Schultern gezuckt und bekannt, dass er diese Bestimmung selbst nicht verstehe. Dann hat er das Gespräch gesucht, wollte von dem jungen Mann aus Baden-Württemberg wissen, ob er denn ein passionierter Radfahrer sei. Die harmlos wirkende Frage führte zum Volltreffer. Freimütig bekannte er dem Passkontrolleur, dass er sich in der Partei der Grünen engagiere. Er kämpfe aktiv gegen die ökologiefeindliche Politik von Helmut Kohl. Sein Blick heischte nach Anerkennung. Kurz darauf fand der Zoll Flugblätter unter dessen Pullover. Der nun solcherart bestätigte Passkontrolleur stellte bei den beiden nächsten Reisenden den gleichen Wohnort fest wie zuvor bei dem jungen Grünen. Offenbar waren sie als Gruppe unterwegs und versuchten, als Einzelreisende getarnt, in die DDR einzureisen. Das also war sie, die List der gefürchteten Demonstrativtäter.

Routiniert leitet Oberstleutnant Jäger die nächsten Schritte ein. Es kostet ihn keine Mühe, von Oberst Ziegenhorn im Operativen Leitzentrum in Schöneweide die Genehmigung für die Zurückweisung zu bekommen. Nun erlässt er für die Genossen draußen die Anweisung, die jungen Leute hinzuhalten, bis auch der Rest der Gruppe an der Passkontrolle eingetroffen sei. Alle Personalien sollten listenmäßig erfasst werden. Die Einreise der Demonstrativtäter müsse unter allen Umständen verhindert werden – an allen Grenzübergangsstellen.

Mitte der 60er-Jahre

»Das ist eine riesige Sauerei!«, hatte Paul Jäger gebrüllt und verstand erst mal gar nicht, warum seine ganze Familie schallend lachte. Dabei hatte er sich doch eben darüber empört, dass Schweinekadaver in die mit Wasser vollgelaufenen ehemaligen Steinbrüche gekippt wurden. Die nahe gelegenen LPGs, in denen die Schweinepest ausgebrochen war, hatten die verendeten Tiere einfach auf Lkws geladen und dort entsorgt, wo Kinder noch vor kurzem das Schwimmen gelernt haben. Auch Harald Jäger einst, weshalb ihn der Wutausbruch des Vaters während seines Besuchs im Elternhaus besonders angerührt hatte. Dies war das erste Mal, dass im familiären Kreis über Umweltverschmutzung gesprochen worden war. Mitte der 60er-Jahre! Es sollte in den nächsten zwei Jahrzehnten zu einem Dauerthema werden.

Ausgerechnet als die DDR-Presse das Fischsterben im Rhein anprangerte, hat ihn seine Schwester Anita an jene Stelle am Spreeufer geführt, wo Harald Jäger als Junge oft geangelt hatte. Welse, Karpfen, Rotbarsche und Stichlinge gab es einmal dort, wo der Fluss inzwischen in allen Regenbogenfarben daherkam.

»An der Farbe des Flusses kannst du sehen, was die Textilfabriken oben in Kirschau gerade färben«, sagte Anita. »Zum Thema ›Fischsterben‹ sollten wir besser den Mund halten.«

Seine Schwester arbeitete in der Abteilung Inneres der Bautzener Stadtverwaltung und konnte noch einige Interna berichten. Zum Beispiel vom Protest der polnischen Freunde wegen des riesigen Schornsteins des Braunkohlekraftwerks »Schwarze Pumpe« in Hoyerswerda. Der sondere nämlich Rußpartikel ab, die bei Westwind weit ins Nachbarland flögen. Einmal erzählte Harald Jäger davon auf einer Sitzung des Parteilehrjahres. Damit wollte er eigentlich eine Diskussion über Umweltfragen in Gang setzen. Dann aber fragte ihn der Referent mit inquisitorischem Unterton, woher er diese Informationen habe. Es war klar, dass Harald Jäger niemanden belasten würde. Damit war aber auch klar, dass dieses Thema auf Veranstaltungen der Partei tabu war. Das hatte lange zuvor auch sein Vater schon erfahren müssen, als er gegen die »riesige Sauerei« bei der Kreisleitung Sturm lief. Als einige Jahre später der VEB Waggonbau Bautzen seine gesamten Abfälle in die Steinbrüche kippte, hatte auch er nicht mehr protestiert.

Vordergründig betrachtet erscheint die Umweltpolitik der DDR als fortschrittlich, ja als geradezu vorbildhaft. Schon in der Verfassung von 1968 wurde der Schutz von Natur und Umwelt zur Verpflichtung von Staat und Gesellschaft erklärt. Zwei Jahre später erließ die Volkskammer mit dem »Landeskulturgesetz« eine umfassende Rahmengesetzgebung, welche in der Folge durch zahlreiche Einzelgesetze und Durchführungsverordnungen zum Umweltschutz konkretisiert wurde. Als einer der weltweit ersten Staaten errichtete die DDR bereits Ende 1971 (fünfzehn Jahre vor der Bundesrepublik) ein »Ministerium für Umweltschutz- und Wasserwirtschaft«. Der erste Amtsinhaber, Werner Titel, hatte schon als stellvertretender Vorsitzender des Ministerrats (und damit Stellvertreter des Regierungschefs) 1969 eine »Analyse der Regierung zur Umweltgefährdung in der DDR« durchgeführt.

Doch zur gleichen Zeit, als das Umweltministerium eingerichtet worden war, wurden auch ehrgeizige Wirtschaftsprogramme beschlossen. Schon in den Dokumenten des 9. Parteitages der SED – im Juni 1971, vier Wochen nach Honeckers

Machtantritt – ist kaum noch von Umweltschutz die Rede. Stattdessen werden die »Erhöhung des materiellen und kulturellen Lebensniveaus des Volkes auf der Grundlage eines hohen Entwicklungstempos der sozialistischen Produktion, der Erhöhung der Effektivität des wissenschaftlich-technischen Fortschritts und des Wachstums der Arbeitsproduktivität« zu den Hauptaufgaben erklärt. Und das hatte in einem Land, das knapp an Devisen und Rohstoffen war, schon bald weitreichende ökologische Folgen. Exzessiver als zuvor wurde auf die heimische Braunkohle als Energieträger gesetzt, zumal die Sowjetunion zu Beginn der 80er-Jahre die Erdöllieferungen kürzte. Die Verbrennung von Braunkohle aber führte zu einer besonders hohen Luftverschmutzung durch Schwefeldioxid, Staub und Asche. Vor allem die Bewohner der großen Industriezentren Halle, Dresden, Leipzig und Karl-Marx-Stadt (heute: Chemnitz) bekamen das zu spüren. In jener Zeit wies die DDR die höchste Schwefeldioxid-Belastung in Europa auf. Auch die Wasserverschmutzung war vor allem in der Nähe der großen chemischen Kombinate enorm hoch.

Obgleich die ökologischen Belastungen für jedermann in der DDR zu spüren waren, ging die SED zu diesem Thema in die propagandistische Offensive. In ihrem Kulturpolitischen Wörterbuch *von 1978 gab sie ihren Mitgliedern folgende »Argumente« an die Hand: »Mit der Entwicklung des Kapitalismus und seiner gewaltigen Produktivkräfte beschleunigte sich die Aneignung der Natur durch die menschliche Gesellschaft. Die Ausnutzung der Naturkräfte und Naturreichtümer wurde dem kapitalistischen Profitstreben untergeordnet und führte zu einem hemmungslosen Raubbau an der Natur ...« Gleichzeitig wurde die eigene Wirtschafts- und Gesellschaftsordnung zur Alternative erklärt: »Die sozialistische Gesellschaftsordnung gewinnt ein prinzipiell neues Verhältnis zur Natur ... In Abhängigkeit von den ökonomischen Möglichkeiten entwickelt die sozialistische Gesellschaft ihre Eingriffe in die Natur zum Zwecke der Produktion immer mehr in der Weise, dass die Naturkräfte und die Naturreichtümer als natürliche Grundlage der künftigen Gesellschaftsentwicklung erhalten bleiben.«*

Die Schlüsselformulierung hieß also: »In Abhängigkeit von den ökonomischen Möglichkeiten.« Damit wurde in einem offiziellen Parteidokument das Primat der Ökonomie vor dem der Ökologie festgeschrieben. Im Ergebnis also genau das, was man der kapitalistischen Wirtschaftsordnung vorwarf. Um aber den fortgesetzten staatlichen Verfassungsbruch im Bereich des Umweltschutzes zu verschleiern, wurden die Naturwissenschaftler der DDR im Jahre 1982 kollektiv zu Geheimnisträgern erklärt – durch das Gesetz zur »Geheimhaltung von Umweltdaten«. Ohne Erfolg. In den nächsten Jahren begannen sich landesweit die ersten Umweltaktivisten zu Gruppen zusammenzuschließen, die sich zu einer ernsthaften oppositionellen Bewegung gegen die Politik der SED entwickelten. Schon bald gerieten sie ins Fadenkreuz der Staatssicherheit. In einer internen Dienstanweisung der Hauptabteilung XVIII (Volkswirtschaft) vom 16. Mai 1988 wurden die operativen Schritte beschrieben: »Weitere Qualifizierung der Führung, Leitung und Organisation der politisch-operativen Abwehrarbeit auf dem Gebiet von Umweltschutz und Wasserwirtschaft zur vorbeugenden Verhinderung, Aufklärung und Bekämpfung feindlicher Angriffe. Der Bereich Umweltschutz und Wasserwirtschaft der DDR ist zunehmend Angriffen feindlich-negativer Kräfte unter Ausnutzung real existierender (!) brisanter Umweltprobleme ausgesetzt.«

Nahezu wirkungslos war es immer – inzwischen aber ist es gefährlich geworden, über die Umweltprobleme im eigenen Land zu sprechen. Zumindest für einen Mitarbeiter der Staatssicherheit. Der öffentliche Protest jedenfalls wurde inzwischen von anderen in die Gesellschaft getragen. Von meist jungen Umweltschützern, deren Mut Harald Jäger heimlich bewunderte. Doch wie sollte er im Kollegenkreis die nachts abgeschalteten Filteranlagen im Klingenberger Kraftwerk kritisieren, gleichzeitig aber die Argumente jener jungen Leute vermeiden, die von der Partei ideologisch bekämpft werden. Klagen über die gewaltigen ökologischen Schäden durch die Chemiekombinate in Leuna und Wolfen würden ihn womöglich als Sympathisanten jener Aktivisten erscheinen lassen, die von seinem Ministerium als »feindlich-negative Kräfte« mit operativen Mitteln bekämpft wurden. Nur noch im privaten Kreis und gegenüber sorgsam ausgewählten Kollegen äußert er gelegentlich Sympathie mit den Zielen der Umweltaktivisten. Er verbindet sie mit dem Vorschlag, die Partei solle den Dialog mit ihnen suchen. Und er erntet dafür Zustimmung. Von fast allen in der eigenen Familie und auch von E., dem Operativoffizier. Auf diese Weise, so argumentiert er dann, würde die Partei dem Gegner den Boden entziehen, der bekanntlich versuche, diese Umweltgruppen für seine Zwecke zu instrumentalisieren. Gelegentlich gibt er sich kämpferisch. Zum Beispiel dem zunehmend kritischer nachfragenden Oberleutnant gegenüber, der wegen seiner Außenseiterrolle innerhalb der PKE immer wieder Harald Jägers Nähe sucht. Die DDR werde weniger durch die Atomraketen der NATO bedroht, sagt er dann, als vielmehr vom Umweltverhalten der eigenen Wirtschaft. Oberstleutnant Jäger spricht darüber mit diesem und jenem, nur nicht mit seiner Partei. Es mache keinen Sinn, sagt er zu seiner Frau, da deren politische Linie in allen Fragen auf ZK-Ebene festgelegt werde. Eine Kritik daran würde unangenehme Folgen haben – erst recht für einen hohen Offizier der Staatssicherheit. Und Marga, die Tochter des einstigen Referenten für Rechtsfragen beim ZK der SED, widerspricht ihm nicht.

Die Stimme von Oberst Ziegenhorn verrät Anspannung und Nervosität. Harald Jäger aber hat kaum Gelegenheit, darüber nachzudenken, was diesen sonst eher ruhigen und bedächtigen Offizier in eine derart ungewohnte Erregung versetzt haben mag. Denn schon im nächsten Moment dringt das Gebrüll des stellvertretenden Leiters der Hauptabteilung durch die Telefonleitung.

»Wo bleibt denn die Liste von euren Grünen? Wollt ihr, dass die erst woanders einreisen, bevor wir sie in die Fahndung einarbeiten, oder was?«

Nun heißt es Ruhe zu bewahren.

»Sie sind immer noch da.«

»Was soll denn das heißen? Es ist zwanzig Minuten her, dass du mich angerufen hast ...«

»Das ist eine Gruppe, aber sie kommen einzeln an die GÜST!«

»Und warum schickt ihr sie nicht einzeln zurück? Sollen die bei euch 'ne Parteiversammlung abhalten?«

Was war nur in Schöneweide passiert, das einen erfahrenen Offizier wie Oberst Ziegenhorn nicht nur nervös und aufbrausend reagieren, sondern auch jegliche operative Taktik vergessen lässt? Darf er ihn belehren? Es scheint ihm nichts anderes übrig zu bleiben, will er nicht weiter von dem Vorgesetzten attackiert werden.

»Ich fürchte, wenn wir die Ersten zurückgeschickt hätten, würden sie drüben im Westen die anderen warnen. Dann bekämen wir deren Personalien nicht, und sie könnten ungehindert anderswo einreisen. Also dachte ich, sammeln wir sie alle hier, bis wir ...«

»Also wann kriege ich die Liste?«, wird Oberstleutnant Jäger von seinem Vorgesetzten unterbrochen.

Genau in diesem Moment tritt der Operativoffizier ins Büro.

»Wir haben jetzt alle. Hier ist die Liste ...«

Harald Jäger winkt ihn heran, während er ins Telefon ruft: »In drei Minuten!«

Auf dem Weg zum Telex-Gerät überfliegt Oberstleutnant Jäger die Personalien der Zurückgewiesenen. Kaum einer von ihnen ist älter als Anfang zwanzig. Nachdem er den Lageoffizier mit der Übermittlung beauftragt hat, tritt er vor die Tür und blickt hinauf zur Vorkontrolle/Einreise. Dorthin, wo sich in diesem Moment eine kollektive Ausreise vollzieht. Die einer mit Blue Jeans und Turnschuhen uniformierten Gruppe. Heftig diskutierend. Wahrscheinlich darüber, wie ihr gut ausgedachter Plan scheitern konnte. Und spätestens jenseits der Grenzbrücke wird sicher einer von ihnen den Vorschlag machen, es an einer anderen Grenzübergangsstelle noch einmal zu probieren.

Während der Fernschreiber in der Dienstbaracke hinter ihm die Personalien via Schöneweide an alle Berliner Passkontrolleinheiten schickt, legt sich Harald Jäger eine Rechtfertigung zurecht. Niemand wird ihn je danach fragen. Doch er verspürt das

Bedürfnis, dem eigenen Gewissen gegenüber jene Zurückweisungen zu begründen. Die jungen Leute, die eben frustriert von dannen zogen, waren sicher keine gefährlichen Demonstrativtäter. Und schon gar nicht vom Klassenfeind beauftragte Provokateure. Doch für zusätzliche Unruhe in der ohnehin aufgeladenen Stimmung in der Hauptstadt hätten sie sicher gesorgt. Das aber könne man im Moment überhaupt nicht gebrauchen. Was wäre denn die Alternative gewesen? Den westdeutschen Umweltschützern die Genossen von der VIII an die Fersen zu hängen? Damit wären nicht nur sie, sondern auch deren Gesinnungsgenossen in der Hauptstadt ins Fadenkreuz geraten. Wenn Letztere nicht ohnehin schon unter Beobachtung stehen. Aus deren Begegnung mit den westdeutschen Grünen aber hätte man schnell eine »feindliche Kontaktaufnahme« konstruieren können. Schließlich hatten die »Kontaktpersonen« unerlaubte Druckerzeugnisse mitgeführt.

Jener Passkontrolleur dort drüben hat jedenfalls gute Arbeit geleistet. Ihm war mit seiner jovialen und offensiven Art gegenüber den Demonstrativtätern gelungen, womit sich viele seiner Kollegen noch immer schwertun – er hat perfekt jene Rolle gespielt, die in den internen Dienstanweisungen des Ministeriums seit einiger Zeit als die eines »Diplomaten in Uniform« definiert wird.

Anfang der 80er-Jahre

Er wolle niemanden denunzieren, hatte Harald Jäger die Unterredung vorsichtig begonnen und damit sofort die ungeteilte Aufmerksamkeit seines Vorgesetzten gewonnen. Vielleicht würde er die Sache ja überbewerten, aber er finde es nun einmal nicht in Ordnung, dass einer der Passkontrolleure, Hauptmann G., die türkischen Reisenden konsequent als »Kanaken« bezeichne. Nicht in deren Gegenwart zwar, aber behandeln tue er sie so, als hätte er es gesagt. Von oben herab, richtig arrogant. Mit der Rolle eines »Diplomaten in Uniform« habe dies ja wohl wenig zu tun. Er habe schon mehrfach mit dem Genossen gesprochen. Mal habe er ihn kumpelhaft darauf hingewiesen, dass man doch nicht jene armen Kerle diskriminieren dürfe, welche die ärmsten Gegenden ihrer Heimat verlassen mussten, um ihre Familien durchzubringen. Ohne Erfolg! Dann habe er ideologisch argumentiert, habe von »Internationalismus« gesprochen, dem man als Kommunist schließlich verpflichtet sei. Und als auch das nichts half, habe er kategorisch erklärt, keinerlei Rassismus auf der Dienststelle zu dulden. Das habe aber nur dazu geführt, dass Hauptmann G. sich ausschließlich in seiner Anwesenheit korrekt verhielt. Man habe ihn informiert, dass der Offizier hinter seinem Rücken auch weiterhin rassistische Äußerungen über türkische und arabische Reisende mache, die hier mit westdeutschen Reisedokumenten einreisen. Vor allem habe er mit dieser Haltung auch schon jüngere Offiziere angesteckt.

Das dürfe auf gar keinen Fall geduldet werden, hatte Harald Jägers Vorgesetzter zugestimmt. Dann zog er umgekehrt seinen Stellvertreter ins Vertrauen. Zunächst aber nahm er ihm das Versprechen ab, auf gar keinen Fall mit irgendjemand über das zu sprechen, was er unlängst auf einer Dienstleiterbesprechung erfahren habe. Dort seien er und andere hohe bis höchste Kader über ungeheuerliche Vorgänge im »Wachregiment Feliks E. Dzierzynski« informiert worden. In jener Eliteeinheit hätten sich in den Mannschaftsdienstgraden einige untereinander mit Diensträngen der SS angesprochen. Ausgerechnet in jener Spezialeinheit, der auch die Bewachung der Regierungsobjekte oblag. Deshalb sei im Ministerium gerader erst das Thema »Fremdenfeindlichkeit« zu einem Schwerpunkt der politisch-ideologischen Erziehungsmaßnahmen erklärt worden. Um diesen Beschluss gleich konkret umzusetzen, solle man jene bedauerlichen Vorgänge auf der Dienststelle zum Gegenstand einer »Auswertung« machen. Auf der nächsten Parteiversammlung müssten deshalb »Ross und Reiter« genannt werden.

Harald Jäger war zufrieden. Nun wusste er, dass es richtig war, mit diesem Anliegen zum Dienstvorgesetzten zu gehen und nicht zum Parteisekretär, der ja eigentlich dafür zuständig war. Der nämlich war harmoniebedürftig, spielte einen Konflikt lieber schon im Vorfeld herunter, als ihn auf einer Parteiversammlung offen aufbrechen zu lassen. Nun aber würde ihm nichts anderes übrig bleiben, als dem Antrag des Leiters der Passkontrolleinheit stattzugeben.

Die Parteiversammlung war so wie immer verlaufen, wenn den einfachen Kadern Gelegenheit gegeben wird, auf andere einzudreschen, ohne Konsequenzen für sich selbst befürchten zu müssen. Diesmal aber war Harald Jäger davon nicht angewidert. Mehr als einmal hatte er schließlich dem Hauptmann G. zuvor die Chance gegeben, sein Verhalten zu reflektieren und zu ändern. Deshalb hatte er die Diskussion sogar selbst eröffnet, hatte gesagt, Hauptmann G. und andere Offiziere würden türkische und andere ausländische Bürger auf dem Kontrollpunkt als »Kanaken« bezeichnen und sich ihnen gegenüber unanständig benehmen. Dies sei keinesfalls eine einmalige Entgleisung, sondern vielfach schon gängige Praxis. Noch einmal spielte er auf der ideologischen Klaviatur, der auch der Parteisekretär beipflichten musste – vom Internationalismus und von der Klassensolidarität, die bekanntlich über Nationalität und Hautfarbe hinweg gelte. Schnell meldeten sich andere Offiziere und vereinzelt sogar jüngere Passkontrolleure zu Wort, die sich sehr um ideologisch korrekte Formulierungen bemühten.

Lange hatte der kritisierte Genosse betreten und ohne sich zu verteidigen auf den Boden gestiert. Dann aber traf Oberstleutnant Jäger der Blick des Hauptmanns. Es war ein Überlegenheit demonstrierender Blick, der zu dessen kaum wahrnehmbarem zynischem Grinsen passte. Je länger ihm Harald Jäger standhielt, umso mehr glaubte er in seinem Gegenüber einen kalten Herrenmenschen zu erkennen, dem es um nichts anderes ging, als anderen gegenüber Macht zu demonstrieren. Und seien es auch nur diejenigen, die er abfällig behandelte und hinter ihrem Rücken als »Kanaken« beschimpfte.

»Wann hat unsere Jugend jemals einen Generalsekretär der KPdSU so freundlich empfangen?«, hatte Harald Jäger am Nachmittag arglos Oberstleutnant E. gefragt, während im Hintergrund des Leiterzimmers eine Zusammenfassung der Tagesereignisse im Fernsehen lief. Denn wo immer sich Gorbatschow in der Hauptstadt gezeigt hat, waren auch die »Gorbi! Gorbi!«-Rufer zur Stelle. Und die Kamerateams beider deutscher Staaten. Aber nur im westlichen Fernsehkanal war der sowjetische Parteichef als »Hoffnungsträger« bezeichnet worden.

»Wann hat es *das* schon mal gegeben?«, hatte Oberstleutnant E. zurückgefragt.

Ein ironischer Unterton war dabei nicht zu überhören. Fortan ließ Oberstleutnant Jäger diese Nachfrage seines Kollegen nicht mehr los. Sie hat ihn beschäftigt, als er oben von der Vorkontrolle/Einreise zur Brücke hinüberblickte, ob noch weitere der befürchteten »Demonstrativtäter« kämen. Sie war ihm im Kopf herumgegangen, als er auf die keineswegs vollständig beflaggte Häuserfront der Bornholmer Straße hinunterblickte. Und sie ist auch in diesem Moment wieder präsent, als er in der Wirtschaftsbaracke Margas Stullen auspackt und dort den Fortgang der Feierlichkeiten im Fernsehen verfolgt.

Wessen Hoffnungsträger ist dieser fraglos charismatische Gorbatschow dort neben dem greisenhaften, sichtlich um gute Laune bemühten Honecker? Der jener »Gorbi! Gorbi!«-Rufer oder der der westlichen Medien? Vor allem: Wer erhofft sich was? Für diejenigen, die den Konsum im Auge haben, kann der sowjetische Generalsekretär kaum ein Hoffnungsträger sein. Nach allem nämlich, was man von Leuten hört, die in letzter Zeit in Moskau waren, ist die Versorgungslage dort noch weit schlimmer als in der DDR. Oder ist er der Hoffnungsträger jener Demonstranten, die auf den Straßen lautstark »Demokratie!« fordern? Auch in der Sowjetunion sind Partei und Staat kaum anders aufgebaut als in der DDR. Selbst Perestroika und Glasnost haben nichts an Lenins Prinzip des »demokratischen Zentralismus« geändert. Außer, dass dort inzwischen die Kombinatsdirektoren durch die Belegschaft direkt gewählt werden. Das aber kann er nicht als Fortschritt begreifen. Da wird vielleicht der Beliebteste, kaum aber der Fähigste gewählt. Die wirtschaftlichen Probleme im eigenen Land, das weiß er von Carstens Schwiegervater, liegen am allerwenigsten an der Unfähigkeit der Kombinatsdirektoren. Einige seien sogar aus eigenem Entschluss von ihren hoch bezahlten Posten zurückgetreten. Wegen ständiger Bevormundungen durch die Ministerien, der Versäumnisse der staatlichen Plankommission und der mangelnden Unterstützung seitens des Politbüros. Andere seien, nachdem sie sich mehrfach öffentlich kritisch geäußert hatten, dadurch kaltgestellt worden, dass man sie auf einen repräsentativen Posten in eines der Fachministerien weggelobt habe.

Beim besten Willen kann Oberstleutnant Harald Jäger nicht erkennen, weshalb er diesen Michail Sergejewitsch Gorbatschow als Hoffnungsträger empfinden sollte. Das aber findet er schade, denn diese Republik hätte in ihrem vierzigsten Jahr, dessen Vollendung sie gerade feiert, dringend einen Hoffnungsträger nötig Wenngleich er einen solchen gern in den eigenen Reihen entdecken würde.

V. Mittwoch, 18. Oktober/ Donnerstag, 19. Oktober 1989

Am Morgen des Mittwochs tritt das Zentralkomitee der SED zu einer Sondersitzung über die zugespitzte innenpolitische Krise in der DDR zusammen. Zu diesem Zeitpunkt ahnt noch kaum jemand, dass der Generalsekretär bereits am Vortag vom Politbüro dazu gedrängt worden war, dem ZK auf dieser Sitzung seinen Rücktritt zu erklären.

Um 14.16 Uhr an diesem Mittwoch meldet die Nachrichtenagentur ADN, dass Erich Honecker das ZK gebeten habe, ihn »aus gesundheitlichen Gründen« von seiner Funktion als Generalsekretär zu entbinden. Gleichzeitig wird bekannt, dass er auch von allen anderen Ämtern zurücktreten wird. Auch die Politbüromitglieder Günter Mittag (Wirtschaft) und Joachim Herrmann (Agitation) verlieren ihre Funktionen. Diese Nachricht verdrängt in den Medien der beiden deutschen Staaten die bisherige Topmeldung des Tages über ein Erdbeben in San Francisco.

Auf Vorschlag Honeckers wird ohne Aussprache Egon Krenz zum neuen Generalsekretär des SED-Zentralkomitees gewählt. Am nächsten Tag veröffentlicht das *Neue Deutschland* die bereits vorbereitete Rede, die der neue Generalsekretär nach seiner Wahl vor dem ZK gehalten hat. Darin taucht zum ersten Mal der Begriff der »Wende« auf.

So lange Harald Jäger zurückdenken kann, hat dieser Mann eine politische Rolle in seinem Leben gespielt. Schon während seiner Kindheit in Bautzen war im fernen Berlin Erich Honecker der Chef der Freien Deutschen Jugend – »Vorsitzender des Zentralrates der FDJ«, wie es korrekt hieß. Noch gestern waren seine

Amtsbezeichnungen so lang, dass sie für manchen Nachrichtensprecher der DDR zum Zungenbrecher wurden: »Generalsekretär des ZK der SED und Vorsitzender des Staatsrates der Deutschen Demokratischen Republik.«

Weshalb musste bei nahezu jeder Erwähnung seines Namens das vollständige Titelregister heruntergebetet werden? Manche spotteten, weil die Zuschauer zwischenzeitlich vergessen haben könnten, wer dieser Erich Honecker eigentlich sei. Andere wiederum vermuteten eine Hinterlist der Nachrichtensprecher, die dem konsequent nuschelnden Honecker vorführen wollten, wie schön man artikulieren kann. Witze gab es über diese ständigen Titulierungen genug – eine vernünftige Erklärung nicht. Nun also ist Erich Honecker alle Titel los.

Oberstleutnant Harald Jäger hatte geschlafen, als sich im ZK-Gebäude der Wechsel an der Spitze seiner Partei vollzog. Seit Beginn der Leipziger Montagsdemonstrationen Anfang September besteht erhöhte Einsatzbereitschaft an den Grenzübergangsstellen, was für ihn als stellvertretenden PKE-Leiter Vierundzwanzig-Stunden-Dienste bedeutete. Er war am Morgen nach einem solchen nach Hause gekommen und hatte deshalb erst am späten Nachmittag aus den DDR-Nachrichten erfahren, dass er einen neuen Parteichef hat. Vor dem heimischen Fernseher sitzend – allein, in einen Bademantel gehüllt und vor sich eine Tasse Kaffee.

»Nach reiflichem Überlegen und im Ergebnis der gestrigen Beratung im Politbüro«, so war Erich Honecker zitiert worden, sei er zu folgendem Entschluss gekommen: »Infolge meiner Erkrankung und nach überstandener Operation erlaubt mir mein Gesundheitszustand nicht mehr den Einsatz an Kraft und Energie, den die Geschicke unserer Partei und des Volkes heute und künftig verlangen ...«

Was war davon zu halten? Tatsächlich war der Generalsekretär im letzten Sommer operiert worden und einige Wochen krank gewesen. Mag sein, dass er schon länger geplant hatte, die Feierlichkeiten zum 40. Jahrestag noch im Amt zu genießen und dann zurückzutreten. Andererseits erinnert sich Harald Jäger an den unsanften Übergang an der Parteispitze zwei Tage nach der Mai-

Parade 1971. Seinerzeit war es Walter Ulbricht, der das ZK ebenfalls aus »gesundheitlichen Gründen« um die Ablösung gebeten hatte. Aber niemand hatte das geglaubt. Sogar der Parteisekretär auf der GÜST hat damals hinter vorgehaltener Hand angemerkt, dass noch nie der Parteichef eines sozialistischen Landes freiwil-

NVA-Parade zum 40. Jahrestag der Gründung der DDR am Alexanderplatz in Ost-Berlin.

lig seinen Stuhl geräumt habe. Tatsächlich hatte es bis dahin zwar bereits die Ablösungen von Mátyás Rákosi in Ungarn, von Nikita Chruschtschow im Kreml, Alexander Dubček in der ČSSR und die des polnischen Parteichefs Władysław Gomulka gegeben, aber keiner war freiwillig aus dem Amt geschieden. Dennoch hält Harald Jäger die Begründung des scheidenden Generalsekretärs für glaubhaft und das Faktum selbst für begrüßenswert.

Erich Honecker war nach der Operation vor einigen Monaten nicht mehr zur alten Form zurückgekehrt. Was Harald Jäger und die meisten seiner Genossen gehofft hatten, war nicht passiert. Nämlich, dass der genesene Generalsekretär endlich der krisenhaften Entwicklung im Lande entschlossen entgegentreten würde. Sollte Egon Krenz dafür nun der richtige Mann sein?

Harald Jäger muss sich selbst gegenüber eingestehen, dass er nur wenig über den neuen Mann an der Spitze seiner Partei weiß. Außer jene biografischen Eckdaten, die allgemein bekannt sind: FDJ-Chef, ZK-Sekretär für Sicherheitsfragen, Politbüromitglied ... In der Öffentlichkeit, innerhalb und außerhalb der Partei, gilt Egon Krenz als Zögling von Honecker. Da wird es schwer werden, jenes Vertrauen im Volk zurückzugewinnen, das Hunderttausende verloren haben. Bei denjenigen, die auf teils abenteuerliche Weise aus diesem Land flohen, und bei jenen, welche Mut zu öffentlichem Protest beweisen. Hat sich nicht in der Vergangenheit gezeigt, dass man weder die Flüchtenden hier halten noch die wachsende Opposition zerschlagen kann? Nicht mit polizeilichen Mitteln jedenfalls und auch nur begrenzt mit den operativen Methoden der Staatssicherheit. Deshalb gibt es innerhalb der Partei schon hier und dort Überlegungen, das »Neue Forum« – die bedeutendste der oppositionellen Gruppen – zu legalisieren und sogar darin mitzuarbeiten. Das leuchtet Harald Jäger ein. Schließlich ist das Neue Forum eine überparteiliche Organisation, was eine solche Doppelmitgliedschaft zuließe. Natürlich sollte man dort nur Genossen hinschicken, die darin geschult sind, sich mit den Argumenten von Andersdenkenden auseinanderzusetzen. So wie er es einst auf der Bezirksparteischule kennen gelernt und eingeübt hatte. Aber natürlich käme er selbst dafür nicht in Frage. Mitarbeiter der Staatssicherheit würden dort sicher nicht akzeptiert. Zumindest nicht, wenn sie als solche erkennbar sind.

Auf gar keinen Fall durfte man die Überlegenheit der eigenen wissenschaftlichen Weltanschauung demonstrativ vor sich hertragen. Man musste inhaltlich überzeugen, durfte in der Diskussion nicht die Abgrenzung suchen, sondern Gemeinsamkeiten herausarbeiten. Er ist sicher, dass es solche gibt. Nicht nur in Umweltfragen, wo die eigene Partei auch von der Gegenseite lernen kann. Wird Egon Krenz also den Dialog mit jenen wagen, die derzeit noch als »feindlich-negative Kräfte« gelten? Wird es mit ihm eine zufriedenstellende Reiseregelung geben? Eine, die finanzierbar ist? Wie gut ist Egon Krenz über die realen Probleme in der Volkswirtschaft informiert? Wird er sich die richtigen Zahlen besorgen, welche man seinem Vorgänger »nicht zumuten« wollte? Immerhin ist auch Günter Mittag seinen Posten los. Carstens Schwiegervater wird jubeln. Werden jetzt endlich solche klugen Köpfe wie er als Berater hinzugezogen?

Der DDR-Bürger Harald Jäger ist sicher, dass an diesem Tag Millionen Menschen im Lande solche und ähnliche Fragen beschäftigen. Er ist aber auch verärgert. Kopfschüttelnd verfolgt er am Beginn der *heute*-Sendung, wie Helmut Kohl definiert, was er in dieser Stunde »für entscheidend« hält: eine Politik der Öffnung, mehr Freiheit, notwendige Reformen im Bereich von Wirtschaft und Politik.

Der Diplom-Jurist Harald Jäger kennt nur zu gut den Artikel 23 im Grundgesetz der BRD. Er weiß, dass das darin enthaltene Verfassungsgebot den westdeutschen Bundeskanzler verpflichtet, in letzter Konsequenz nicht eine reformierte DDR, sondern vielmehr deren Annektierung im Auge zu haben. An dieser Bonner Perspektive hat auch Honeckers Staatsbesuch vor zwei Jahren nichts geändert.

Für die Lösung ihrer gewaltigen gesellschaftlichen Probleme jedenfalls braucht die DDR nach Überzeugung des Oberstleutnants Jäger keine hinterhältigen »Empfehlungen« von Politikern, die ohnehin nur als Marionetten des internationalen Großkapitals agieren.

Die unbekannten Gesichter, die eines Tages im Seminarraum der Juristischen Hochschule des MfS aufgetaucht waren, hießen alle Rolf. Zumindest wurden sie vom Dozenten so vorgestellt. Dies seien die Genossen, »die alle Rolf heißen«. Damit wollte der ältere, etwas behäbig wirkende Hochschulprofessor im Range eines Oberstleutnants ausdrücken, dass keiner von denen hier mit seinem Klarnamen sitze. Deren Pseudonyme aber brauche man sich gar nicht erst zu merken, denn sie würden keineswegs ständige Gäste des Studienkollektivs sein. Nur aber begegne man sich im Fach »Probleme des Imperialismus und seine Bekämpfung« auf der Juristischen Hochschule des MfS, weil die Kursteilnehmer namens Rolf zu diesem Thema Erfahrungen aus dem eigenen Arbeitsbereich einbringen könnten. Damit war allen unausgesprochen klar, woher diese Genossen kamen. Aus jener Organisation nämlich, die innerhalb des MfS eine Sonderstellung einnahm und hinter deren schlichtem Namen »Hauptverwaltung Aufklärung« der Auslandsgeheimdienst der DDR steckte. Nun also würden sie, bei Wahrung der Konspiration, den theoretischen Unterricht mit Aspekten aus ihrer Praxis bereichern.

Harald Jäger begann sich die außergewöhnlichen Methoden auszumalen, mit denen diese Kommilitonen arbeiten konnten, und die brisanten Fakten, welche ihnen in die Hände gelangten. Über deren Schreibtische liefen womöglich Informationen, die ihnen die Genossen von der »unsichtbaren Front« schickten. Vielleicht war der eine oder der andere dieser zeitweiligen Mitstudenten sogar selbst schon mit falschen Papieren als Kurier oder Instrukteur im Feindesland eingesetzt gewesen. Eigenartigerweise sah keiner von ihnen wie Alfred Müller alias Major Hansen aus. Eher so unscheinbar wie Günter Guillaume, der fünf Jahre zuvor, am 24. April 1974, im Bonner Kanzleramt aufgeflogen war.

Der Dozent referierte über die Rolle des Deutschen Bundestages als die einer »Interessenvertretung des Großkapitals«. Sowohl die soziale Zusammensetzung des Parlaments als auch der Inhalt der Programme der darin vertretenen Parteien würden diese These stützen. Insofern sei der vom Gegner viel gepriesene Pluralismus »nichts weiter als Spiegelfechterei«. Für den Studenten Harald Jäger war dies alles nur die etwas ausführliche theoretische Erörterung dessen, was er auch anderswo schon gehört hatte. Auf der Kreisparteischule, der Bezirksparteischule und auch im Parteilehrjahr auf der GÜST.

Doch nun wurden dafür auch praktische Beweise geliefert. Einer der Genossen Rolf legte Belege vor, wonach fast jeder der 496 Bundestagsabgeordneten einen Beratervertrag mit einem Industrieunternehmen habe oder einen Aufsichtsratsposten bekleide. Zum ersten Mal hörte Harald Jäger den Begriff »Lobbyismus«, und er erfuhr, wie die Bourgeoisie in vielfältiger Weise Einfluss auf das Parlament nimmt. An diesem Nachmittag wurde ihm bewiesen, dass die »Gewaltenteilung« der westlichen Demokratien bestenfalls auf dem Papier bestehe. Zum Beispiel, weil das Bundesverfassungsgericht keineswegs so unabhängig sei, wie die dortige Propaganda behaupte. Daran hatte Harald Jäger zwar auch vorher schon nicht geglaubt, nun aber wurde ihm der große gesellschaftliche Zusammenhang verdeutlicht. Schließlich könnten die Richter in Karlsruhe ja nur über die Einhaltung jenes Grundgesetzes wachen, das zuvor in diesem Bundestag beschlossen und seither mit Zweidrittelmehrheit mehrfach auch wieder geändert worden war. Außerdem würden sie gerade von jenen gewählt, deren Arbeit sie laut »Gewaltenteilung« kontrollieren sollen – von Bundestag und Bundesrat.

Natürlich war in diesem Seminar der MfS-Hochschule auch erläutert worden, weshalb es in der DDR ein Verfassungsgericht gar nicht erst gab. Infolge der »Aufhebung des antagonistischen Klassenwiderspruchs« würden keine widerstreitenden Interessen mehr zwischen der herrschenden Klasse und dem Volk existieren. Deshalb habe einst auch der Entwurf der nun gültigen Verfassung vor ihrer Verabschiedung auf breiter Volksebene diskutiert werden können. Ein Verfassungsbruch durch staatliche Organe könne dadurch schon per se ausgeschlossen werden. Gegen Amtsmissbrauch, wenn er denn doch stattfinde, könnten die bestehenden Gerichte in Anspruch genommen werden.

Tatsächlich hatten die Autoren der DDR-Verfassung in die einzelnen Artikel vielfach Formulierungen eingebaut, die beinahe jedes Verfassungsgebot auch gleich wieder einschränkten. So hieß es beispielsweise im Artikel 32, dass jeder Bürger der DDR »im Rahmen der Gesetze das Recht auf Freizügigkeit innerhalb des Staatsgebietes der Deutschen Demokratischen Republik« habe. Aber eben nur »im Rahmen der Gesetze«. Damit ließ sich das »Berlin-Verbot« rechtfertigen, welches aus Anlass von politischen Großereignissen gegen missliebige Personen verhängt wurde. Es war sogar im Personalausweis vermerkt worden, dass dessen Besitzer der Aufenthalt in der DDR-Hauptstadt für einen bestimmten Zeitraum verboten sei. Bei manchen galt dies sogar über viele Jahre. Die verfassungsmäßig garantierte Freizügigkeit konnte eben durch ein Gesetz eingeschränkt werden. So existierte also eine tendenziell verfassungswidrige Gesetzgebung, die aber von keinem unabhängigen Verfassungsgericht überprüft wurde. Erst in den letzten Wochen der SED-Herrschaft hat Egon Krenz dann die Einrichtung eines solchen Gremiums angekündigt.

Der Artikel 20 garantierte, dass alle Bürger vor dem Gesetz gleich seien. Tatsächlich aber hatten ja nach Rechtsauffassung von Partei und MfS – wie Harald Jäger angesichts der »Wildschweine« erfuhr – »Staatsfeinde den Anspruch auf ein rechtsstaatliches Verfahren verwirkt«.

Im Artikel 27 wurde ohne jede Einschränkung die »Freiheit der Presse, des Rundfunks und des Fernsehens« garantiert. Ganz sicher aber gab es unter Harald Jägers Kommilitonen keinen, der ernsthaft die Auffassung vertreten hätte, dass in der DDR eine solche Pressefreiheit verwirklicht oder überhaupt erstrebenswert sei.

Schon drei Wochen nach dem Personalwechsel an der SED-Spitze wird in Berlin eine halbe Million Menschen dem Aufruf von Künstlern zu einer großen Demonstration und Kundgebung folgen, um diese Verfassungsparagrafen durchzusetzen.

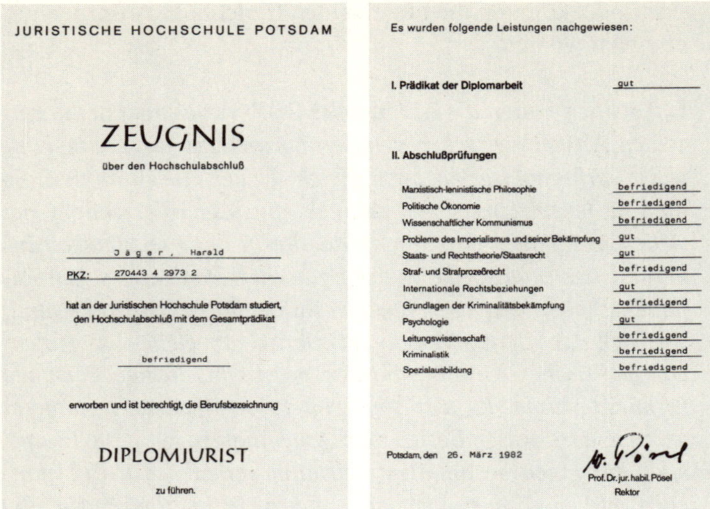
JURISTISCHE HOCHSCHULE POTSDAM

ZEUGNIS

über den Hochschulabschluß

Jäger, Harald

PKZ: 270443 4 2973 2

hat an der Juristischen Hochschule Potsdam studiert, den Hochschulabschluß mit dem Gesamtprädikat

befriedigend

erworben und ist berechtigt, die Berufsbezeichnung

DIPLOMJURIST

zu führen.

Es wurden folgende Leistungen nachgewiesen:

I. Prädikat der Diplomarbeit gut

II. Abschlußprüfungen

Marxistisch-leninistische Philosophie	befriedigend
Politische Ökonomie	befriedigend
Wissenschaftlicher Kommunismus	befriedigend
Probleme des Imperialismus und seiner Bekämpfung	gut
Staats- und Rechtstheorie/Staatsrecht	gut
Straf- und Strafprozeßrecht	befriedigend
Internationale Rechtsbeziehungen	gut
Grundlagen der Kriminalitätsbekämpfung	befriedigend
Psychologie	gut
Leitungswissenschaft	befriedigend
Kriminalistik	befriedigend
Spezialausbildung	befriedigend

Potsdam, den 26. März 1982

Prof. Dr. jur. habil. Pösel
Rektor

Abschlusszeugnis: Mit dem »Gesamtprädikat befriedigend« beendete Harald Jäger seine Ausbildung zum Diplom-Juristen an der MfS-Hochschule.

Im Namen dieser breiten Volksbewegung wird die Schauspielerin Johanna Schall, die Enkeltochter Bertolt Brechts, die Abschaffung beziehungsweise Novellierung aller Gesetze fordern, die jene Verfassungsartikel einschränken.

Die Aufgabe aber, die jenes Seminar an der Hochschule des MfS den angehenden »Diplom-Juristen« stellte, war nicht die Analyse der eigenen Verfassungswirklichkeit, sondern die des anderen Deutschland. Und da dies das feindliche Deutschland war, musste die »Analyse« auf Basis der marxistisch-leninistischen Ideologie zwangsläufig negativ ausfallen. Vor diesem Hintergrund musste die sozialistische Ordnung eines Arbeiter- und Bauernstaates als heroische Alternative und dessen Kritiker als »feindlich-negative Kräfte« erscheinen.

»Kommunisten sind Optimisten!« – das war für Harald Jägers Vater so eine Art Lebensmotto – zumindest in der zweiten Hälfte seines nur sechzig Jahre währenden Lebens. Weil man als Kommunist nämlich schon gesetzmäßig die Geschichte auf seiner Seite habe. Diese unerschütterliche Überzeugung des Vaters vor Augen, nimmt sich der Kommunist Harald Jäger vor, den heutigen Tag als den eines hoffnungsvollen Neubeginns zu verstehen. Schon am vergangenen Freitag, als sein Optimismus noch getrübter war als heute, hat er in der Erklärung des Politbüros im *Neuen Deutschland* zwei Stellen dick angestrichen: »Wir stellen uns der Diskussion!« und »Mit der nächsten Tagung des Zentralkomitees werden wir unserer Partei und dem gesamten Volk im Sinne unserer strategischen Konzeption von Kontinuität und Erneuerung dafür unsere Vorschläge unterbreiten.« Und heute hat das Zentralkomitee diese Arbeit mit einem Generationswechsel an der Parteispitze begonnen. Auch wenn Harald Jäger in seinem Innersten Zweifel hegt, ob dieser Egon Krenz dafür der richtige Mann ist, so erzeugt dieser Wechsel dennoch auch Hoffnung. Darauf, dass endlich eine freie Diskussion in der Partei möglich sein würde. Eine ehrliche Aussprache unter Genossen. Denn die Partei kann eben nur dann »immer recht haben«, wie es in dem Lied heißt, wenn sich möglichst viele an einer innerparteilichen Diskussion beteiligen. Und nicht, wenn sie schweigen, weil sie befürchten müssen, einer kritischen Äußerung wegen als »Abweichler« gebrandmarkt zu werden. Er hofft, dass durch eine wirklich freie Diskussion vielleicht schon bald Genossen hervortreten und hohe Ämter bekleiden würden, deren Namen man heute noch gar nicht kennt. Möglicherweise hat jener westdeutsche Kommentator ja recht, der in diesem Moment in der *heute*-Sendung Egon Krenz als »Übergangskandidaten« bezeichnet. Schließlich sei auch Gorbatschow nicht direkt Breschnew nachgefolgt, begründet er seine These.

Zweckoptimismus ist in diesen Tagen das vorherrschende Gefühl der meisten Parteigänger der SED. Vielen bleibt aber auch kaum eine andere Chance. Je tiefer sie in das gesellschaftliche System verstrickt sind, wie dies insbesondere auf hohe Offiziere der Staatssicherheit zutrifft, umso weniger ist es ihnen naturgemäß möglich, eine andere gesellschaftliche Ordnung als Alternative zu erkennen. Selbst in den oppositionellen Gruppen, die in jenen

Wochen bereits damit beginnen, politische Parteien und Organisationen zu gründen, wird überwiegend nur eine reformierte, pluralistische DDR als Ziel formuliert. Noch heißt es auf den Leipziger Montagsdemonstrationen »Wir sind das Volk!«, und nur sehr vereinzelt erst sind Rufe zu vernehmen: »Wir sind ein *Volk!«*

Der MfS-Oberstleutnant Harald Jäger jedenfalls hat einen nicht unwichtigen Grund, sich an diesem Tag an den Strohhalm einer erneuerten SED und einer reformfähigen DDR zu klammern: nämlich – nicht mehr und nicht weniger – sein gesamtes bisheriges Leben. Am Abend dieses Tages ist es für ihn noch undenkbar, dass er in nur zweiundzwanzig Tagen nicht unwesentlich dazu beitragen wird, seiner Republik den Todesstoß zu versetzen. Viele werden selbst dann nicht das Ende der DDR vor Augen haben – nicht einmal diejenigen, die dann jubelnd durch die geöffneten Schlagbäume laufen.

Amüsiert nimmt Harald Jäger zur Kenntnis, wie nun ein ganzes Arsenal an Bonner Politikern vor der Fernsehkamera durchsichtige Stellungnahmen formulieren darf. Er betrachtet den einstigen Wirtschaftsminister Otto Graf Lambsdorff und den aktuellen Finanzminister Theo Waigel, die beide mit ihrer Forderung nach »wirtschaftlichen Reformen« in der DDR zeigen, in wessen Sold sie eigentlich stehen. Eine grüne Politikerin beweist mit der Feststellung, dass »ein Alt-Stalinist einen anderen Alt-Stalinisten« abgelöst habe, nur wenig Gespür für politische Differenzierung. Und nun fühlt sich ausgerechnet auch Hans-Jochen Vogel dazu berufen, dem neu gewählten SED-Generalsekretär ultimativ drei Reformentscheidungen zu diktieren: »Informationsfreiheit – Meinungsfreiheit – Reisefreiheit.« Noch vor zwei oder drei Jahren hatte der SPD-Politiker seinen sechzigsten Geburtstag in der DDR-Hauptstadt gefeiert. Er hatte Harald Jägers Kollegen sogar gebeten, ihm ein *Neues Deutschland* zu besorgen, um zu sehen, ob dieses »Ereignis« darin gewürdigt wird. Ausgerechnet der Vorsitzende jener Partei, von der zahlreiche prominente Vorstandsmitglieder – von dem jungen Karsten Voigt bis zu dem nicht mehr so jungen Egon Bahr – regelmäßig nahezu unkontrolliert die Grenze passieren durften. Die hohe ZK-Funktionäre und

Politbüro-Mitglieder umarmten und in bereitgestellte Limousinen stiegen. Fast alle von ihnen haben die Offiziere und Passkontrolleure an der GÜST Bornholmer Straße jovial mit »Genosse« angesprochen, ehe sie in der DDR-Hauptstadt über Fragen von Sozialismus und Demokratie konferierten. Monatelang war (wie Harald Jäger von den westlichen »Genossen« regelmäßig berichtet wurde) über Positionen gestritten und an Formulierungen gefeilt worden. Schließlich hatte man im August 1987 ein gemeinsames Positionspapier von SPD und SED vorgestellt, welches im *ND* in vollem Wortlaut veröffentlicht worden war. Weshalb also glaubt der SPD-Vorsitzende nun, seine »Empfehlungen« in drei Punkten zusammenfassen zu können? Weshalb glaubt er überhaupt, sich in die inneren Angelegenheiten der DDR einmischen zu dürfen?

MfS-Hochschule (1976–1982)

Der Formel »Wandel durch Annäherung« des sozialdemokratischen Theoretikers Egon Bahr sei mit äußerster Vorsicht zu begegnen, hatte der Dozent erklärt. Und dann wollte er von seinen Studenten die Begründung dafür hören.

»Wer soll sich wandeln und wer wem annähern?«, antwortete ein Genosse von der HA VIII mit einer rhetorischen Gegenfrage.

Der Dozent nannte das eine »kluge Antwort« und die dahinterstehende Strategie des Gegners eine »politisch-ideologische Diversion«. Und dann warf er die provokante Frage in den Raum:

»Weshalb ist die Politik der SPD für die DDR letztlich gefährlicher als die der CDU/CSU?«

Ist das denn so?, hatte sich Harald Jäger damals gefragt, oder war dies eine Fangfrage des Dozenten. Immerhin hatte man doch die sozialdemokratischen Regierungen auf vielfältige Weise unterstützt.

Die Antworten aus dem Kreis der Studenten reichten von dem »Nimbus der SPD als Arbeiterpartei«, der die DDR-Bevölkerung für deren Reformismus empfänglich machen könne, bis hin zur Rolle der sozialdemokratischen Regierungen in der

BRD und ihren Bundesländern als »Arzt am Krankenbett des Kapitalismus«. In einer Zeit »der zugespitzten Widersprüche innerhalb der kapitalistischen Gesellschaft« würden die sozialdemokratischen Führer die Arbeiterklasse zu »Sozialpartnern« der Kapitalisten degradieren und so vom revolutionären Kampf abhalten. Und die reformistischen Gewerkschaftsführer würden dabei auch noch mitspielen.

Das alles leuchtete Harald Jäger ein, weshalb er die daraus für ihn zwingende Frage in die Runde warf:

»Und warum haben wir dann Willy Brandt als Kanzler unterstützt?«

»Unterstützt ist gut, wir haben ihm den Arsch gerettet!«, preschte ein Genosse der Hauptverwaltung Aufklärung vor und erntete prompt strenge Blicke der anderen Rolfs.

»Sozialdemokrat ist ja nicht gleich Sozialdemokrat«, gibt sich einer von ihnen informiert.

»Am Beispiel des Unterbezirks Hessen Süd, von wo uns seit langem detaillierte Berichte vorliegen, kann man das am besten sehen. Einerseits kommt ein rechter Gewerkschaftsführer wie der unlängst zurückgetretene Bundesverteidigungsminister Georg Leber von dort, andererseits aber auch ein Linker wie der ehemalige Juso-Vorsitzende Karsten Voigt. Es gibt in der SPD also sowohl Gegner wie auch potenzielle Bündnispartner.«

»An erster Stelle geht es uns doch immer um die Erhaltung des Friedens«, meldete sich schließlich der Dozent wieder zu Wort. Für dieses Hauptziel aber seien »die realistischeren Positionen der SPD in Bezug auf den gegenwärtigen Status quo in Europa« geeigneter als »die revanchistischen der CDU/CSU«. Mit dieser Feststellung beendete er das Seminar, sichtlich befriedigt über die rege Beteiligung an der Diskussion.

Interessant an jenem Seminar vom Herbst 1979, an das sich Harald Jäger mehr als ein Vierteljahrhundert später noch gut erinnert, ist vor allem, worüber nicht *gesprochen wurde. Selbst in diesem Kreis von jungen Geheimdienstlern wurde bestenfalls angedeutet, dass Willy Brandt im April 1972 das kon-*

struktive Misstrauensvotum im Bundestag als Kanzler nur mit den Stimmen von zwei vom MfS gekauften Unions-Abgeordneten überlebte.

Die operativ weitgehend wertlosen »detaillierten Berichte« aus dem SPD-Unterbezirk Hessen Süd waren jahrelang vom Agentenehepaar Günter und Christel Guillaume geliefert worden. Doch obgleich die beiden inzwischen aufgeflogen waren und langjährige Haftstrafen absaßen, war deren Namensnennung selbst in Kreisen von Staatssicherheits-Offizieren noch immer tabu. Erst als sie zwei Jahre später vorzeitig in die DDR entlassen wurden, hat man sie auf internen Propagandaveranstaltungen des MfS leibhaftig vorgeführt und eine groteske Form der Heldenverehrung organisiert. In der speziell dafür produzierten Film-Dokumentation Auftrag erfüllt! *wurden die Rollen der beiden »Kundschafter« um einiges bedeutender dargestellt, als sie es letztlich waren. Wie einst die des Major Hansen in dem DEFA-Film* For eyes only. *Wenige Wochen vor ihrem Tod erklärte Christel Boom (ehemals: Guillaume) gegenüber dem Autor dieses Buches: »Mir war klar, dass man in der DDR von mir erwartete, eine bestimmte Rolle zu spielen. Und das habe ich getan, aus sozialen Gründen. Denn ich konnte ja nur dort weiterleben. Ich hatte keine andere Chance!«*

Interessanterweise blieb auf jenem Seminar auf der MfS-Hochschule auch unerwähnt, weshalb Georg Leber anderthalb Jahre zuvor als Bundesverteidigungsminister – übrigens gegen den Willen von Kanzler Helmut Schmidt – zurückgetreten war. Er hatte die Konsequenz daraus gezogen, dass der ihm unterstellte Militärische Abschirmdienst illegal eine seiner Sekretärinnen abgehört hatte. Sie stand im Verdacht, eine DDR-Spionin zu sein. Zu Unrecht, wie sich später herausstellte.

Leber war über die illegale Abhöraktion seines Geheimdienstes zunächst gar nicht informiert. Als er schließlich davon erfuhr, hielt er die Sache unter Verschluss und unterrichtete den Bundestag erst, nachdem eine Veröffentlichung der Illustrierten Quick *ihn dazu zwang. Wäre der Fall dieses Rücktritts in jenem Seminar einigermaßen unideologisch untersucht worden, wäre das Ergebnis vermutlich im Sinne des MfS kontraproduktiv gewesen. Zumindest hätte die Gefahr bestanden, dass dieses Beispiel an freier Berichterstattung und politischer Kultur, bei dem einen oder anderen das zuvor vermittelte Negativbild der bundesdeutschen Gesellschaftsordnung vom Kopf auf die Füße gestellt hätte.*

Morgen früh wird Oberstleutnant Harald Jäger seine Leute wieder auf den »zuverlässigen und effektiven Schutz« der Grenze einschwören. Dann aber soll es keine Routine-Floskel sein. Am Beginn dieser neuen Ära will er ganz bewusst seinen Beitrag leisten – für einen Neuanfang im Parteileben und für eine positive Entwicklung dieses Staates. Er weiß nicht, ob Egon Krenz der richtige Mann zum richtigen Zeitpunkt am richtigen Platz ist, aber er hat es verdient, dass Partei und Volk ihm eine Chance geben. Trotz der gegenwärtigen Widrigkeiten nämlich ist Harald Jäger mehr denn je davon überzeugt, dass dem Sozialismus die Zukunft gehört. Nicht der Gesellschaftsordnung jenseits dieser Grenze, die ihren eigenen Laden nicht im Griff hat und massenweise Arbeits- und Obdachlose produziert. Und deren Repräsentanten verlogen Ratschläge erteilen, in Wirklichkeit aber die DDR lieber heute als morgen beseitigen würden. Der Oberstleutnant ist entschlossen, seinen Beitrag dazu zu leisten, dem Gegner eine Abfuhr zu erteilen.

MfS-Hochschule (1976–1982)

Eigentlich hatte sich Harald Jäger unter »Grundlagen der Kriminalitätsbekämpfung« gar nichts Rechtes vorstellen können. Jedenfalls nicht als Geheimdienstaufgabe. Höchstens als Lehrfach für angehende Polizisten. Bis der junge Dozent im Range eines Majors die Zielsetzung des Seminars in der Aussage zusammenfasste, dass der Einsatz von Inoffiziellen Mitarbeitern (IM) überall da geboten sei, wo kriminalistische Methoden nicht ausreichten. Nun war Harald Jäger überzeugt, dass dieses Fach die Arbeitsbereiche seiner Kommilitonen weit mehr betraf als die seinen. Diejenigen, welche von der Hauptabteilung für »Beobachtung und Ermittlung« hierher delegiert wurden und sicher auch jene, die in der »Telefonüberwachung«

Die Staatssicherheit bei der Ermittlung gegen »feindlich-negative Kräfte«: Hier filmt das MfS den Hof des Gemeindehauses der Ost-Berliner Zionskirche, einen Versammlungsort oppositioneller Gruppen, und wird dabei von dem DDR-Umweltaktivisten Siegbert Schefke fotografiert.

tätig waren. Oder die, deren Arbeitsgebiet die volkseigenen Betriebe und großen Kombinate umfasste. Und natürlich das jenes Kommilitonen, den sie »Hochwürden« nannten, weil seine Hauptabteilung »Kultur, Kirche und Untergrund« im Visier hatte. Sie alle setzten Inoffizielle Mitarbeiter ein. Aber Harald Jäger konnte sich zunächst nicht vorstellen, dass ihn als Angehörigen der Passkontrolleinheiten dieses Fach mehr als mittelbar betreffen könnte.

Trotzdem schrieb er fleißig mit. Er notierte, dass die »Gewährleistung der gesellschaftlichen Sicherheit« eine der »Hauptaufgaben der operativen Arbeit« sei. Und er hat die Konkretisierungen aufgelistet, die durch das »Zusammenwirken mit den anderen bewaffneten Organen und dem Zoll« erreicht würden. Gemeinsam mit der Feuerwehr gelte es, Brandstiftungen aufzuklären und mit der Transportpolizei die Verkehrswege zu sichern. »Gesellschaftlich bedeutende Strafdaten« sollten in erster Linie an der Seite der Volkspolizei ermittelt und aufgeklärt werden. »Diebstähle mit großer Massenbeunruhigung« zum Beispiel, auch »Wirtschaftsdelikte und Sabotage« und natürlich »jede Art von staatsfeindlichen Aktivitäten«. Der Dozent beendete seine Ausführungen mit der, wie Harald Jäger fand, bemerkenswerten Aussage:

»In der DDR gibt es keine politischen Gefangenen. Dafür sorgt ihr, liebe Genossen! Bei uns werden nur Straftäter wegen ihrer kriminellen Delikte verurteilt. Notfalls konstruiert ihr eines!«

Und dann waren die Studenten beauftragt worden, dafür Fallbeispiele aus ihrem jeweiligen Arbeitsbereich zu erarbeiten und in der Seminargruppe vorzustellen.

In der Geheimen Verschlusssache JHS 001 – 400/81 des MfS wird erläutert, dass nach Auffassung der Staatssicherheit »zwischen der Kriminalität und der Subversion des Feindes ... enge Beziehungen« bestehen würden, »da Staatsverbrechen und politisch-operativ bedeutsame Straftaten der allgemeinen Kriminalität immanenter Bestandteil des subversiven gegnerischen Vorgehens sind«. Die konstruierte Nähe zwischen jenem als »feindlich-negativ« eingeschätzten Personenkreis und gewöhnlichen Kriminellen war denn auch eine theoretische Basis im Seminar »Grundlagen der Kriminalitätsbekämpfung«. Bei der Erarbeitung daraus resultierender praktischer Handlungsschritte führte dies – wie noch zu sehen sein wird – zu grotesken Formen einer jede Grenze überschreitenden Handlungsweise der MfS-Mitarbeiter. Wären sie nicht durch jene ideologisch motivierte Theorie »legitimiert«, wie sie in der Geheimen Verschlusssache JHS 001 – 400/81 des MfS dargelegt wurde.

Harald Jäger tut das, was er sonst nie tut, wenn er einen vierundzwanzigstündigen Dienst vor sich hat. Noch vor dem Frühstück begibt er sich hinunter in das Erdgeschoss des sechsstöckigen Plattenbaus in Hohenschönhausen und entnimmt dem Briefkasten die beiden Ausgaben des *Neuen Deutschland*. Normalerweise landen die Zeitungen auf dem Küchentisch, von wo aus sie

Marga später entsorgt. Denn vor seinem Dienst ist üblicherweise an eine Lektüre nicht zu denken. Auch an diesem Morgen kurz nach sechs Uhr ist der Oberstleutnant eigentlich noch zu müde, um sich dem Zentralorgan seiner Partei zu widmen. Die auf der Titelseite abgedruckte Rede des neuen Parteichefs aber kann er nicht unbeachtet lassen. Zu neugierig ist Harald Jäger zu erfahren, wie sich der neue erste Mann den gesellschaftlichen Problemen stellt. Ob er konkrete Lösungen vorschlägt, wie er sich generell die Zukunft des Landes vorstellt und welche Rolle die Partei dabei spielen soll. Vor allem ist er gespannt, ob Egon Krenz Klartext redet oder ob die Genossen mal wieder das Orakel zwischen den Zeilen bemühen müssen.

Entgegen seiner Gewohnheit vertieft sich also der Oberstleutnant schon am Frühstückstisch in das *Neue Deutschland* – in die auf Seite eins veröffentlichte Rede. Noch ehe Egon Krenz darin sein Bedürfnis bekundet, dem »Genossen Erich Honecker herzlich zu danken ...«, ist ein Satz zu lesen, der Harald Jäger gefällt: »Miteinander zu reden und zu streiten ist wichtig.«

Wer aber ist der Adressat dieser Botschaft? Nur die Mitglieder der Partei? Oder ist das Politbüro unter der neuen Leitung endlich bereit, einen Dialog mit dem Volk zu führen?

Dem neuen Generalsekretär ist die Würdigung seines Vorgängers exakt vier Sätze in konventioneller Manier wert, ehe er zu aktuellen Themen zurückfindet: »Diese Erklärung ist kein Papier der Taktik. Eine Partei wie unsere hat keine anderen Interessen als das Volk ...« Die noch nicht ganz wachen Augen des Harald Jäger fliegen diagonal über die Seiten auf der Suche nach Aussagen, die über solche bloßen Bekundungen hinausgehen. Sätze, die eigenes Fehlverhalten eingestehen, neue Perspektiven aufzeigen

»Fest steht, wir haben in den vergangenen Monaten die gesellschaftliche Entwicklung in unserem Lande in ihrem Wesen nicht real genug eingeschätzt und nicht rechtzeitig die richtigen Schlussfolgerungen gezogen« – das ist ein solcher Satz. Doch wenige Sätze weiter unten steht auch: »Unser historischer Optimismus resultiert aus dem Wissen von der Unabwendbarkeit des Sieges des Sozialismus, den Marx, Engels und Lenin begründet haben.« Stehen die beiden Aussagen nicht in einem Widerspruch zueinander? Oder kann man dem entnehmen, dass trotz des Wissens, welches auf den Lehren von Marx, Engels und Lenin basiert, gesellschaftliche Entwicklungen »in ihrem Wesen nicht real genug eingeschätzt und nicht rechtzeitig die richtigen Schlussfolgerungen gezogen« werden können? Wie also konnten solche Fehleinschätzungen passieren?

In der nächsten Spalte des *ND*-Abdrucks ist Egon Krenz fast schon wieder zum auch früher üblichen Eigenlob zurückgekehrt. Statt eine Fehlerdiskussion zu initiieren, finden sich hier Sätze wie: »Unsere marxistisch-leninistische Partei ist ein großer erfahrener Kampfbund. Sie hat immer an der Spitze der sozialistischen Revolution in unserem Lande gestanden und alle gesellschaftlichen Umwälzungen geführt.«

Statt Kritik zu üben an der oft stromlinienförmigen ideologischen Anpassung der Genossen, verursacht durch disziplinierende, dogmatische Parteisekretäre, glaubt Egon Krenz: »Die kollektive Kraft unserer Partei beruht auf der politischen Erfahrung und auf der Lebenskenntnis der über 2,3 Millionen Kommunisten. Klar geführt durch das Zentralkomitee ...« Die Partei aber, das weiß Harald Jäger, war schon lange nicht mehr an »der Lebenskenntnis der über 2,3 Millionen Kommunisten« interessiert. Denn das hätte schließlich auch kritische Diskussionen in den Gliederungen der Partei an den Beschlüssen des ZK bedeutet. Tatsächlich aber sollten die Genossen an der Basis diese zur Kenntnis nehmen und möglichst unkommentiert in ihren jeweiligen Bereichen umsetzen. Dagegen hatte kaum jemand aufbegehrt. Insofern hat die gesamte Partei, haben alle 2,3 Millionen Kommunisten diese Fehleinschätzungen zu verantworten. Davon aber steht nichts in dieser Rede.

Mit schwindender Hoffnung überfliegt Harald Jäger die ersten Seiten des *ND*, auf welchen Egon Krenz im Namen des Zentralkomitees das Wort an immer neue Bevölkerungsschichten richtet:

»Wir wenden uns an die hoch gebildete und politisch engagierte Intelligenz unseres Landes, an die Wissenschaftler, die Schriftsteller, Künstler und alle Kulturschaffenden, an die Ingenieure, Pädagogen und Mediziner. Ihre Erfahrung und ihr Rat, mit dem sie das Antlitz unseres Landes unverwechselbar mitgestaltet haben, ist mehr denn je gefragt ...«

MfS-Hochschule (1976–1982)

Das erste so genannte Fallbeispiel für eine wirksame Kriminalitätsbekämpfung – zur Vermeidung einer politischen Strafjustiz – warf der Dozent selbst in die Runde. Die Aufgabe hieß: Ein Schriftsteller, auf dessen Werke die DDR-Verlage keinen Wert legen, weil sie mit der Weltanschauung der Arbeiterklasse nicht kompatibel sind, lässt Manuskripte in den Westen schmuggeln, wo sie dann gedruckt werden. Natürlich will man dem Mann nicht den Gefallen tun, ihn zu einem politischen Märtyrer zu machen. Womit aber wäre er zu packen? Für die in der operativen Tätigkeit erfahrenen Offiziere im Auditorium war dies keine schwierige Aufgabe.

»Er wird von jenem West-Verlag Geld bekommen«, erklärte einer. »Devisenvergehen, Steuerhinterziehung – da kommt einiges zusammen.«

Der Dozent nickt, will aber von dem Genossen wissen, wie das dem Schriftsteller nachzuweisen sei.

»Ein Geldbote bringt es ihm. Wir observieren den Schriftsteller und alle seine Gäste. Die Wohnung wird mit den uns zur Verfügung stehenden technischen Mitteln abgehört. Beim Zugriff werden die Devisen sichergestellt ...«

»... wenn sie unsere Zolloffiziere nicht zuvor schon bei der Einreise gefunden haben«, unterbricht Harald Jäger und konkretisiert:

»Dann können wir nur hoffen, dass der Reisende die Adresse des Schriftstellers auf der Zählkarte als Reiseziel angegeben hat. Sonst wäre es wahrscheinlich schwer nachzuweisen, für wen die Devisen in beträchtlicher Höhe bestimmt sind.«

»Nicht wenn der Zoll uns hinzuzieht«, erklärt ein Oberleutnant der Hauptabteilung IX.

»Wenn mir ein westdeutscher ›Tourist‹ gegenübersitzt, der ein paar hundert D-Mark in der Tasche hat, die auf der Zollerklärung nicht aufgeführt sind, dann erfahre ich auch, was er damit vorhat. Da könnt ihr sicher sein!«

Tatsächlich hatte niemand im Raum den geringsten Zweifel daran, dass diesem hünenhaften Vernehmer das gelingen würde.

»Wir wenden uns an die Vertreter der Kirchen, an alle religionsgebundenen Bürgerinnen und Bürger unseres Landes. Die sozialistische Gesellschaft braucht und will ihre Mitarbeit. Uns verbindet mehr, als uns trennt. Das wollen wir deutlicher aussprechen und für das Wohl unseres Staates, in dem wir alle leben, in gegenseitiger Achtung noch mehr nutzen und ausbauen ...«

MfS-Hochschule (1976–1982)

»Hochwürden« – das passt, fand Harald Jäger. Sicher hatte der Genosse den Spitznamen wegen seines Einsatzgebietes. Aber er sah auch so aus. Korpulent, behäbig und den Ausführungen des Dozenten mit einem milden Lächeln lauschend. Während der Raucherpausen hatte Harald Jäger immer interessiert zugehört, wenn der Dicke im Kreis der anderen über sein für einen Major der Staatssicherheit exotisches Arbeitsgebiet berichtet hatte: die Kirchen und Religionsgemeinschaften. Darüber, wie sich viele »Bürger christlichen Bekenntnisses« dem Argument gegenüber nicht verschlössen, dass man doch gemeinsam das Ziel einer sozialen und menschenwürdigen Welt verfolge. Damit habe man vom einfachen Gemeindepfarrer bis zu hohen Kirchenfunktionären Bündnispartner gefunden. Mit jenen loyalen Kräften sei man sich einig, dass schließlich auch Jesus Christus so etwas wie ein früher Revolutionär gewesen sei. Einer, der den Kampf geführt habe gegen das damals herrschende römische Imperium.

»Leider verwechseln viele Christen heute unsere Partei mit den Römern«, ruft ein Vernehmer in die Runde und hat die Lacher auf seiner Seite.

»Wie dieser Brüsewitz, der verrückte Pfaffe, der sich in Zeitz vor der Kirche angezündet hat«, meint ein anderer.

»Damit hat er uns aber auch einen Gefallen getan«, wirft »Hochwürden« ein. Für einen Moment genießt er die fragenden Mienen seiner Kommilitonen, ehe sich sein mildes Lächeln in ein Grinsen verwandelt:

»Die Beisetzung dieses verrückten Pfaffen war für uns und die Genossen von der VIII ein gefundenes Fressen. Allein mit den Fotos der Trauergäste lässt sich ein beachtenswerter Katalog von Staatsfeinden herstellen. Das kann man sonst in einem Jahr nicht ermitteln, was uns dieser Vormittag auf dem Friedhof in Rippicha gebracht hat.«

Oskar Brüsewitz war ein verrückter Mensch. Aber er war kein Verrückter. Dieser Unterschied ist bemerkenswert. Als im kleinen Dorf Rippicha im Kreis Zeitz im Herbst 1974 die neue Schule eingeweiht wurde, stellten die staatlichen Stellen ein riesiges Schild davor, welches verkündete: »25 Jahre DDR!« Gegenüber aber, auf kirchlichem Grund, hatte der Gemeindepfarrer Brüsewitz ein ebenso großes Schild aufgestellt. Und darauf verkündete er: »2000 Jahre unbesiegbare Kirche Jesu Christi!« Lange vor dem Herbst 1989 hatte der Geistliche bewiesen, dass es eine »Verrücktheit« gibt, die Mut in seiner engagiertesten Form bedeutet, nämlich Zivilcourage. Dafür hatte er Bewunderer nicht nur in seiner Kirche – und Gegner nicht nur außerhalb derselben.

Aber er war auch ein zutiefst verzweifelter Mensch. Er war verzweifelt über die staatlich verordnete atheistische Erziehung der Jugend, die Behinderung bekennender Christen beim Zugang zur Erweiterten Oberschule oder den Universitäten und nicht zuletzt über die Kungelei mancher Kirchenfunktionäre mit den kommunistischen Machthabern. Im Abschiedsbrief an seine Amtsbrüder schrieb er: »Ich liebte Euch, auch Bruder Hildebrandt.« In den veröffentlichten Abdrucken der Kirchenleitung aber fehlte dann dieser Hinweis auf den Zeitzer Superintendenten. Ein Vierteljahrhundert später verteidigte Joachim Hildebrandt in einem Gespräch mit dem Autor dieses Buches sein damaliges Verhalten: »Viele Neunmalkluge haben heute gut reden – wir hätten mit den Bonzen geredet und so. Ich hatte sechs große Kirchentage in Zeitz geleitet, da musste man mit denen reden bis hin zu Bockwursttellern und verhandeln und nicht unnötig den Löwen am Schwanze zwacken.« In einer internen Einschätzung der Staatssicherheit wurde Joachim

Hildebrandt wegen solchem Pragmatismus denn auch zu den »loyalen Kräften der Kirche« gezählt.

»Wir wenden uns an unsere Soldaten, an alle Angehörigen der Schutz- und Sicherheitsorgane. Unser Volk weiß, was es ihrem Einsatz zu danken hat, damit jeder täglich seiner friedlichen Arbeit nachgehen kann. Die sicher geschützte Arbeiter- und Bauernmacht bleibt die erste Voraussetzung für alles, was sich unsere Gesellschaft in gemeinsamer Arbeit für eine gute Zukunft vorgenommen hat ...«

MfS-Hochschule (1976–1982)

Die Offenheit, mit der die Genossen aus den anderen Hauptabteilungen ihre »Fallbeispiele« entwickelten, überraschte ihn. Schnell nannten sie diese auch »Fallgruben«, was den Charakter jener operativen Vorgänge viel präziser beschrieb. Harald Jäger war nicht zu jedem Zeitpunkt klar, ob es sich dabei um authentische Beispiele aus der alltäglichen Praxis handelte oder nur um theoretisch konstruierte Fälle. Jedenfalls nannte man den Vorgang, mit dem aus einem Staatsfeind ein Straftäter gemacht wurde, konsequenterweise »kriminalisieren«. Und Harald Jäger fand auch gar nichts dabei. Schließlich hatte ihm ja schon vor Jahren Margas Vater erklärt, dass Staatsfeinde den Anspruch auf Rechtsstaatlichkeit verlören. Man habe in der DDR eine Klassenjustiz, und so sei eben die Interessenlage der Arbeiter und Bauern der Maßstab aller Dinge. »Wer wem?«, lautete demnach die Maxime des Handelns. Das hat er oft gehört bei den diversen Schulungen in der Partei und beim MfS. Nun aber wurde er staunender Zeuge, was in der operativen Arbeit seiner Kollegen mit Hinweis auf diese Maxime offenbar möglich war – nämlich nahezu alles.

Einem »feindlich-negativen Objekt«, das auf der Warteliste für einen Wartburg oder Trabant stehe, könne beispielsweise ein »Angebot« gemacht werden. Gegen den Betrag von 500 DDR-Mark, so würde ihm in diesem Fall ein Mitarbeiter des staatlichen Kfz-Handels erklären, werde man ihn vorziehen, und er könne schon bald seinen Neuwagen in Empfang nehmen. Oder ein vermeintlich freundschaftlich gesonnener Gartennachbar kann ihm für seine Datsche auf verschlungenen Wegen Baumaterial besorgen, welches sonst kaum zu bekommen ist. Geht er auf solche Angebote ein, würde man ihn im ersten Fall wegen Bestechung und im zweiten wegen Hehlerei anklagen.

»Das Problem ist dann immer nur«, weiß ein Student aus der Hauptverwaltung VIII, »den jeweiligen IM, der die ganze Sache eingefädelt hat, hinterher herauszufiltrieren und im Prozess möglichst nicht auftauchen zu lassen.«

Generell würde man auf diese Weise oftmals mehrere Fliegen mit einer Klappe schlagen. Zunächst natürlich wären die »feindlich-negativen Kräfte« für eine Weile aus dem Verkehr gezogen. Durch die Verurteilung aber seien sie bei anderen diskreditiert, und auf diese Weise sei schon manche oppositionelle Gruppe demotiviert worden. In anderen Fällen sei es im Gefängnis gelungen, Inhaftierte umzudrehen. Nach ihrer vorzeitigen Entlassung seien sie dann zu ihren oppositionellen Freunden zurückgekehrt, wo sie als entlassene politische Gefangene natürlich Vertrauen vorfanden und fortan für »die Firma« gute Arbeit leisteten.

Vor diesem Hintergrund wird vielleicht ein Schicksal wie das des Ibrahim Böhme ein wenig erklärbarer, welches einst in beiden Teilen Deutschlands zu Fassungslosigkeit und Unverständnis geführt hat. Der Mitbegründer der sich im Herbst 1989 konstituierenden sozialdemokratischen Partei der DDR war nach der Wende von seinem einstigen Freund – dem Dichter Reiner Kunze – als IM der Staatssicherheit entlarvt worden. Schon seit 1968, als er zum ersten Mal verhaftet worden war, ist der damalige Heimerzieher Böhme vom MfS unter verschiedenen Decknamen als IM geführt worden. Er hatte sich nach der Niederschlagung des Prager Frühlings in öffentlichen Diskussionen gegen den Einmarsch der Truppen des Warschauer Paktes ausgesprochen. Und er ist bis zum Wendejahr 1989 IM geblieben. Ungeachtet dessen, dass er in den Jahren 1977/78 wegen »staatsfeindlicher Hetze« im MfS-Gefängnis Berlin-Hohenschönhausen festgehalten wurde und 1981 (inzwischen ist er Dramaturg am Neustrelitzer Theater) wegen öffentlicher Sympathiebekundungen für die polnische Solidarność*-Bewegung Berufsverbot erhielt. Noch sechs Wochen bevor Harald Jäger seinen Leuten die Öffnung der Grenze befehlen wird, liefert Ibrahim Böhme – der Vorzeige-Oppositionelle – dem MfS einen Bericht über die mit ihm in engem Kontakt stehenden Bürgerrechtler Gerd und Ulrike Poppe.*

Der junge Dozent im Range eines Majors erklärte, er wolle der Fantasie der Genossen keine Fesseln anlegen, aber ein wenig strukturiert müsse man in diesem Seminar nun schon vorgehen. Dann wurden Hochschulmaterialien verteilt – die Kopien der Akten authentischer Fälle. Allerdings mit geschwärzten Namen. Bei der Behandlung dieser Fälle wurde für Harald Jäger schließlich deutlich, dass die Kriminalisierung zwar gelegentlich eine notwendige, keinesfalls jedoch die einzige operative Maßnahme gegen »feindlich-negative Personen« war.

Manchmal hatte es offenbar genügt, wenn ein Arbeitskollege als IM gewonnen werden konnte, der nur darauf warten musste, dass der Betreffende im Arbeitsprozess einen Fehler machte. Dann würde er diesen im Kollektiv hart kritisieren und jenen Fehler ein wenig aufbauschen. Ziel sei es in diesem Fall, den oppositionell eingestellten Bürger in seinem beruflichen Umfeld zu diskreditieren.

Die »konsequente und restlose Aufklärung der Privatsphäre« konnte, wie die Materialien zeigten, auf verschiedene Weise zu positiven Ergebnissen führen. Dabei kam es immer darauf an, die jeweiligen Schwachstellen zu ermitteln. In zwei Fällen war zum Beispiel festgestellt worden, dass das Eheleben der Observierten nicht mehr gut funktionierte. Beide aber konnten sich aus gesellschaftlichen Gründen nicht scheiden lassen. Der Erste, ein Lehrer an einer »Problemschule«, war lange nicht zu einer Zusammenarbeit mit der Staatssicherheit bereit. Junge weibliche IM haben ihm dann über einen längeren Zeitraum an konspirativen Orten sexuelle Freuden bereitet – von der »Firma« in Bild und Ton festgehalten. Damit konfrontiert, hatte der Pädagoge schließlich seine Meinung geändert und durch diesen Sinneswandel sogar noch Vorteile erfahren. Nicht nur, dass durch das Stillschweigen der Genossen seine Ehe erhalten geblieben war – er hatte sich auch für den Posten des Schulleiters qualifiziert.

In einem anderen Fall handelte es sich um einen Oppositionellen, der in kirchlichen Diensten war, weshalb ihm am Ende schon deshalb nicht daran gelegen sein konnte, dass die Verführungskünste eines weiblichen IM ans Tageslicht kamen.

Problematische Finanzlagen waren naturgemäß gute Ansatzpunkte, an denen es sich meist lohnte, den Betreffenden Hilfe anzubieten. Und als die Seminargruppe darüber informiert wurde, welche Kontakte zu Ausländern als »staatsfeindliche Verbindungsaufnahme« ausgelegt werden konnten, sah auch endlich Harald Jäger seine Chance, sich in den Unterricht einzubringen. Er berichtete von der umfangreichen »Operativkartei« auf seiner Dienststelle und referierte über das »Abschöpfen aus dem Reiseverkehr heraus«. Er dozierte über den Unterschied von »Ersthinweisen« und »operativen Feststellungsergebnissen« und forderte die anwesenden Genossen auf, bei ihrer operativen Tätigkeit darauf zurückzugreifen. Als Harald Jäger seinen Kommilitonen schließlich gestand, dass die Sammlung und der Besitz jener Daten illegal seien, erntete er für diese Bemerkung lautstarkes Lachen und anerkennenden Applaus.

»Wir wenden uns an die Jugend. Ihre aktive Mitgestaltung der Gesellschaft ist charakteristisch für unsere Republik. Wir wollen der jungen Generation zur Seite stehen, damit sie den Sinn ihres Lebens bewusst in unserer Gesellschaft verwirklichen kann. Die Jugend will und soll mitbestimmen bei allen Entscheidungen, die ihr Leben betreffen …«

Herbst 1981

Viel zu lange hatte er geschwiegen. Harald Jäger hatte geschwiegen, als er davon erfuhr, dass der fünfzehnjährige Schüler wie ein Krimineller aus seiner Klasse geführt worden war. Er hatte dessen zweijährige Bewährungsstrafe mit Arbeitsauflagen akzeptiert. Nicht einmal, als man den Jungen deswegen von der Erweiterten Oberschule warf und das Ziel »Abitur« in weite Ferne gerückt war, hatte er interveniert. Obgleich das ja quasi eine zweite Bestrafung für das gleiche Delikt darstellte. Nun aber sollte dem Jugendlichen auch noch dessen sehnlichster Berufswunsch verwehrt werden, nämlich die Offizierslaufbahn einzuschlagen. Wieder mit dem Hinweis auf jene Sache damals. Endlich hatte Harald Jäger sich entschieden einzugreifen. Und er tat etwas für ihn Unübliches – er setzte auf die Wirkung der Majorsuniform, die er seit vier Wochen trug.

Einem für den Staat wichtigen und künftig ganz sicher auch zuverlässigen Bürger werde hier die Zukunft verbaut. So jedenfalls hatte er sich vorgenommen, im Wehrkreiskommando in Weißensee zu argumentieren. Er musste die Angelegenheit seines Sohnes nicht als privates, sondern als öffentliches Interesse erscheinen lassen. Darin sah er die einzige Chance.

Jener Vorfall, der seit fast zwei Jahren immer nur als »Delikt« bezeichnet wurde, war letztlich ein dummer Jungenstreich. Und er hatte eine Vorgeschichte. Carsten hatte mit einigen Freunden in der Nähe des gemeinsamen Wohnviertels einen alten Bauwagen der Deutschen Reichsbahn entdeckt. Dieser war unverschlossen, innen ziemlich demoliert und hier wahrscheinlich irgendwann vergessen worden. In liebevoller Kleinarbeit hatten die Jugendlichen die Innenausstattung hergerichtet und auch den alten Ofen repariert. In diesem Bauwagen verbrachten sie einige Wochen, und hier hatten sie auch Silvester gefeiert. Als Carsten mit zweien seiner Freunde am Neujahrstag zurückgekommen war, um noch einige Silvesterkracher abzufeuern, fanden sie »ihren« Bauwagen zerstört vor. Später sprachen sie die Vermutung aus, dass dies nur Leute aus der angrenzenden Kleingartenanlage gewesen sein konnten. Denen nämlich sei jenes Neubaugebiet für Mitarbeiter des MfS, das man ihnen vor die Nase gesetzt hatte, schon lange ein Dorn im Auge. Aber beweisen konnten die Jugendlichen diese These nicht. Vor allem deshalb, weil sie mögliche Beweismittel an Ort und Stelle unfreiwillig selbst vernichteten.

In ihrer Frustration nämlich hatten sie Feuerwerkskörper in den holzverkleideten Bauwagen geworfen und damit bewirkt, dass er bis auf das stählerne Fahrgestell abbrannte. Einer der drei Täter war erkannt worden und hatte beim polizeilichen Verhör sofort ein umfassendes Geständnis abgelegt. Die Kriminalisierung der drei Jungen nahm ihren Lauf.

Ehe Harald Jägers Sohn die Erweiterte Oberschule verlassen musste, sollte sein Klassenkollektiv den »Fall Carsten Jäger« auswerten. Der Vater wusste, was damit gemeint war. Aber er konnte und durfte es dem Sohn nicht erzählen, weil er sonst Dienstgeheimnisse verraten hätte.

Auf der GÜST Bornholmer Straße hatte nur kurze Zeit zuvor eine solche »Auswertung« stattgefunden. Dabei war über einen jungen Offizier befunden worden, der dem Reiz einer Berlinerin erlegen war, obgleich er im Vogtland eine Ehefrau hatte. In ihrer – wie sich zeigte – nicht grundlosen Eifersucht hatte diese ihm hinterherspioniert und als sie fündig geworden war, den Dienstvorgesetzten des treulosen Gatten informiert. Dieser berief umgehend die Inquisition ein. Doch im Gegensatz zu Carstens Klassenkameraden, die sich geschlossen weigerten, ihren Mitschüler zu kritisieren, sah das bei der PKE in der Bornholmer Straße ganz anders aus. Insbesondere niedere Dienstgrade genossen die unerwartete Glückssituation, endlich einmal über einen vorgesetzten Offizier herziehen zu können, ohne Repressionen fürchten zu müssen. Denn in der Parteiorganisation, wo diese »Auswertung« stattfand, galten keine Rangabzeichen.

Major Harald Jäger war von solcher Art Dreckschleuderei angewidert, aber das behielt er für sich. Er beschränkte sich darauf, sich nicht daran zu beteiligen. Aber er stand auch nicht auf – wie einige Mädchen in Carstens Klasse –, um dem Gescholtenen beizustehen. Dabei waren ihm während der »Auswertung« durchaus Argumente dafür eingefallen. Zum Beispiel, dass Ehebruch kein Straftatbestand und im Übrigen die Privatsache des Betroffenen sei. Doch gesagt hatte er es nicht. Er wusste auch so, welche Antwort er bekommen würde. Der Begriff »Privatsache« würde als »kleinbürgerliches Relikt«

gebrandmarkt, da es unter den Bedingungen der »Diktatur des Proletariats keinen ideologiefreien Raum« geben könne. Von der »besonderen Moral« würde die Rede sein, die man von einem Tschekisten erwarten müsse. Das absolute Totschlagargument aber war vom Dienstvorgesetzten selbst ins Feld geführt worden. Durch sein Verhalten habe der Genosse dem Gegner eine Angriffsfläche geboten. Er sei erpressbar geworden. Auch wenn es im vorliegenden Fall nicht so gewesen sein muss, so sei doch vorstellbar, dass der Gegner solche »Damen« speziell für diesen Zweck rekrutiere. Dafür gäbe es Beispiele, und dies allein rechtfertige ein derartiges Tribunal.

Tatsächlich gab es aus Sicherheitsgründen eine ganze Reihe von Verboten, auf deren Einhaltung großer Wert gelegt wurde. So durften die PKE-Leute nicht betrunken in der Öffentlichkeit erscheinen. Der Besuch bestimmter, namentlich aufgelisteter gastronomischer Einrichtungen war strikt verboten. Dazu gehörten sowohl Gaststätten, in denen das Personal diplomatischer Vertretungen verkehrte, als auch solche, die vorwiegend von »feindlich-negativen Kräften« oder von Homosexuellen frequentiert wurden. Im PKE-Verhaltenskodex war eben auch das Fremdgehen verheirateter Genossen aufgelistet. Und weil Harald Jäger entsprechende Strategien der gegnerischen Dienste keineswegs ausschließen kann, wird er sich auch künftig bei derartigen »Auswertungen« stumm verhalten. Mit innerem Widerwillen wird er hinnehmen, wie die anderen kübelweise ihren Dreck über den jeweils kritisierten Genossen auskippen.

Bei dem »Delikt« seines Sohnes handle es sich immerhin um »Vernichtung von Volkseigentum«, musste sich der Major Jäger im Weißenseer Wehrkreiskommando diesmal von einem Hauptmann der NVA erklären lassen. Weshalb »Zweifel an der sittlich-moralischen Reife des Täters« bestünden. Schlechte Voraussetzungen also für einen Offiziersbewerber. Harald Jäger aber verwies darauf, dass der junge Mann inzwischen siebzehn sei, aus diesem Fehler gelernt und keinen sehnlicheren Wunsch habe, als seinem Land als Offizier zu dienen. Damit erreichte er immerhin, dass zugesagt wurde, sich zunächst um eine Lehrstelle für den Jungen zu kümmern, bei der er nebenbei das Abitur machen könne. Eine Ausbildung im Bereich Nachrichtentechnik würde seine späteren Chancen in der NVA erhöhen. Denn wenn erst mal irgendwann die Vorstrafe aus den Akten getilgt worden sei, werde man sich mal mit dem Sohn des »Genossen Major« unterhalten. Zu diesem Zeitpunkt konnte niemand wissen, dass später auch dieser Plan scheitern wird – an einer diagnostizierten Herzschwäche des Bewerbers.

Die Gespräche auf der GÜST Bornholmer Straße scheinen sich an diesem Morgen nur um den Wechsel an der Parteispitze zu drehen. Allerdings äußern sich dazu die Offiziere und Passkontrolleure gegenüber Oberstleutnant Jäger sehr unterschiedlich. Wenn sie sich überhaupt äußern.

Der Zugführer und auch der Lageoffizier erklärten sich schon nach dem morgendlichen Rapport im Gespräch mit ihm für inkompetent. Bei aller Hoffnung seien sie nicht dazu in der Lage zu beurteilen, wie die bestehenden Probleme in nahezu allen Bereichen der Gesellschaft perspektivisch gelöst werden könnten. Ob nun von Egon Krenz oder einem anderen. Natürlich würde man die DDR-Bürger gerne in der ganzen Welt herumreisen lassen, aber wer würde es bezahlen? Wie war der katastrophalen Devisenknappheit zu begegnen, ohne den kompletten Ausverkauf der DDR zu betreiben? Eine Justizreform mit dem Ziel von mehr Rechtsstaatlichkeit, hat ein Zolloffizier daraufhin süffisant erklärt, würde der DDR den größten Devisenbringer nehmen – die Gefangenen. Es hat einen Moment gedauert, ehe die im Leiterzimmer anwesenden Offiziere bemerkt hatten, dass der Genosse eben einen bitteren Witz gemacht hat.

Der in der Vergangenheit oft kritisch nachfragende Oberleutnant tut sich im Vier-Augen-Gespräch mit seinem Vorgesetzten Harald Jäger schwer, in Egon Krenz einen geeigneten Erneuerer zu sehen. Wenngleich er sich vorsichtig optimistisch gibt. Schließlich würden manche Leute ja mit ihren Aufgaben wachsen.

Oberstleutnant E., der andere Stellvertreter des PKE-Leiters, teilt Harald Jägers diesbezügliche Hoffnung. Er verweist aber auch auf einige Prinzipien, auf deren Einhaltung die Partei nicht verzichten dürfe. Bei den Gesprächen mit den Umweltaktivisten zum Beispiel, sollten solche überhaupt stattfinden, dürfe die führende Rolle der Partei in Staat und Gesellschaft nicht zur Disposition stehen. Und bei einer behutsamen Veränderung der Reisemöglichkeiten für alle Bürger müsse die DDR-Grenze immer als die eines souveränen Staates gegenüber der BRD verstanden werden.

Es wird über manches geredet, über allerlei spekuliert und über vieles geschwiegen. Dabei weichen an diesem Morgen augenscheinlich alle jener Frage aus, die natürlich jeder im Hinterkopf hat: der Frage nämlich, ob das Ministerium für Staatssicherheit Veränderungen erfahren, ob es Umstrukturierungen oder Reformen geben wird, den eigenen Arbeitsbereich betreffend. Auffallend ist auch, dass niemand mehr über Erich Honecker spricht. Es scheint, als würde seine Amtszeit bereits am Tag nach ihrem Ende als Geschichte empfunden. Vor allem finden die Diskussionen weitgehend unter Offizieren statt. Die meisten Passkontrolleure versehen stoisch ihren Dienst, als ob sie die gestrigen Ereignisse im Haus des Zentralkomitees gar nichts angehen würden.

VI. Sonnabend, 4. November 1989

In den siebzehn Tagen seit der Ablösung Honeckers haben in der DDR wesentlichere gesellschaftliche Veränderungen stattgefunden als in den vierzig Jahren zuvor. Schon drei Tage nach dem Personalwechsel an der Spitze der SED findet in einer Berliner Kirchengemeinde die erste große Pressekonferenz oppositioneller Gruppen statt. In der Folge davon verspricht der Vize-Generalstaatsanwalt von Berlin, Klaus Voß, alle »Anzeigen, Sachverhalte und Eingaben« im Zusammenhang mit den Verhaftungen vom 7./8. Oktober 1989 »unvoreingenommen und umfassend« zu prüfen. Am gleichen Abend kommt es in Leipzig mit 300 000 Menschen zur bis dahin größten Protestkundgebung in der Geschichte der DDR.

Am 24. Oktober wird erstmalig in der Geschichte der Volkskammer ein Staatsoberhaupt nicht einstimmig gewählt. Sechsundzwanzig Abgeordnete sprechen sich gegen die Wahl von Egon Krenz zum Staatsratsvorsitzenden aus, sechsundzwanzig weitere enthalten sich der Stimme. An diesem Abend findet im »Haus der jungen Talente« in Berlin eine Diskussion von Wissenschaftlern und Kulturpolitikern und erstmals auch Vertretern der Bürgerbewegung statt, zu dem Thema »Die DDR – wie ich sie mir träume«. Die Veranstaltung wird vom DDR-Fernsehen live übertragen.

Auffallend sind in diesen Tagen aber auch die ständigen Widersprüche aufseiten von Partei und Staat. Bereits am 20. Oktober hat die DDR-Regierung allen Bürgern, die zuvor das Land verlassen haben, Rückkehrmöglichkeit und Wiedereingliederungshilfe angeboten. Ungeachtet dessen lehnt der DDR-Generalstaatsanwalt auch eine Woche danach noch in einem Fernsehinterview ausdrücklich die Abschaffung des Straftatbestandes »ungesetzlicher Grenzübertritt« ab. Auf die Grenze angesprochen, erklärt Krenz am 1. November auf einer internationalen Pressekonferenz in Moskau, dass die Gründe für die Errichtung der Mauer weiterbestünden. Ihre Öffnung sei daher ein unrealistischer Gedanke.

Politbüromitglied Schabowski spricht sich am 26. Oktober in den *Tagesthemen* der ARD gegen einen »Dialog auf der Straße« aus. Doch schon drei Tage später stellt er sich gemeinsam mit anderen Spitzenpolitikern unter dem Motto »Offene Türen – offene Worte« der Diskussion mit der Bevölkerung.

Am 4. November kommt es dann zur ersten von den Behörden genehmigten Großdemonstration. Die Initiative hierzu war von Schauspielern der Berliner Theater ausgegangen. Fünf Stunden lang ziehen eine halbe Million Menschen für die Forderungen nach Presse- und Versammlungsfreiheit sowie für radikale Reformen friedlich durch die Ost-Berliner Innenstadt. Während der anschließenden Kundgebung auf dem Alexanderplatz steigen neben namhaften Künstlern auch Politbüro-Mitglied Schabowski und der ehemalige Spionagechef und stellvertretende Minister für Staatssicherheit Markus Wolf auf das Rednerpodest. Das Volk aber hat den Respekt vor der Staatsmacht längst verloren – die beiden Männer werden ausgepfiffen.

An diesem Morgen ist Harald Jäger bereits mehr als eine Stunde vor Dienstbeginn auf der GÜST erschienen. Das hat einen Grund und eine angenehme Folge. Die angenehme Folge ist der Anblick des beeindruckenden Naturschauspiels am Horizont jenseits der Schönhauser Allee. Er kennt diese Sonnenaufgänge nun schon seit vielen Jahren. Gelegentlich kommt er extra herauf zum Postenhäuschen der Vorkontrolle/Einreise, um sie zu genießen. Der Grund für sein frühes Erscheinen aber liegt in der Schlaflosigkeit der letzten Nacht. Er weiß nicht, ob die angespannte Situation im Land dafür verantwortlich ist. Vielleicht aber auch der nächste Untersuchungstermin, der ihm gestern vom Klinikum Buch mitgeteilt worden war. Vor drei Jahren waren bei ihm während einer Routineuntersuchung Polypen im Darm festgestellt worden. Eine kurze Weile hatte es danach ausgesehen, als ob es sich um bösartige Wucherungen handeln würde.

Es war verboten, Mitarbeiter der Passkontrolleinheiten zu fotografieren. Dieses Foto von Oberstleutnant Harald Jäger an der GÜST Bornholmer Straße ist heimlich entstanden.

Da setzte bei Harald Jäger ein Bewusstsein für die Endlichkeit des Lebens ein. In Gesprächen mit Marga ließ er das gemeinsame Leben noch einmal Revue passieren. Bei einem Glas Rotwein und ohne Sentimentalität. Und ganz für sich allein hat er stille Bilanz gezogen. Da war er dreiundvierzig Jahre alt.

Der Krebsverdacht war zwar letztlich nicht bestätigt worden, dennoch hat er seither vor den regelmäßigen Folgeuntersuchungen immer ein wenig Angst. Und am kommenden Freitag wird nun die nächste stattfinden – am 10. November, gleich morgens, nach einem Vierundzwanzig-Stunden-Dienst. Im Klinikum Buch weit im Norden von Berlin.

Zur Sorge um die eigene Gesundheit ist jene um die Partei hinzugekommen. In den vergangenen Tagen war sie zunehmend in die Defensive geraten. Noch vor drei Wochen hatte deren neuer Generalsekretär erklärt, »alle gesellschaftlichen Umwälzungen« seien immer von der Partei angeführt worden. Nun aber haben

Schauspieler zu einer Protestkundgebung aufgerufen, und es besteht kein Zweifel, dass ihnen heute Zehntausende folgen werden. Keine komfortable Position für eine Partei, welche die »führende Rolle« in Staat und Gesellschaft für sich in Anspruch nimmt. Aber was immer auch nach Honeckers Rücktritt von ihr unternommen worden war, um das Vertrauen des Volkes zurückzugewinnen, schien nach hinten loszugehen. Weder das Gespräch mit der Opposition vor einer Woche noch die direkte Diskussion führender Genossen mit der Bevölkerung zwei Tage später haben den erwünschten Schub an Popularität gebracht. Plötzlich, so scheint es, gelten nicht mehr das erneuerte Politbüro und eine den Problemen zugewandte SED als Hoffnungsträger, sondern die neu entstehenden Parteien und Organisationen der Opposition. Wahrscheinlich wird auch die Forderung nach so genannten freien Wahlen nicht mehr lange auf sich warten lassen. Hinter dem Begriff des »Pluralismus« aber, das weiß Harald Jäger nicht erst seit dem Besuch der Juristischen Hochschule, steckt doch nichts weiter als eine »Spiegelfechterei des bürgerlich-parlamentarischen Systems«. Denn wenn man von der Richtigkeit einer wissenschaftlichen Weltanschauung ausgeht, demzufolge sich geschichtliche Prozesse nach allgemeinen Gesetzmäßigkeiten vollziehen, macht es ja wohl keinen Sinn, darüber verschiedene Meinungen zuzulassen. Schließlich würde ja auch ein Physikstudent von der Uni fliegen, hatte einst ein Dozent an der Bezirksparteischule erklärt, wenn er die Existenz der Erdanziehungskraft leugnet. Das hatte Harald Jäger damals eingeleuchtet. Auch heute noch ist er davon überzeugt, dass man nicht über das Ziel des gesellschaftlichen Prozesses streiten könne, bestenfalls über den Weg dorthin. Das allein rechtfertigt für ihn schon die führende Rolle der Arbeiterklasse und ihrer Partei. Der schwierige Umgang mit Andersdenkenden aber muss offenbar neu gelernt werden. Denn schließlich wurden sie in den letzten Jahren immer mehr. Oder sie sind mutiger geworden, die andere Meinung öffentlich zu äußern. Wird der heutige Tag zu einem Meilenstein für den Dialog werden oder zu einer erbärmlichen Niederlage? Das hängt sicher davon ab, ob es der Partei in diesem Dialog gelingen wird, ihre führende Rolle zu verteidigen.

Wie werden sich die Blockparteien CDU, NDPD, LDPD und Demokratische Bauernpartei verhalten, die diese immer anerkannt haben, in denen aber mittlerweile auch schon Köpfe ausgewechselt wurden? Erstmalig in der Geschichte der Volkskammer war am Dienstag vor einer Woche ein Staatsoberhaupt nicht einstimmig gewählt worden. Das riecht nach Rebellion in den Reihen der jahrzehntelangen Bündnispartner.

Gestern Abend hatte Egon Krenz im Fernsehen eine Rede an das Volk gehalten. Offensichtlich mit dem Ziel, noch vor dieser großen Demonstration dem Protest die Spitze zu nehmen. Es war erwartet worden, dass er neue Zugeständnisse machen würde. Harald Jäger aber hielt sich draußen bei seinen Passkontrolleuren auf, während der neue Staatschef zu seinem Volk sprach. Einerseits deshalb, weil zuvor in der *Aktuellen Kamera* noch kein konkreter Termin für die Ansprache genannt werden konnte. Zum anderen aber, weil er das konsequente Dauergrinsen von Egon Krenz mittlerweile nicht mehr ertragen kann. Es würde ihm schon schwerfallen, die Rede heute irgendwann im *ND* nachzulesen, denn wahrscheinlich wirft auch diesmal wieder jeder Satz zwei neue Fragen auf.

Hingegen waren sich hier auf der GÜST schon gestern alle darüber einig, dass es sich bei der für heute geplanten Demonstration und Kundgebung um ein außergewöhnliches Ereignis handeln würde. Jedenfalls alle, die dazu eine Meinung hatten. Auch wenn kaum einer von ihnen so recht wusste, was er davon halten sollte. Auch Harald Jäger nicht. Obgleich doch manche seiner Überlegungen, die er schon mehrfach im kleinen Kreis diskutiert hatte, inzwischen vor der Realisierung zu stehen schienen. Der Dialog mit den Umweltaktivisten zum Beispiel oder auch die Ausarbeitung eines neuen Reisegesetzes. Die Entwicklung der letzten Wochen aber ließ den Oberstleutnant inzwischen auch skeptisch werden.

Auf den Straßen der Hauptstadt also wird heute die erste genehmigte Demonstration stattfinden, zu der nicht die SED aufgerufen hat. Auch keine der anderen in der DDR offiziell zugelassenen Massenorganisationen – weder der Freie Deutsche Gewerkschaftsbund noch die Freie Deutsche Jugend oder etwa der Demokratische Frauenbund. Die Initiative ging wohl von Schauspielern und Künstlern aus. Das hat Harald Jäger zumindest so verstanden. Und auch, dass zwischen den Organisatoren und der Volkspolizei eine »Sicherheitspartnerschaft« verabredet worden sein soll. Die demonstrierende Opposition würde zudem eigene Ordner stellen, hieß es in den Medien.

Die Absicherung der Grenzübergangsstellen würde durch die Volkspolizei erfolgen. Das hatte die Hauptverwaltung VI ihren PKE-Leitern ausdrücklich versichert. Ungeachtet dessen gilt für die Passkontrolleinheiten nach wie vor die »Erhöhte Einsatzbereitschaft« mit Vierundzwanzig-Stunden-Dienst und Urlaubssperre für deren stellvertretenden Leiter sowie personelle Verstärkung an allen Grenzübergängen. Nach Aussage des Ministers für Staatssicherheit solle das zumindest bis Weihnachten auch noch so bleiben.

Auf der heutigen Demonstration würde es also keine Parolen geben, die zuvor in einem politischen Gremium abgestimmt und anschließend den Teilnehmern als verbindlich verkündet wurden. Aber Harald Jäger weiß auch so, welche Schlagworte auf den Transparenten stehen werden: »Pressefreiheit«, »Versammlungsfreiheit«, »Reisefreiheit« ... Er kann den Begriff »Freiheit« schon bald nicht mehr hören, obgleich er für manche dieser Forderungen durchaus ein gewisses Verständnis hat. So inflationär aber wie der Begriff der »Freiheit« in den letzten drei Wochen gebraucht worden war, muss jedoch die Frage erlaubt sein, ob man in diesem Land während der letzten vierzig Jahre etwa in einem Gefängnis gelebt habe. Eine Frage, die – das ist natürlich auch dem Oberstleutnant der Staatssicherheit klar – viele Demonstranten anders beantworten würden als er.

Harald Jäger dreht sich zur Grenzbrücke um und blickt hinüber in das erwachende West-Berlin. Trotz der geplanten Großdemonstration in der Hauptstadt haben bisher weder die Hauptverwaltung in Schöneweide noch das Ministerium für Staatssicherheit spezielle Instruktionen übermittelt, wonach heute potenzielle Demonstrativtäter aus dem Reiseverkehr herauszufiltern und zurückzuschicken seien. Dies ist für den stellvertretenden PKE-Leiter, dessen Dienst in wenigen Minuten offiziell beginnen wird, eine jener Überraschungen, wie sie in den letzten Wochen fast schon alltäglich sind.

Tatsächlich hat selbst der greise Staatssicherheits-Minister Erich Mielke vor den Spitzen des Ministeriums und der Bezirksverwaltungen am 21. Oktober 1989 von einer Chance gesprochen, »eine Wende in der Arbeit der gesamten Partei einzuleiten«. In einer vor dreiundsiebzig Zuhörern referierten Auswertung des 9. ZK-Plenums erklärte er, die Tagung habe, »auch wenn das nicht so klar ausgesprochen wurde«, dazu geführt, dass man sich der »realen Lage« stelle, »dass die DDR sich in einer Welt entwickelt, wie sie heute ist, und nicht, wie wir sie uns wünschen«. Keinen Zweifel ließ er daran, dass die Staatssicherheit diesen Kurswechsel mit zu vollziehen habe. Das gelte auch für die Vorgabe, »dass alle Probleme in unserer Gesellschaft politisch lösbar sind« und »dass gewaltsame Mittel nur dann angewendet werden, wenn eine unmittelbare Gefährdung von Personen, Objekten und Sachen vorliegt und anders nicht abzuwenden ist«.

Der alte Tschekist schien sogar die Stimmung in den eigenen Reihen durchaus realistisch einzuschätzen: »Selbst bei progressiven Kräften – bis weit in die Reihen der Partei –« gäbe es »Erscheinungen der Verunsicherung, der Ratlosigkeit bis hin zur Resignation«. Der Bürgerrechtsbewegung sei es hingegen gelungen, »ihre bisherige gesellschaftliche Isolierung zu durchbrechen und einen wachsenden Einfluss in der Bevölkerung zu erzielen«. Gegen deren Organisationen soll vor allem durch den Einsatz Inoffizieller Mitarbeiter der Staatssicherheit vorgegangen werden. Verhaftungen seien derzeit auszuschließen, aber das müsse nicht so bleiben, deshalb sei es »so wichtig, dass alles unternommen wird, alle mit solchen Handlungen auftretenden Personen zu erkennen, sie sorgfältig zu erfassen und das zugriffsbereit zu halten«.

Frühjahr 1989

Einige Wochen lang war der »V-Nuller« nicht in die Dienstbaracke der PKE gekommen und doch hat ihn Harald Jäger manchmal gesehen. Dann aber war dieser Genosse ein Angehöriger der Grenztruppen und nicht der offizielle Verbindungsoffizier, der wegen seiner Abkürzung VO intern eben »V-Nuller« genannt wird. Denn im Gegensatz zu den Passkontrolleinheiten, die zwar die Aufschrift »Grenztruppen der DDR« auf der Uniformjacke tragen, tatsächlich aber dem Ministerium für Staatssicherheit unterstehen, ist es bei diesem »V-Nuller« umgekehrt. Er arbeitet zwar für das MfS, ist aber Offizier der Grenztruppen und untersteht damit dem Ministerium für Nationale Verteidigung. Das hat die Frage der Kompetenzen in der Vergangenheit manchmal ein wenig kompliziert gemacht. Denn natürlich ist ein Offizier der Grenztruppen gegenüber den Passkontrolleinheiten nicht weisungsbefugt, worauf die Offiziere der Staatssicherheit bei jeder sich ergebenden Gelegenheit auch großen Wert legen.

Tatsächlich wird diese klare Trennung der Kompetenzen am Abend des 9. November eine ganz wesentliche Rolle spielen. Die Entscheidungsgewalt darüber nämlich, was an den Schlagbäumen zu geschehen hat, lag zu keinem Zeitpunkt bei den Grenztruppen, sondern einzig und allein beim Ministerium für Staatssicherheit, seiner Hauptverwaltung VI und damit beim Leiter der jeweiligen Passkontrolleinheit. Deshalb ist es schlichtweg falsch, wenn selbst in seriösen Publikationen behauptet wird, »Grenzsoldaten« hätten die Schlagbäume geöffnet. Sie hätten nicht einmal ihre Sperranlagen schließen können, um beispielsweise die Eigenmächtigkeit des MfS-Oberstleutnants Harald Jäger zu unterbinden. Auch wenn Jahre später der an diesem Abend an der Bornholmer Straße diensthabende Offizier der Grenztruppen, Major Manfred Sens, gegenüber dem Historiker Hans-Hermann Hertle behaupten wird: »... wenn die Passkontrolleinheit aufmacht, hätte ich immer noch zu meinen Soldaten sagen können: ›Sperrschlagbaum zu! Die Panzersperre zu! Und da kommt keiner durch!‹ Aber das haben wir ja nicht gemacht.« Darüber kann Harald Jäger auch heute noch nur den Kopf schütteln. Eine solch klare Kompetenzüberschreitung hätte nämlich in letzter Konsequenz zu einem folgenschweren Konflikt zwischen der PKE und den Grenztruppen geführt. Tatsächlich hatte der Grenztruppen-Kommandant in den kritischen Stunden jener Nacht geradezu demonstrativ auf seine Nichtzuständigkeit beharrt. Wahrscheinlich wolle der Ex-Major nur im Nachhinein ein wenig vom Glanz der Maueröffnung auf das eigene Haupt lenken.

Andererseits kommt jener Grenztruppenoffizier ja, wenn er denn als »V-Nuller« zur PKE erscheint, als offizieller Mitarbeiter der für die »Armeeabwehr« zuständigen Hauptverwaltung I mit einem ganz konkreten dienstlichen Anliegen. Man kann ihn vielleicht ein bisschen zappeln lassen, eine Zusammenarbeit aber ablehnen kann man nicht. Und sein dienstliches Anliegen war immer das Gleiche – er war auf der Suche nach speziellen Informationen aus der illegalen Operativkartei, von deren Existenz er Wind bekommen hatte. Denn neben seiner Aufgabe, in der eigenen Truppe Fahnenfluchten schon im Vorfeld zu verhindern, gehört zu seiner operativen Tätigkeit auch die Aufklärung westlicher Kontaktaufnahmen mit den Grenzsoldaten. Deshalb wollte er in unmittelbarer Nähe der Kasernen oder des Wohnorts von Offizieren Inoffizielle Mitarbeiter werben. Aber nicht nur unter DDR-Bürgern, die dort wohnen, an einem Kiosk arbeiten oder eine Gaststätte führen, sondern auch direkt aus dem Reiseverkehr heraus. Er war also auf der Suche nach Reisenden aus der BRD oder West-Berlin, die regelmäßig im Operationsgebiet Freunde und Verwandte besuchen.

Im Laufe der Zeit erfuhr Harald Jäger durch die Gespräche mit dem V-Nuller fast mehr über Umfang und Inhalt der IM-Tätigkeit als einst an der Juristischen Hochschule des MfS. Natürlich war ihm schon vorher klar, dass es nahezu keinen gesellschaftlichen Bereich, kein Arbeitskollektiv, keine Schule oder kulturelle Einrichtung in der DDR gab, die nicht von der Staatssicherheit von innen überwacht wurde: durch ein flächendeckendes Netz an Inoffiziellen Mitarbeitern. Lange Zeit fand er auch gar nichts dabei. Dadurch wurden immerhin Sabotageakte in den Betrieben aufgedeckt, Korruption wirksam bekämpft und bürgerliches Gedankengut von Schulen und Universitäten fern gehalten. Bei einem dieser Gespräche mit dem V-Nuller aber erfuhr Harald Jäger, dass sich dieser im letzten Januar selbst daran beteiligt hatte, Bürgerrechtler in ihren Wohnungen festzuhalten, damit sie nicht – wie im Vorjahr – auf der traditionellen Liebknecht-Luxemburg-Kundgebung provozieren konnten. Er habe persönlich den bekannten Pfarrer Rainer Eppelmann am Verlassen der Wohnung gehindert. Als Harald Jäger darauf hinwies, dass dies »Freiheitsberaubung« sei, lachte der V-Nuller, als hätte er eben einen guten Witz gehört. Und Harald Jäger hatte mal wieder seinen verstorbenen Schwiegervater im Ohr: »Staatsfeinde haben keinen Anspruch auf Rechtsstaatlichkeit.«

Durch jenen Verbindungsoffizier erfuhr er auch, dass für die »Gewinnung von Inoffiziellen Mitarbeitern« Prämien bezahlt werden. 150 Mark für einen DDR-Bürger und bis zu 300 Mark für einen IM aus dem westlichen Ausland. Kein Wunder also, dass der V-Nuller immer wieder auf jene Operativkartei zurückkam, von der er sich einen solchen Nebenverdienst erhoffte.

Vor wenigen Tagen dann war der V-Nuller erneut aufgetaucht – wieder auf der Suche nach potenziellen Informanten. Ein Beweis dafür, dass die Anwerbung von IM trotz der Veränderungen im Land weiterging. Das aber verwunderte Harald Jäger nicht. Waren doch sämtliche Mitarbeiter der Staatssicherheit inzwischen aufgefordert worden, ihren übergeordneten Dienststellen regelmäßig Stimmungsbilder aus ihrem privaten Umfeld und dem beruflichen ihrer Ehepartner und Verwandten zu liefern. Es schien, dass nicht trotz, sondern gerade wegen der so genannten »Wende«, eine gigantische Überwachungsmaschinerie in Gang gesetzt worden war. Harald Jäger, der etwas von Katalogisierung und Bewertung von Informationen versteht, fragte sich seither nur, wer diese riesige Menge an »Stimmungsbildern« jemals auswerten würde.

Zwölf Stunden ist es her, seit die Sonne hinter der Schönhauser Allee aufgegangen ist. Nun wiederholt sich das beeindruckende Naturspektakel jenseits der Grenzbrücke in der feindlichen Welt – als Sonnenuntergang.

Es sei heute erstaunlich ruhig gewesen, bemerkt der Posten an der Vorkontrolle/Einreise.

»Das kann man eigentlich nicht sagen«, antwortet ihm Oberstleutnant Jäger vieldeutig, was bei dem jungen Offizier zu einem verunsicherten Grinsen führt.

Nun haben also die Forderungen der Opposition selbst hier auf der Dienststelle Einzug gehalten, geht es Harald Jäger durch den Kopf, während er der sinkenden Sonne entgegenblickt. Das war heute auch gar nicht zu vermeiden. Denn schließlich haben selbst Radio und Fernsehen der DDR die Kundgebung vom Alexanderplatz live übertragen. Wo immer Oberstleutnant Jäger im Laufe der vergangenen Stunden hinkam, konnte er streckenweise die Reden verfolgen. Auf dem Junost-Fernseher im Leiterzimmer und nebenan bei den diensthabenden Fahndungsoffizieren im Transistorradio und dort hinten in der Wirtschaftsbaracke. Aber war das die Opposition? Schauspieler, Schriftsteller, Sänger, ein Filmregisseur …? Wo waren die Vertreter der Arbeiterklasse? Harald Jäger denkt dabei diesmal nicht an die führenden Genossen seiner Partei. Denn Günter Schabowski war zwar dabei, aber der wurde lautstark ausgepfiffen. Einen »Mini-Gorbatschow« nannte ihn beim Mittagessen einer der Passkontrolleure. »Von dem sich aber keiner helfen lassen will«, bemerkte ein anderer und spielte damit auf die Rufe der Demonstranten vor einem Monat an: »Gorbi, hilf uns!« Der Passkontrolleur hatte die Lacher auf seiner Seite, und wieder einmal verhielten sich die Mannschaftsdienstgrade so wie sonst nur bei den »Auswertungen« in der Parteiorganisation. Offensichtlich wurden sie durch die ungewöhnlichen Reden im DDR-Fernsehen dazu ermutigt, auch mal ein bisschen herumzumotzen.

Wo also waren auf jener Kundgebung, die an diesem Nachmittag nur drei Kilometer von hier abgehalten wurde, die Vertreter aus den großen Berliner Betrieben? Aus dem Kabelwerk Oberspree zum Beispiel, dem VEB Glühlampenwerk oder dem Transformatorenwerk Karl Liebknecht. Auf dem Podium jedenfalls nicht.

Der Redner, der die – auch aus Harald Jägers Sicht – nicht unberechtigte Frage aufwarf, weshalb »nicht ständige Tarifverhandlungen über Lohnerhöhungen« geführt worden waren, war kein Arbeiter. Er sah nur so aus. Was also meinte er, als er die Frage stellte: »Wo stehen die Funktionäre des FDGB, wenn in unserem Betrieb neue Normen eingeführt werden?« In welchem Betrieb arbeitet er denn? Harald Jäger weiß nicht viel über ihn. Nur, dass er von Beruf Dichter ist – Theaterautor. Vor zwei oder drei Jahren hat er für seine Arbeiten den Nationalpreis bekommen. Und Harald Jäger ist auch bekannt, dass dieser Mann regelmäßig und nach eigenem Belieben nach West-Berlin fährt. Mit einem Dauervisum, das ihm der Innenminister der DDR ausgestellt hat. Spielt er heute die Rolle des Arbeiterführers oder liest er nur eine Resolution von Arbeitern vor? Harald Jäger fände beides gleichermaßen grotesk.

Jener anhaltinische Pastor, der zuvor dort redete, hatte nicht erst heute sein Herz für die Rebellion entdeckt. An ihm waren die Leute aus der Abteilung des »Hochwürden« schon dran, als er vor Jahren bei irgendeinem lokalen Kirchentag ein Schwert zu einer Pflugschar umschmelzen ließ. Da war es fast schon erstaunlich, dass er auf dieser Kundgebung heute seinem Staat nicht verbittert die Feindschaft erklärte, sondern den Dialog anbot. Wenngleich mit einem etwas merkwürdigen Satz: »Lasset die Geister aufeinanderplatzen, aber die Fäuste haltet still!«

Harald Jäger kannte den jungen Schauspieler nicht, der gleich zu Beginn der Kundgebung verkündete: »Neue Strukturen müssen wir entwickeln, für einen demokratischen Sozialismus.« So was bekommt natürlich Applaus, auch wenn der Redner kaum älter als fünfundzwanzig Jahre sein dürfte. Schon mangels politischer Erfahrung musste er seinen Zuhörern schuldig bleiben, wie er das machen will. Solche Phrasen hatte Harald Jäger schon in offiziellen Verlautbarungen seiner Partei gelesen, als dieser junge Mann noch gar nicht geboren war. In der SED aber war zumindest eine flächendeckende Struktur von Betriebsparteiorganisationen vorhanden. Dort konnten solche Allgemeinplätze immerhin für den jeweiligen Bereich in konkrete Arbeitspläne gegossen werden. Wenngleich am Ende auch nicht immer mit Erfolg. Sonst hätte es diese Kundgebung heute gar nicht gegeben. Dieser junge Schauspieler aber wollte unbedingt die »führende Rolle« der SED »zur Disposition« stellen. Vielleicht war er einfach nur naiv – aber in seinem Anliegen ehrlich. Das konnte Harald Jäger nicht allen unterstellen, die an diesem Nachmittag auf dem Alexanderplatz das Wort ergriffen.

Der elegante Herr, der in seiner Rede der DDR-Führung unterstellte, bis zum 7. Oktober in einer »Scheinwelt« gelebt zu haben, hatte als Generaloberst des MfS doch gerade dazu beigetragen, dass dies so war. Immerhin war er drei Jahrzehnte lang einer der Stellvertreter des Ministers für Staatssicherheit. Von einem pensionierten Offizier der Hauptverwaltung Aufklärung hatte Harald Jäger in einem Ferienobjekt der »Firma« einiges erfahren. Auch dass Honecker nicht mal über den Kundschafter Guillaume im Bonner Kanzleramt informiert worden war. Man habe ihm dessen Dossiers geliefert, ohne die Quelle zu nennen. Und wenn nun Markus Wolf, der einstige Chef dieser Hauptverwaltung, auf dieser Kundgebung schwadronierte, dass die politische Führung »selbst dann noch versagte, als die Menschen anfingen, mit den Füßen abzustimmen«, dann verschwieg er seinen Anteil daran. Ganz sicher hatte er in seiner Amtszeit als stellvertretender Minister der Staatssicherheit nicht gegen die zahlreichen operativen Maßnahmepläne opponiert, die alle nur das eine Ziel hatten, nämlich Abstimmungen mit den Füßen gar nicht erst stattfinden zu lassen. Doch der neuerdings auftauchende Begriff vom »Wendehals« trifft nach Harald Jägers fester Überzeugung auf Markus Wolf nicht zu. Diesen Mann hält er nicht für einen Wendehals, sondern für einen Lügner! Es hat ihn gefreut, dass die pfeifenden und »Buh!« rufenden Massen dies vor wenigen Stunden auf dem Alexanderplatz ebenso sahen. Aber es bedrückte ihn, dass sie gleichzeitig jenen, die für ihn die wahren Wendehälse sind, Applaus spendeten.

Nur »der Druck der Straße« habe die »verhärteten Strukturen der Partei- und Staatsführung aufgebrochen und den Anfang einer Veränderung möglich gemacht«, erklärte der bekannteste Brecht-Interpret der DDR mit dem gleichen Pathos, mit dem er einst ganz andere Texte deklamierte. Auf mindestens zwei politischen Großveranstaltungen hatte Harald Jäger ihm einst begeistert applaudiert, als er das »Lied vom Klassenfeind« vortrug.

Mit der eindrucksvollen Schlusszeile: »Und was immer ich auch noch lerne/das bleibt das Einmaleins:/Nichts habe ich jemals gemeinsam/mit der Sache des Klassenfeinds.« Wer war denn für diesen Schauspieler heute der Klassenfeind? Die Partei, die ihn als kulturellen Botschafter seines Landes auf der ganzen Welt hat herumreisen lassen? Ein solches Privileg wird Angehörigen der Staatssicherheit nicht mal beim Erreichen des Rentenalters eingeräumt. Selbst ein neues Reisegesetz würde für sie als Geheimnisträger keine Gültigkeit haben, die Häuser jenseits der Grenzbrücke für immer unerreichbar bleiben.

Wo waren auf dieser Kundgebung die Umweltschützer, welche schon Harald Jägers stille Sympathie hatten, als sie noch als »feindlich-negative Kräfte« verfolgt worden waren? Wo die kritischen Experten für Wirtschaftspolitik, wie Carstens Schwiegervater einer ist? Sie könnten jenem jungen Schauspieler behilflich sein, »neue Entwicklungen« auf dem Weg zu einem »demokratischen Sozialismus« zu entdecken. Stattdessen trat jene alte Mimin auf, die Harald Jäger seit langem verehrte – bis heute Nachmittag. Mit kämpferischem Timbre erklärte die Alt-Kommunistin, dass sie inzwischen davon träume, ihre Urenkel »ohne Fahnenappell und ohne Staatsbürgerkunde« aufwachsen zu sehen. Nie sollen sie in Blauhemden der FDJ »an den hohen Leuten vorübergehen«. Das muss aber ein ziemlich junger Traum sein, war es Harald Jäger vorhin durch den Kopf gegangen. Denn vor einem Monat hatte diese Genossin noch im Kreis der Veteranen im Haus des ZK jenem »Kommunisten und Staatsmann« applaudiert, an dem ihre Urenkel nicht vorbeiziehen sollen. Die *Aktuelle Kamera* hatte sie beim freundschaftlichen Plausch mit Horst Sindermann gezeigt, und es sah nicht danach aus, als ob sie den Volkskammerpräsidenten um die Abschaffung des Fahnenappells bat.

War das nun die Opposition? Harald Jäger weiß, dass sie es nicht war. Von der wirklichen Opposition, die sich seit Jahren im Fadenkreuz der »Firma« befindet, die sich einst konspirativ in Hinterhöfen formiert und später zunehmend offener in Kirchen versammelt hat, stand fast keiner auf dem Podium. Das Neue Forum schickte lediglich seinen Rechtsanwalt dort hinauf – den

Am 4. November 1989 demonstrieren auf dem Ost-Berliner Alexanderplatz mehrere hunderttausend Menschen für Meinungs-, Presse- und Versammlungsfreiheit.

Sohn des einstigen SED-Kulturministers. Diese Opposition selbst stand wahrscheinlich unten zwischen den Hunderttausenden auf dem Alexanderplatz und hörte jenen prominenten Künstlern zu, die sich an diesem Tag als eine Art moralisches Gewissen feierten. Auf einer behördlich genehmigten Demonstration, deren Teilnahme für niemanden mehr gefährlich ist. Harald Jäger, der erfahrene Offizier der Staatssicherheit, ist sicher, dass sich kaum einer jener Schauspieler, die auf den großen Berliner Bühnen oder vor den Kameras von DEFA oder Fernsehen stehen, in der Vergangenheit subversiv oder gar oppositionell verhalten haben kann. Sonst würden sie da nicht stehen. Die Berichte aus den kulturellen Einrichtungen, so meldet der Buschfunk innerhalb des MfS, hätten Entwarnung gegeben. Ein zweites Prag 1968 ist von diesen Leuten nicht zu erwarten, die sich offenbar selbst bedeutsamer finden, als sie vermutlich in den Berichten der auf sie angesetzten Inoffiziellen Mitarbeiter der Staatssicherheit eingeschätzt werden.

Sommer 1968

Jeder, der Hans-Georg Ponesky kannte, nannte ihn »Pony«. Schließlich war er auch damals schon ein bekannter Showmaster im Fernsehen. Der Mann konnte in der DDR nicht über die Straße gehen, ohne dass sich die Passanten nach ihm umdrehten. Da war es kein Wunder, dass Harald Jägers Vater ganz aufgeregt war, als ihm eines Tages Leute aus Ponys Produktionskollektiv gegenüberstanden und eine überraschende Mitteilung machten. Für eine der kommenden Ausgaben der beliebten TV-Show *Mit dem Herzen dabei* habe man sich seinen Betrieb ausgesucht. Pony würde also tatsächlich verdiente Arbeiter aus dem VEB Waggonbau Bautzen ins Rampenlicht stellen und sie wie üblich mit Preisen überraschen. Kurz darauf aber traten die Bautzener Kreisleitungen von Partei und Staatssicherheit auf den Plan. Denn die Hauptüberraschung für einen der verdienten Arbeiter und seiner Familie sollte eine Reise in die befreundete ČSSR sein. Aber wie befreundet war man eigentlich noch mit dem Nachbarland? Das ist in jenem Frühsommer 1968 keineswegs klar gewesen. Alexander Dubček, der dortige Parteichef, ging schon innerhalb der sozialistischen Staatengemeinschaft seit Monaten eigene Wege, die er als »Reformen« proklamierte. In einer tschechischen Literaturzeitschrift konnte unzensiert ein ungeheuerliches Pamphlet veröffentlicht werden. In dem *Manifest der 2000 Worte*, welches von prominenten Wissenschaftlern, Künstlern und Schriftstellern unterzeichnet worden war, wurde ein »Sozialismus mit menschlichem Antlitz« gefordert. Die Ungeheuerlichkeit hatte aus Sicht der deutschen Genossen in der tautologischen Forderung bestanden. Sozialismus, das erklärte Paul Jäger seiner Familie, sei grundsätzlich menschlich. Wenn aber mit »menschlichem Antlitz« gemeint sei, dass man mit dem Klassenfeind Händchen haltend spazieren gehe, statt ihm die Zähne zu zeigen, dann bedeute das in letzter Konsequenz die Konterrevolution. Deshalb wurde Paul Jäger, der in seiner Betriebsparteiorganisation für die »gesellschaftliche Arbeit« zuständig war, in die ČSSR geschickt. Er sollte dem tschechischen Partnerbetrieb einen Besuch abstatten und dabei unauffällig die Lage erkunden. Die Ergebnisse, mit denen Harald Jägers Vater dann nach Hause kam, waren niederschmetternd. Vor seinen Augen sei dem Parteisekretär des Partnerbetriebs ins Gesicht gespuckt worden, berichtete er empört. Von Arbeitern! Ein solcher Vorfall nach dem anderen habe sich dort ereignet. Schließlich sei er zu dem Schluss gekommen, dass man im »befreundeten« Nachbarland derzeit nicht als Kommunist in Erscheinung treten könne. Denn die Konterrevolution sei dort bereits in vollem Gange. Pony durfte seine Gewinner nicht in das Nachbarland schicken.

Natürlich war man im Hause Jäger erleichtert, als dann im August die Armeen der Warschauer-Pakt-Staaten »dem Spuk ein Ende« machten. Auch wenn Harald Jägers Bautzener Familie nicht verstand, dass die eigenen Streitkräfte hinter den Toren ihrer Stadt Halt machten – unmittelbar vor der tschechoslowakischen Grenze. Weshalb aber ließ man die Bruderarmeen den Dreck allein machen, wollte Paul Jäger von seinem Sohn wissen, der damals den Rang eines Oberfeldwebels bekleidete. Der aber durfte ihm nicht sagen, was er wusste. Denn es war ein militärisches Geheimnis, dass die NVA im Hinterland dieser Militäraktion zwar in »äußerster Gefechtsbereitschaft« stand, zunächst aber nur die Versorgung mit Trinkwasser und Verpflegung sicherstellte.

Ein Jahr später war Harald Jäger dann die theoretische Analyse zu jenen inzwischen niedergeschlagenen »konterrevolutionären Aktivitäten« in der ČSSR nachgeliefert worden. Auf der Kreisparteischule, wo man ihn für die Qualifikation »Leitungskader« vorbereitete.

Der Gegner, so erfuhr er dort, habe damals versucht, seinen Einfluss über Künstler und Angehörige der Intelligenz geltend zu machen. Bei diesen Mitbürgern handle es sich naturgemäß um »individualistische Elemente«, die die Eigeninteressen über die der Gemeinschaft stellten. Daher seien sie für bürgerliche Ideen besonders anfällig. Andererseits aber seien diese Kreise, zudem wenn sie berühmt und im Volk beliebt sind, als Meinungsmultiplikatoren bei der Verbreitung solcher Ideen besonders effektiv. Sie konnten – wie kaum eine andere

Gruppe – die Massen mobilisieren und beeinflussen. Das alles sei am Beispiel der ČSSR besonders gut zu studieren. Daraus könne, ja müsse man Konsequenzen für das eigene politische Handeln ableiten. Es verstand sich von selbst, dass für Mitarbeiter des MfS in diesem Fall mit politischem Handeln natürlich operatives Ermitteln gemeint war.

Mit einer Verspätung von mehr als vierundzwanzig Stunden findet Harald Jäger am Abend dieses historischen Tages endlich Zeit, sich der gestrigen Ansprache von Egon Krenz »an die Bürger der DDR« zu widmen. Als er damit fertig ist, stehen neben dem im *Neuen Deutschland* abgedruckten Text fünf Fragezeichen. Jedes Fragezeichen gilt einer Formulierung des neuen Generalsekretärs, welche nahezu das gesamte politische Leben des Harald Jäger in Frage stellt.

»Es geht uns allen um die Erneuerung des gesellschaftlichen Lebens mit dem Ziel, den Sozialismus für jeden Bürger unseres Landes lebenswerter zu gestalten.«

Dieses Ziel, überlegt Harald Jäger, war schon während der letzten vierzig Jahre auf die Fahnen geschrieben worden – auf jedem ZK-Plenum, auf jedem Parteitag. Was hatte die Partei und ihre 2,3 Millionen Mitglieder denn in dieser ganzen Zeit gemacht?

»Der Neubeginn, der Aufbruch des Volkes ist von vielen Gesprächen, Diskussionen, Auseinandersetzungen, Demonstrationen und anderen Willensäußerungen begleitet. Für alle diese Formen steht der Begriff des Dialogs.«

Das hört sich für Harald Jäger fast so an, als ob die Partei den »Aufbruch des Volkes« für sich reklamieren will. Tatsächlich aber war dieser »Aufbruch« von ihr lange misstrauisch beäugt und schließlich gegen sie durchgesetzt worden. Waren also vierzig Jahre aktive Parteiarbeit vergebens?

»Ich kann nur sagen, das Leben nimmt uns beim Wort.«

Wie oft schon waren gigantische Fehlentscheidungen mit dem Hinweis getroffen und realisiert worden, dass man beim Wort genommen wurde? Auf einer Aktivtagung sprach Generalmajor Heinz Fiedler, der Leiter der Hauptabteilung VI, davon, dass man vom Volk in Bezug auf den Wohnungsbau »beim Wort genommen« werde. Bei einer Schulung im Rahmen des Parteilehrjahres hatte Harald Jäger dann einmal kritisiert, dass man zwar riesige Satellitenstädte baue, die zum Teil wunderschönen Altstädte aber – wie auch die seiner Heimatstadt Bautzen – dem Verfall preisgebe. Was aber sollte er auf das Argument des Referenten entgegnen, der ihm daraufhin vorgerechnet hat, dass es billiger sei, 10 000 neue Wohnungen auf die grüne Wiese zu setzen, als hundert Altbauwohnungen zu modernisieren? Und auch das mit dem Hinweis, dass »uns das Volk beim Wort« nehme. Diesmal aber ist es nicht nur das Volk, sondern gar »das Leben«, welches »uns beim Wort« nimmt.

Immerhin konnte Harald Jäger einige Zeilen weiter unten ein dickes, zustimmendes Ausrufezeichen setzen – dorthin, wo Egon Krenz ein neues Reisegesetz und endlich die Veröffentlichung von Umweltdaten ankündigt. Dem aber folgen unmittelbar neue Fragezeichen.

»Wir wollen die volle Souveränität des Volkes der DDR. Mit diesem Ziel streben wir eine Reform des politischen Systems an.«

War die DDR nicht der Staat der Arbeiter und Bauern? Konnte es eine vollere Souveränität geben als deren Herrschaft? So hatte es Harald Jäger doch seit mehr als vier Jahrzehnten von allen Seiten erfahren. Vom Vater und vom Schwiegervater, von allen Schulen und Studieneinrichtungen, die er je besucht hatte, und im Parteilehrjahr. Was also verstand Egon Krenz nun unter der »vollen Souveränität des Volkes der DDR«? Und was bedeutete das im Hinblick auf »eine Reform des politischen Systems«? Riecht das etwa nach Pluralismus? Wäre eine solche Reform überhaupt noch mit der propagierten wissenschaftlichen Weltanschauung vereinbar?

»Im Leben der Partei, in ihren Strukturen und im Parteistatut sind Garantien für die Unumkehrbarkeit der Erneuerung zu schaffen. Erforderlich ist eine Demokratisierung der Kaderpolitik und die Begrenzung der Zeitdauer für die Ausübung von Wahlfunktionen.«

Musste man nicht einfach nur die im Parteistatut festgeschriebenen Prinzipien der innerparteilichen Demokratie wiederherstellen? Die Leitungsebenen brauchten doch einfach keine Kaderentscheidungen mehr zu treffen, die ohnehin in die Kompetenz der Parteigrundorganisationen, also der Basis, gehören. Dann würden solche Verstöße gegen das Parteistatut nicht mehr vorkommen, wie dies bei seiner Tochter Kerstin versucht worden war. Allerdings hätte, so stellt Harald Jäger erst jetzt beim nochmaligen Überfliegen der Krenz-Rede fest, auch der Vorschlag einer »Begrenzung der Zeitdauer für die Ausübung von Wahlfunktionen« ein Ausrufezeichen verdient. Die Aussicht, zum Beispiel für einen Betriebsparteisekretär, nach einer gewissen Zeit definitiv wieder zurück an den ursprünglichen Arbeitsplatz zu müssen – als ein Kollege unter vielen –, würde möglicherweise einige davon abhalten, sich zuvor als willfährige Erfüllungsgehilfen der höheren Parteigremien aufzuführen.

Als Harald Jäger die nur wenig verheißungsvolle Rede seines Partei- und Staatschefs vom Vortag zur Seite legt, vernimmt er plötzlich eine Stimme, die ihm während der Live-Übertragung der Kundgebung am Nachmittag offenbar entgangen war. Jetzt erst, in einer Zusammenfassung der heutigen Veranstaltung, sieht Harald Jäger einen der Lieblingsautoren seiner Jugend im Fernsehen. Er erinnert sich, wie ihm seinerzeit in der Stadtbücherei in Bautzen die ältere Bibliothekarin den Roman *Kreuzfahrer von heute* empfohlen hatte, den er dann gleich zweimal hintereinander las. Er war begeistert von der authentischen Darstellung des amerikanischen Siegeszuges gegen die Nazis im letzten Jahr des Krieges, geschildert aus der Perspektive einer Propagandaeinheit der US-Armee, der jener alte Schriftsteller dort auf dem Podium damals angehört hatte. Dieser Roman war einst unter dem englischen Titel *The Crusaders* ein Welterfolg gewesen. Im Hause der Familie Jäger in Bautzen war man seinerzeit stolz darauf, dass ein so bedeutender Schriftsteller – aus der Emigration zurückkehrend – sich für den Osten Deutschlands entschieden hatte. Doch später durften nicht alle seine Romane in der DDR veröffentlicht werden. Und wenige Wochen nachdem an der Hochschule des MfS im Seminar »Grundlagen der Kriminalitätsbekämpfung« jene »Fallbeispiele« entwickelt worden waren, hatte Harald Jäger im *ND* gelesen, dass dieser Autor sich des Devisenvergehens schuldig gemacht haben soll.

Nun hatte sich der Lieblingsautor des jugendlichen Harald Jäger am Nachmittag auf dem Alexanderplatz an eine halbe Million Menschen gerichtet. In seiner Ansprache beschrieb er – ohne Larmoyanz und ohne moralischen Zeigefinger – exakt jenes Gefühl, mit dem auch der Oberstleutnant Jäger in den letzten Monaten und Jahren den Zustand dieses Landes empfunden hat: »... es ist, als habe einer die Fenster aufgestoßen nach all den Jahren der Stagnation, der geistigen, wirtschaftlichen, politischen, den Jahren von Dumpfheit und Mief, von Phrasengedresch und bürokratischer Willkür, von amtlicher Blindheit und Taubheit.« Seinen ergreifenden Sätzen ließ der fast achtzigjährige Stefan Heym einen hoffnungsvollen Ausblick folgen: »Wir haben in diesen letzten Wochen unsere Sprachlosigkeit überwunden und sind jetzt dabei, den aufrechten Gang zu erlernen.« Harald Jäger wünscht sich in diesem Moment nichts sehnlicher, als dass seine 2,3 Millionen Genossen diesen Ausblick des Stefan Heym auch auf sich beziehen.

VII. Donnerstag, 9. November 1989

Erstmalig wird die Bürgerrechtlerin Bärbel Bohley von offiziellen DDR-Medien um Interviews gebeten – darunter auch von der Zeitung der Liberaldemokratischen Partei *Der Morgen*.

In Berlin wird die 10. ZK-Tagung, die am Vortag begonnen hat, fortgesetzt. Mehrere Bezirksleitungen der SED setzen ihre Ersten Sekretäre ab: Hans-Joachim Böhme in Halle, Werner Walde in Cottbus und Johannes Chemnitzer in Neubrandenburg – vierundzwanzig Stunden nachdem sie Mitglieder beziehungsweise Kandidaten des neu gewählten Politbüros geworden waren. Schon am nächsten Tag werden sie auch diese Funktionen wieder verlieren.

Es sieht nach einem ruhigen Tag an der Grenzübergangsstelle aus. Keiner der Anwesenden, die an diesem frühen Morgen im Dienstzimmer des PKE-Leiters am Rapport zum Schichtwechsel teilnehmen, erwartet etwas anderes. Nicht jener Major der Grenztruppen, der als diensthabender Offizier an diesem Tag seinen Kommandanten vertreten wird, und nicht der Leiter des Grenzzollamts im Range eines Hauptkommissars. Nicht der Parteisekretär und schon gar nicht E., der stellvertretende PKE-Leiter, der sich für heute vom Dienst verabschiedet. Auch dessen Chef und Harald Jäger, der andere Stellvertreter, die beide eben erst den Dienst angetreten haben, stellen sich auf alltägliche Routine ein. Der Leiter dieser Passkontrolleinheit wird mindestens bis 17 Uhr hierbleiben, sein Stellvertreter Harald Jäger wird bis um acht Uhr am nächsten Morgen die Stellung halten.

Die übliche Abstimmung mit dem Revier 64 der Volkspolizei am nahe gelegenen Arnimplatz habe, laut Auskunft des Grenztruppen-Majors, »keinerlei Auffälligkeiten im Hinterland« ergeben. Nach Einschätzung der Hauptabteilung VI sind mithin keine besonderen Aktionen der Opposition zu erwarten. Und auch keine der zunehmend aktiver werdenden Bevölkerung. Vielleicht wolle man erst die Ergebnisse des seit gestern tagenden ZK-Plenums abwarten, bemerkt E. eher beiläufig. Er will damit sagen, dass keine besonderen operativen Vorgänge nötig seien. Das nämlich fiele in seinen Aufgabenbereich. Der Posten oben an der Vorkontrolle/Einreise hatte zudem feindwärts ein ruhiges Vorfeld gemeldet. Der Grenztruppen-Major bemerkt noch, dass unten in der Kleingartenkolonie »Bornholmer 1« für alle Fälle Offiziersschüler patrouillierten. Sie waren von der Offiziersschule im vogtländischen Plauen zur Parade am 40. Jahrestag nach Berlin beordert worden. Wegen der angespannten Lage hatte man sie danach nicht zurückreisen lassen, sondern stattdessen per Ministererlass in Niederschönhausen kaserniert. Da es aber derzeit kaum Verwendung für die angehenden Offiziere gibt, lässt man einige von ihnen in der grenznahen Schrebersiedlung Streife laufen. Noch immer gilt an allen Grenzübergangsstellen die »erhöhte Einsatzbereitschaft«, aber kaum einer der an diesem Rapport teilnehmenden Offiziere hält diesen Befehlszustand heute für gerechtfertigt. Nicht an diesem feucht-kalten Novembermorgen, der außer einem leichten Nieselregen keine weiteren Unannehmlichkeiten erwarten lässt.

9:00 Uhr

Schon am Vorabend war es zwischen Egon Krenz und dem für Sicherheitsfragen zuständigen Politbüro-Mitglied Wolfgang Herger zu einem Gespräch über die Notwendigkeit einer Reiseregelung gekommen, die über den am 6. November veröffentlichten Gesetzentwurf hinausgeht. Dieser Entwurf war in den letzten Tagen von der Bevölkerung wegen zu vieler Einschränkungen kritisiert worden. Noch bevor an diesem Morgen die ZK-Tagung ihre Beratungen wieder aufnimmt, hatte Herger den DDR-Innenminister Friedrich Dickel angerufen und von ihm die umgehende Ausarbeitung einer solchen Vereinbarung verlangt. Sie soll noch am gleichen Tag dem ZK vorgelegt werden.

Wenig später tritt im Ministerium des Innern eine Arbeitsgruppe unter Hinzuziehung zweier hochrangiger Offiziere des MfS zusammen. Noch ehe man den in Eile entworfenen Text an das Politbüro weiterleitet, wird Generalmajor Gerhard Niebling – im MfS zuständig für die »ständigen Ausreisen« – über den Inhalt informiert.

Die Vorgaben der Partei waren noch immer nicht gekommen. Deshalb konnte sich Harald Jäger in seinem Dienstzimmer auch wieder nicht mit dem beschäftigen, was üblicherweise in diesen Wochen des Jahres zu seinen Pflichten zählt – die Erstellung des Arbeitsplanes für das nächste Jahr. Abermals hatte ihn am heutigen Morgen sein unmittelbarer Vorgesetzter nur vertrösten können, dass man den Jahresplan eben diesmal später als sonst erstellen werde. Denn woraus soll man die konkreten Ziele und Aufgaben für den eigenen Dienstbereich ableiten, wenn die Einschätzungen der allgemeinen politischen Lage durch die Partei nicht vorliegen? Obgleich viele dieser Aufgaben seit jeher immer die gleichen zu sein scheinen, hatten veränderte Gegebenheiten in der Vergangenheit immer wieder auch Modifizierungen notwendig gemacht. Die »Herausfiltrierung von Personen im Reiseverkehr, die positiv oder negativ in Erscheinung getreten sind oder voraussichtlich in Erscheinung treten werden«, ist zum Beispiel eine solche. In diesem Jahr musste diese Zielsetzung konkretisiert und auch bei der Schulung der Passkontrolleure berücksichtigt werden. Damit war darauf reagiert worden, dass in Leipzig Anfang September Bürger damit begonnen hatten, an jedem Montag nach dem Besuch eines Gottesdienstes Demonstrationen zu veranstalten. Illegale Demonstrationen. Wegen des schnell wachsenden Zuspruchs aber konnte dagegen nicht mit den herkömmlichen operativen Mitteln der Staatssicherheit im Zusammenwirken mit der Volkspolizei vorgegangen werden. Neue Strategien und eine effektivere Taktik mussten entwickelt werden. Harald Jäger war nicht gut darüber informiert, was dies im Einzelnen für die draußen im Land operativ tätigen Genossen bedeutete, aber seine Passkontrolleure hatten fortan Demonstrativtäter mit dem Reiseziel Leipzig aufzuspüren. Eine klassische Aufgabe. Schließlich ist die Passkontrolle selbst für das MfS nur

Mittel zum Zweck – der Hauptschwerpunkt der Arbeit liegt bei operativen und Fahndungsaufgaben. Deshalb waren die Passkontrolleinheiten vor einem Vierteljahrhundert den Grenztruppen entzogen und dem Ministerium für Staatssicherheit unterstellt worden.

Entsprechend den politisch-ideologischen Vorgaben mussten aber auch Schulungspläne für die Mitarbeiter erstellt werden. Dies zu organisieren ist seit Jahren Harald Jägers Aufgabe – mit dem Ziel, auf die massenpolitische Arbeit der Genossen, auch außerhalb der Dienststelle, Einfluss zu nehmen. Sie sollen befähigt werden, zum Beispiel auf ihre Ehefrauen einzuwirken, die Linie der Partei offensiv zu vertreten. In ihren Parteiorganisationen im Betrieb oder in den Massenorganisationen wie dem FDGB oder dem Demokratischen Frauenbund. Das gilt in gleichem Maße für die eigenen Kinder, die ja in der FDJ organisiert sind. Und für alle zusammen in den privaten Gesprächen mit den Nachbarn im Wohngebiet.

Frühjahr 1989

»Warum darf ich eigentlich nie West-Fernsehen sehen?«, hatte Manuela, die jüngste Tochter von Harald Jäger, vor ein paar Wochen plötzlich gefragt. Siebzehn Jahre lang hatte sie sich gefügt in die Besonderheiten, die es mit sich brachte, dass der Vater Offizier der Staatssicherheit ist. Sie durfte sich nicht am Alexanderplatz oder anderswo von jungen Männern aus West-Berlin ansprechen lassen. Auch nicht von einem Franzosen oder Italiener. Auf gar keinen Fall aber durfte sie ihren Namen und ihre Adresse weitergeben, womöglich eine Brieffreundschaft beginnen. Ihr war ja nicht entgangen, welche Aufregung es in der Familie gab, als ihre ältere Schwester während einer Reise nach Budapest einen jungen Ungarn kennen gelernt hatte, der eines Tages überraschend vor der Tür stand. Der Bürger eines befreundeten Landes! Kerstin hatte ja nicht wissen können, dass dem Dienstherrn ihres Vaters zu diesem Zeitpunkt erste Einschätzungen vorlagen, denen zufolge der Gegner in Ungarn bereits einigen Einfluss gewonnen habe. Manuela hatte auch erlebt, wie ihr Bruder seine Freundin erst heiraten konnte, nachdem deren ganze Familie überprüft worden war. Carstens Schwiegervater mochte zwar ein kritischer, zeitweise sogar defätistischer Zeitgeist sein, aber darum ging es nicht. Die Familie durfte keine West-Verwandtschaft haben. Dieser Umstand war für die Staatssicherheit entscheidend. Eine entfernte Verwandte in Düsseldorf hätte die Eheschließung problematisch erscheinen lassen, eine ersten Grades in West-Berlin gänzlich unmöglich gemacht.

Manuela akzeptierte das alles – sie wollte einfach nur mal jene Sendungen im West-Kanal sehen, über die sich die anderen auf ihrer Lehrstelle regelmäßig unterhielten. Harald Jäger war in Erklärungsnot geraten. Erst recht, als Manuela davon erzählte, dass manche zu ihr ohnehin wegen des »Stasi-Vaters« auf Distanz gingen. Allein schon durch ihre Wohnadresse war die Familie ja als solche zu erkennen. Es tat Harald Jäger weh, dass die jüngste Tochter seinetwegen auf ihrer Arbeitsstelle isoliert war. Da konnte auch die politisch-ideologische Generallinie der Partei nicht weiterhelfen. Er hatte noch eine Weile verstreichen lassen, ehe er dann an einem Sonntagabend Manuela neben sich auf das Sofa bat, um mit ihr gemeinsam die *Tagesschau* anzuschauen. Und danach den *Tatort* – und beide fanden sie, dass er auch nicht spannender war als die heimische Serie *Polizeiruf 110*.

Solange jene Einschätzung der allgemeinen politischen Lage durch die Parteiführung, auf die Harald Jäger seit Wochen wartet, nicht vorliegt, kann auch kein Schulungsplan erstellt werden. Doch die politische Überzeugung der Genossen falle »bekanntlich nicht vom Himmel«, hatte einer der Referenten im Parteilehrjahr mal gesagt. Deshalb muss ihnen die politisch-ideologische Generallinie in Schulungen vermittelt werden. Also wartet Oberstleutnant Jäger weiter.

Gemeinsam mit E. hat er zwischenzeitlich schon mal die Ergebnisse des sozialistischen Wettbewerbs aufgelistet. Das ist relativ einfach und ohnehin in jedem Jahr der gleiche Vorgang. Die GÜST Bornholmer Straße besteht aus vier Zügen mit je vierzehn Angehörigen, die gegeneinander antreten. Einmal im Jahr wird abgerechnet. Die Passkontrolleure welchen Zuges haben die wenigsten Fehler bei der Dokumentierung der Personalpapiere gemacht? Welche bei der Ausstellung von Tagesvisa? Die Fahndungsoffiziere welchen Zuges haben ihre »Tätigkeit fehlerfrei und die Arbeit mit der Fahndungskartei auf hohem Niveau gestaltet«? Welcher Zug hat die meisten Ersthinweise geliefert? Oder die meisten operativen Feststellungsergebnisse? Am 8. Februar – dem Tag, an dem im Jahre 1950 das MfS gegründet worden war und der seither offiziell als »Tag der Staatssicherheit« gilt – werden dann Wimpel und Geldprämien verliehen, die zuvor in der Hauptabteilung angefordert worden waren. Und im nächsten Jahr, zum 40. Jahrestag des MfS, werden die einzelnen Züge wahrscheinlich wieder zu Feierlichkeiten in das Berliner Palasthotel eingeladen. Mit Wernersgrüner oder Radeberger, zwei exquisiten Biersorten, die nur selten den Weg in die Verkaufsregale finden – zumindest nicht in die der DDR-Kaufhallen. Jedenfalls hoffen alle auf eine solche Festivität, wie sie vor zehn Jahren schon einmal stattgefunden hat.

Offenbar ist in der letzten Stunde auch dem Chef von Harald Jäger das Ausbleiben der parteiinternen Einschätzung noch einmal durch den Kopf gegangen. Als der PKE-Leiter das Dienstzimmer seines Stellvertreters betritt, fängt er nämlich sofort mit diesem Thema an. Dabei gibt er ein bemerkenswertes Beispiel für Optimismus. Er sei sicher, sagt er, dass man das gerade tagende ZK-Plenum und dessen Ergebnisse habe abwarten wollen, um die allgemeine politische Einschätzung quasi auf einen aktuellen Stand zu bringen. Schließlich hätte er ja auch vermuten können, dass jene Einschätzung deshalb noch nicht vorliegt, weil das Politbüro in den Wirren dieser Zeit selbst keine klare Richtung mehr hat. So etwas denkt Harald Jäger, nicht aber der PKE-Leiter der GÜST Bornholmer Straße. Dieser ist sogar sicher, dass in dem gerade tagenden Plenum ein neuer, gänzlich überarbeiteter Entwurf des geplanten Reisegesetzes beraten wird. Damit würden auch gänzlich veränderte organisatorische und schulische Aufgaben an die Passkontrolleinheiten gestellt werden.

Tatsächlich war der »Entwurf des Gesetzes über Reisen ins Ausland«, der vor drei Tagen in den DDR-Medien veröffentlicht und zur »öffentlichen Diskussion« gestellt worden war, auf breite Ablehnung gestoßen. Nur auf der Leitertagung der für Reisen und Passkontrollen zuständigen Hauptabteilung VI war dieses Dokument mit keinem Wort kommentiert worden. Dabei hatten doch sicher diese Fachleute viele der darin formulierten Bestimmungen als kaum praktizierbar erkannt. Die Beschränkung der Besuchsreisen auf dreißig Tage im Jahr zum Beispiel würde einen riesigen bürokratischen Meldeapparat notwendig machen. Jenen § 6, wonach Reisegenehmigungen »zum Schutz der nationalen Sicherheit, der öffentlichen Ordnung, der Gesundheit oder der Moral oder der Rechte und Freiheiten anderer« versagt werden könnten, hatte Harald Jäger einen »Gummiparagrafen« genannt. So etwas ließen sich die Bürger nicht mehr gefallen. Deshalb hofft er nun, dass in einem neuen Entwurf diese offensichtlichen Fehler ausgemerzt sein werden. Und er hofft auch, dass sein Vorgesetzter recht damit hat, dass die Partei übermorgen, nach dem Ende des Plenums, die Vorgaben schickt, damit er endlich mit dem Erstellen des Jahresplans 1990 beginnen kann.

12:30 Uhr

In der Mittagspause liest Egon Krenz im Präsidium der ZK-Tagung den dort noch herumstehenden Mitgliedern und Kandidaten des Politbüros den Entwurf der neuen Reiseregelung vor. Andere sind bereits im Nebenraum beim Essen. Nachdem einige wenige stilistische Veränderungen vorgenommen worden sind, ruft Wolfgang Herger den noch amtierenden Regierungschef der DDR, Willi Stoph, an. Man vereinbart, dass dieser Entwurf umgehend als Umlaufvorlage durch den Ministerrat geht. Als Generalmajor Gerhard Neiber nun der endgültige Text übermittelt wird, prüft er dessen Formulierungen vor allem darauf, ob man daraus nicht etwa »den Wegfall der Grenze oder gar den Abriss der Mauer« herauslesen könne. Denn die Souveränität der DDR solle auf keinen Fall Schaden nehmen. Diese Befürchtung aber ist schon deshalb unbegründet, weil auch dieser Entwurf vor einem Grenzübertritt die Einholung eines Visums verlangt. Wenngleich ein solches »ohne Prüfung von Voraussetzungen« erteilt werden soll. In den meisten Fällen muss aber zuvor ein Pass beantragt werden, denn nur knapp vier der sechzehn Millionen DDR-Bürger verfügen zu diesem Zeitpunkt über einen solchen. Dessen Ausstellung würde einige Tage dauern. Damit ist also garantiert, dass der zu erwartende Druck von den Grenzübergangsstellen genommen und auf die Dienststellen der Volkspolizei verlagert würde. Im Ministerrat wird für eine Veröffentlichung der neuen Reiseregelung, die ab dem nächsten Tag »bis zum Inkrafttreten des neuen Reisegesetzes« gelten soll, eine Sperrfrist bis vier Uhr früh festgelegt.

Wie oft schon hat Harald Jäger in der Vergangenheit mit E., dem anderen Stellvertreter, hier oben an den Betonblöcken mit den eingebauten stabilen Sperrschlagbäumen gestanden – auf dem neutralen Platz zwischen feindwärts und freundwärts. Hier konnten sie unbelauscht über Dinge reden, die sie dort unten in den Dienstbaracken so nicht sagen würden. Mancher Passkontrolleur wäre erstaunt, wenn er hören würde, wie die beiden Oberstleutnante beispielsweise über die Grenzanlagen sprechen, deren »zuverlässigen Schutz« sie Tag für Tag befehlen.

Man habe den antifaschistischen Schutzwall doch einstmals gegen den äußeren Feind errichtet, sagt Harald Jäger dann zu seinem Kollegen. In jener Zeit nämlich, in der ein mutiger Kundschafter den Panzerschrank mit den Angriffsplänen der NATO geklaut hatte, wie es später in dem Spielfilm *For eyes only* nachgestellt worden sei. Inzwischen aber habe man Hinterlandmauern gebaut, Signalzäune gezogen und Hundelaufanlagen angelegt. Doch keine dieser im Laufe der Jahre vorgenommenen Maßnahmen wäre geeignet, einen militärischen Angriff des Gegners aufzuhalten. Diese Perfektionierung der Grenzanlagen sei vielmehr durchweg gegen das eigene Volk gerichtet. Und E., der für operative Aufgaben zuständige Staatssicherheitsoffizier, nickt dann immer nachdenklich mit dem Kopf und bekennt: »Ja, da hast du wohl recht!« Danach geht jeder wieder seiner gewohnten Tätigkeit nach.

6. Oktober 1983

Den Hinweis auf jene Ungeheuerlichkeit, die es bis dahin offiziell gar nicht gab, hatte er durch Zufall entdeckt. Auf einer der hinteren Seiten im *Neuen Deutschland* – im Bericht über ein Gespräch, welches Honecker tags zuvor mit österreichischen Journalisten zum Thema »US-Atomraketen« geführt hatte. In der Regel überflog Harald Jäger solche Berichte, las bestenfalls den ersten Satz in Gänze. Aber genau da stand das, was ihn schließlich in eine ernsthafte persönliche Vertrauenskrise zu seiner Partei- und Staatsführung brachte.

Es war der Tag vor dem 34. Jahrestag der Republik, als im *ND* die österreichische Presseagentur APA zitiert wurde: »DDR-Staats- und Parteichef Erich Honecker hat am Mittwoch die möglichen Gegenmaßnahmen des Warschauer Paktes auf eine Stationierung neuer US-Raketen in Westeuropa präzisiert und bei der gleichen Gelegenheit den vollständigen Abbau der Selbstschussanlagen an der Grenze zur BRD angekündigt.«

Das kann Honecker unmöglich gesagt haben, war Harald Jägers erster Gedanke. Die Existenz von Selbstschussanlagen, wie sie von den westlichen Medien immer wieder behauptet worden war, ist doch von DDR-Seite stets bestritten worden. Er selbst hatte damals sogar, als in einem der westlichen Fernsehkanäle das Bild einer solchen gezeigt wurde, lachend den Kopf geschüttelt. Hatte er darauf doch jenes Gebilde erkannt, das er noch aus seiner Zeit als Unteroffizier kannte. An dem Berliner Grenzabschnitt, der direkt durch den St. Hedwigs-Friedhof verlief, hatte man seinerzeit diese abgesägten Läufe mit einem Schussmechanismus versehen und an einen gespannten Draht montiert. Anschließend war der Sicherungsmechanismus entfernt worden. Im Lauf aber befand sich lediglich Leuchtmunition, die zudem – wenn jemand den Draht berührte – nach oben abgefeuert wurde. Manchmal war auch Knallmunition im Lauf, aber eine Selbstschussanlage war es nicht.

Bis zu jenem 6. Oktober 1983 hatte Harald Jäger keinerlei Zweifel gehabt, dass es sich bei den Berichten über die angeblichen Selbstschussanlagen um feindliche Propaganda handelte. Trotzdem fragte er damals einen Offizier der Grenztruppen danach, von dem er wusste, dass er eine Weile an der Grenze zur BRD eingesetzt war. Auch er hatte die Existenz dieser Anlagen als »Ente« bezeichnet, erwähnte allerdings, dass es Minenfelder gäbe. Immerhin schien dem Grenzregime ein toter DDR-Bürger lieber zu sein als ein geflüchteter, war es Harald Jäger nach diesem Gespräch durch den Kopf gegangen. Aber gesagt hatte er es nicht. Er hatte nur die Hoffnung, dass niemand in seiner Familie ihn je auf diese Form der Grenzsicherung ansprechen würde. Der Einsatz von Minen war ihm peinlich, obgleich er als Offizier der Passkontrolleinheiten damit gar nichts zu tun hatte. Nun aber hatte er es als Genosse mit einer eindeutigen Lüge seiner Partei und deren Propaganda zu tun. Denn auch wenn die heimischen Journalisten, die einst die Selbstschussanlagen zu Hirngespinsten des Gegners erklärt hatten, wahrscheinlich nichts von deren Existenz gewusst haben, so war doch ganz sicher die ZK-Abteilung, die solche Berichte genehmigte, darüber informiert. Und nun wurden sie gemeinsam durch das Bekenntnis des Generalsekretärs Lügen gestraft.

Wenige Tage nach diesem Bericht im *Neuen Deutschland* war Harald Jäger zu seinen Geschwistern und deren Familien nach Bautzen gefahren. Er hatte sich fest vorgenommen, mit ihnen über seinen inneren Zwiespalt zu sprechen. Dann aber war er froh, dass offenbar keiner diesen Bericht gelesen und ihn darauf angesprochen hat.

Besonders schön hat er diese Betonblöcke nie gefunden. Daran änderten auch die Blumenkästen mit den Stiefmütterchen nichts, die der PKE-Leiter hatte daraufstellen lassen. Angesichts all der anderen Sperranlagen hält Harald Jäger die Betonblöcke mit den eingebauten Sperrschlagbäumen ohnehin für überflüssig. Heute aber empfindet er deren Existenz als ausgesprochen absurd. Seit ein paar Tagen sind für die DDR-Bürger wieder die Grenzen zur ČSSR offen, von wo aus jeder ohne Schwierigkeiten in die BRD ausreisen kann. Niemand würde also mehr das Wagnis unternehmen, mit einem gepanzerten russischen Sil-Lkw die Grenzanlagen zu durchbrechen, wie dies vor einigen Jahren am Übergang Marienborn an der Grenze zu Niedersachsen der Fall gewesen ist.

Harald Jäger erinnert sich noch an jene grauenvollen Fotografien, die sein Vorgesetzter von einer Leitersitzung in der Hauptabteilung VI mitgebracht hatte. Sie zeigten das völlig demolierte Fluchtauto. Es hatte die ersten Sperranlagen und danach den Schlagbaum an der Personenkontrolle durchbrochen sowie die Eisengittertür dahinter, ehe es mit voller Geschwindigkeit gegen den aus der Seite herausgeschossenen Beton-Prellbock gedonnert war.

In der Auswertung hatte man sich dann ausgemalt, zu welcher Katastrophe es hätte kommen können, wenn dort westdeutsche Transitreisende gestanden hätten oder deren Fahrspur stärker frequentiert gewesen wäre. Es galt daher für die PKE an den einzelnen Grenzübergangsstellen Lösungen zu finden, wie ein solch spektakulärer Fluchtversuch künftig vereitelt werden könnte. Dabei musste vermieden werden, dass bei unbeteiligten Reisenden Personenschaden entstand. An der Bornholmer Straße war über verschiedene Kfz-Sperren nachgedacht worden. Am Ende hatte man sich für diese Betonblöcke entschieden. Aus Sicht der PKE war dies zwar nicht die optimale Lösung, aber immer noch besser als jene, die zunächst vorgesehen war.

Eine Kommission aus SED-Kreisleitung, Rat des Stadtbezirks, Pionieroffizieren, dem Kommandanten der Grenztruppen, dem PKE-Leiter und einem für die bautechnische Realisierung der Grenzsicherungsanlagen zuständigen Techniker hatte zunächst einen grotesken Plan. Demzufolge sollte die Bornholmer Straße auf halber Länge zwischen Grenzübergangsstelle und Schönhauser Allee mit Betonblöcken versehen werden. Damit wäre für Pkws bis zum Kontrollpunkt nur noch eine langsame Fahrt in Schlangenlinien möglich gewesen. Die Lkws würden schon vorher gestoppt werden – dort, wo die breite Schönfließer Straße die Bornholmer kreuzt. Das aber hätte bedeutet, die Versorgungsfahrzeuge für die anliegenden Geschäfte zu deren Rückfronten umzuleiten. Da man außerdem Proteste der Anwohner befürchtete, war dieser Plan verworfen worden.

Inzwischen aber stellt sich Harald Jäger die Frage, wen diese Betonblöcke mit den eingebauten Sperrschlagbäumen heute noch aufhalten sollen? Wer die DDR verlassen will, begibt sich in Richtung ČSSR, und wer nur mal über den Kurfürstendamm bummeln will, donnert nicht zuvor mit einem gepanzerten Fahrzeug in die mehrfach gesicherte Grenzübergangsstelle. Und in diesen Tagen warten ohnehin alle auf das neue Reisegesetz, welches ihnen schon bald den Grenzübertritt erlauben soll. Und zwar allen Bürgern und ohne Vorbedingungen – außer den Geheimnisträgern. Deshalb werden Harald Jäger und die anderen Offiziere der Staatssicherheit auch weiterhin auf die Schilderungen von Reisenden angewiesen sein, um sich ein Bild vom anderen Deutschland zu machen. Aber diese Reisenden werden künftig nicht nur den grünen Pass der Bundesrepublik vorweisen, sondern – weitaus häufiger als dies heute der Fall ist – auch den blauen der Deutschen Demokratischen Republik.

16:00 Uhr

Egon Krenz verliest vor dem Zentralkomitee den »Vorschlag des Ministerrats für eine neue Reiseregelung«. Abermals werden – auf Zuruf einzelner ZK-Mitglieder – stilistische Veränderungen vorgenommen, um jegliche Missverständnisse von vornherein auszuschließen. Niemand im ZK kommt an diesem Nachmittag auf die Idee, dass in der folgenden Nacht die Mauer fallen könnte. Der eben verabschiedete Textentwurf für eine neue Reiseregelung lässt eine solche Möglichkeit jedenfalls gar nicht zu. Dann aber macht Egon Krenz einen folgenreichen Fehler. Statt nun die weiteren Schritte dem Ministerrat der DDR zu überlassen, drückt er dem ZK-Sprecher Günter Schabowski – ehe dieser den Raum verlässt, um zur Pressekonferenz über das 10. Plenum des Zentralkomitees zu gehen – den Entwurf mit den Worten in die Hand: »Teil das mit, das ist noch ein Extraknüller!« Schabowski aber war zuvor gar nicht anwesend, als jener Vorschlag für eine neue Reiseregelung verlesen worden war. Mit einem ihm völlig unbekannten Text in der Tasche tritt Schabowski kurz danach vor die internationale Presse.

In vier Stunden wird die Grenzübergangsstelle für die Einreise von Tagestouristen aus der BRD geschlossen. Dann werden die beiden Fahndungsoffiziere, die gelangweilt vor sich auf die Wand mit den sechzehn Monitoren blicken, noch weniger zu tun haben als in den letzten Stunden ohnehin schon. Es mag am Wetter liegen, dass heute fast keine Fußgänger eine der drei geöffneten Passkontrollbaracken da draußen ansteuern. Deshalb wird dort auch nur selten ein Reisedokument mit der Unterflurkamera aufgenommen und mittels Standleitung auf einen der Bildschirme übertragen, vor dem dann ein Offizier mit flinken Fingern die Fahndungskartei durchsucht.

Harald Jäger hat nebenan, am großen Pult des Lageoffiziers, Platz genommen. Dieser Raum hier ist für ihn so etwas wie das Herz der Grenzübergangsstelle. Das Leiterzimmer am Ende des Flurs mag man als deren Kopf begreifen. Hier vorn aber laufen alle Fäden zusammen. Der Raum des Lageoffiziers ist Koordinierungsstelle für die Fahndung, den Zoll und die Grenztruppen. Vom Telefonpult aus lässt sich nur durch einen einzigen Knopfdruck die Verbindung mit dem Operativen Leitzentrum herstellen, und für den Fall der Fälle hängen dort drüben die Alarmkladden. Hinter einer jeden Nummer der handlichen Karteikarten verbirgt sich ein PKE-Angehöriger, der im Alarmfall verfügbar wäre. Also alle, die nicht krank oder im Urlaub sind. In weniger als einer Stunde hätten diese Genossen nach einem im Alarmplan detailliert festgelegten Verteilungsschlüssel verschiedene Orte aufzusuchen. Nur ein Teil von ihnen käme hierher zur GÜST. Der Rest hätte sich dann umgehend ins Operative Leitzentrum in Schöneweide zu begeben oder zur Ausgabe der Gefechtswaffen in die Waffenkammer am Weidendamm oder bis zur weiteren Verwendung in einem so genannten Konzentrierungsraum in der Ferdinand-Schulze-Straße zu warten. Zweimal im Jahr wurde das in einem Probealarm geübt – der Ernstfall war bisher nie eingetreten. Niemand hier auf der GÜST war zudem befugt, den Alarm auszulösen. Das war nur der Leitung der Hauptabteilung VI oder dem diensthabenden Offizier im OLZ gestattet. Einer aus dem dreiköpfigen Leiterkollektiv der PKE oder der diensthabende Zugführer würde sich dann unverzüglich an diese Alarmkladden begeben und den Lageoffizier zu den entsprechenden Schritten veranlassen.

Auf schätzungsweise fünfundvierzig bis fünfzig Karteikarten blickt Oberstleutnant Jäger. Im Alarmfall könnte er also zusammen mit den sechzehn anwesenden Genossen über einen Alarmstab von rund fünf Dutzend Leuten verfügen. Ein Sturmangriff auf die GÜST, von welcher Seite auch immer, wäre damit kaum aufzuhalten. Dann aber gäbe es ja noch immer das »Zusammenwirken« mit den Grenztruppen, den regulären Verbänden der NVA und im Hinterland auch mit der Volkspolizei.

Harald Jäger weiß nicht, weshalb ihm ausgerechnet heute diese Alarmkladden ins Auge fallen. Es hatte in den vergangenen Wochen kritischere Situationen gegeben, die einen Alarm weitaus wahrscheinlicher machten, als ausgerechnet ein solch ereignisarmer Tag wie heute. Vielleicht, so sagt er sich, ist er nur mal wieder ein wenig dünnhäutig, wegen dieser Darmuntersuchung morgen früh.

Der Oberstleutnant springt auf, geht hinüber zu den beiden Fahndungsoffizieren und erzählt ihnen, wie vor einigen Jahren einer an die Grenze kam, der den schwarzen Punkt in der Kartei hatte. Natürlich wissen die jungen Offiziere, was das bedeutet: »Festnahme! Achtung Schusswaffe!« Es gilt dann, den Betreffenden blitzschnell aus dem Reiseverkehr zu isolieren, in einen der Räume zu verbringen und mit vorgehaltener MP zu bewachen. Gleichzeitig muss die Fahndungsleitstelle im OLZ verständigt werden. Das alles sei auch damals passiert, erzählt Harald Jäger. Er habe aber nicht schlecht gestaunt, als plötzlich Genossen von der HVA – dem Auslandsgeheimdienst der DDR – hier auftauchten und den zur Fahndung ausgeschriebenen bewaffneten Gewalttäter lachend in die Arme schlossen. Einen kurzen Augenblick genießt Oberstleutnant Jäger den verblüfften Blick seiner Leutnante. Dann verlässt er das Herz der Grenzübergangsstelle und begibt sich nach hinten zu deren Kopf.

18:52 Uhr

Fassungslos muss DDR-Regierungssprecher Wolfgang Meyer auf dem Fernsehschirm miterleben, wie Politbüromitglied Günter Schabowski einen Ministerratsbeschluss verkündet, den es zu diesem Zeitpunkt noch gar nicht gibt und dessen Bekanntgabe zudem Meyers Aufgabe wäre. Schabowski überhört den leisen Hinweis des neben ihm sitzenden ZK-Mitglieds Gerhard Beil (»Das muss der Ministerrat beschließen!«) und verkündet um 18.52 Uhr eine geplante Maßnahme der Regierung – nicht wissend, dass die Mitteilung einen Sperrvermerk bis vier Uhr früh trägt. Zudem nimmt Günter Schabowski den Text ganz offensichtlich nun selbst erstmalig zur Kenntnis. Das führt zu jenem unsicheren Gestammel und bei den westlichen Medien – denen der Text ja nicht schriftlich vorliegt – zu irritierten Nachfragen. Insbesondere der Hinweis, die neue Reiseregelung gelte »unverzüglich«, hat die Annahme zur Folge, dass die Ausreise ab sofort und direkt an den Grenzübergangsstellen möglich sei. Ein folgenreiches Missverständnis!

Beim Betreten der Wirtschaftsbaracke wird Harald Jäger klar, dass eigentlich zu viele Leute zum Dienst eingeteilt sind. Zwei zusätzliche Passkontrolleure, ein weiterer Fahndungsoffizier und noch einer in der Operativgruppe – das machte an einem Tag wie heute eigentlich keinen Sinn. »Erhöhte Einsatzbereitschaft« hin oder her. Nun sitzen einige von ihnen hier in der Kantine herum und quatschen. Auch die Grenztruppen und der Zoll haben ihre Schichten personell verstärkt. Und weil nun alle Abteilungen zusammen etwa die doppelte Mannschaftsstärke haben, wurde die Öffnungszeit der Kantine bis um 21 Uhr verlängert.

Kaum einer der Kantinenbesucher beachtet die Fernsehübertragung jener Pressekonferenz, die das Politbüromitglied Günter Schabowski irgendwo in Berlin zu den Ergebnissen der 10. ZK-Tagung abhält. Auch Harald Jäger hört nur mit einem halben Ohr hin, als er lustvoll in ein Brötchen beißt. Kurz darauf aber hat Schabowski Neuigkeiten zu vermelden, die für den Dienstbereich der Passkontrolleinheiten schon bald Konsequenzen haben könnten.

»... ist heute, soviel ich weiß, eine Entscheidung getroffen worden. Es ist eine Empfehlung des Politbüros aufgegriffen worden, dass man aus dem Entwurf des Reisegesetzes den Passus herausnimmt ...«

Das betrifft die Dreißig-Tage-Frist, ist sich Harald Jäger sicher. Die war nicht zu halten, das war ihm schon vorher klar. Aber ab wann tritt das veränderte Gesetz denn nun in Kraft?

»... weil wir es, äh, für einen unmöglichen Zustand halten, dass sich diese Bewegung vollzieht, äh, über einen befreundeten Staat ...«

Stattdessen werden die Leute sich wohl den Weg über die ČSSR sparen und hier ausreisen. Dafür würde einiges an Vorbereitung notwendig sein, um die materiellen und personellen Voraussetzungen dafür zu schaffen. Schließlich wird es für alle an dieser und den anderen Grenzübergangsstellen eine völlig neue Situation sein.

»... und deshalb, äh, haben wir uns dazu entschlossen, heute, äh, eine Regelung zu treffen ...«

Die bestehende Kontrolltechnik wird nicht ausreichen, man wird zusätzliche Passkontrollstempel benötigen, die Passkontrolleure müssen in Schnellschulungen auf die neuen Aufgaben vorbereitet werden. Wahrscheinlich ist ja auch an die Öffnung zusätzlicher Grenzübergangsstellen gedacht. Schätzungsweise fünf Tage bis zu einer Woche muss man für all das rechnen.

In diesem Augenblick stellt ein italienischer Journalist auf der Pressekonferenz exakt jene Frage, die auch Harald Jäger bewegt.

»Wann tritt das in Kraft?«

Unruhig in seinen Papieren herumsuchend, erklärt Schabowski sichtlich unkonzentriert:

»Das tritt nach meiner Kenntnis ... ist das sofort ... unverzüglich.«

Harald Jäger bleibt der Bissen im Halse stecken. Ist der Genosse da oben verrückt geworden? Sofort? Hat er wirklich »sofort« gesagt? Und »unverzüglich«?

»... hat der Ministerrat beschlossen, dass bis zum Inkrafttreten einer entsprechenden gesetzlichen Regelung durch die Volkskammer diese Übergangsregelung in Kraft gesetzt wird.«

Oberstleutnant Jäger sieht sich fassungslos in der Kantine um. Aber keiner der an den anderen Tischen sitzenden Offiziere und Mannschaftsdienstgrade verfolgt in diesem Augenblick das Geschehen auf dem Bildschirm.

»Die ständige Ausreise kann über alle Grenzübergangsstellen der DDR zur BRD beziehungsweise zu Berlin-West erfolgen.«

»Was redet der denn da für einen geistigen Dünnschiss?«, platzt es aus Harald Jäger heraus. Schlagartig ist es still in der Wirtschaftsbaracke auf der Grenzübergangsstelle Bornholmer Straße. Alle Anwesenden, inklusive des Kantinenpersonals, blicken stumm zu dem diensthabenden Leiter der Passkontrolleinheit hinüber.

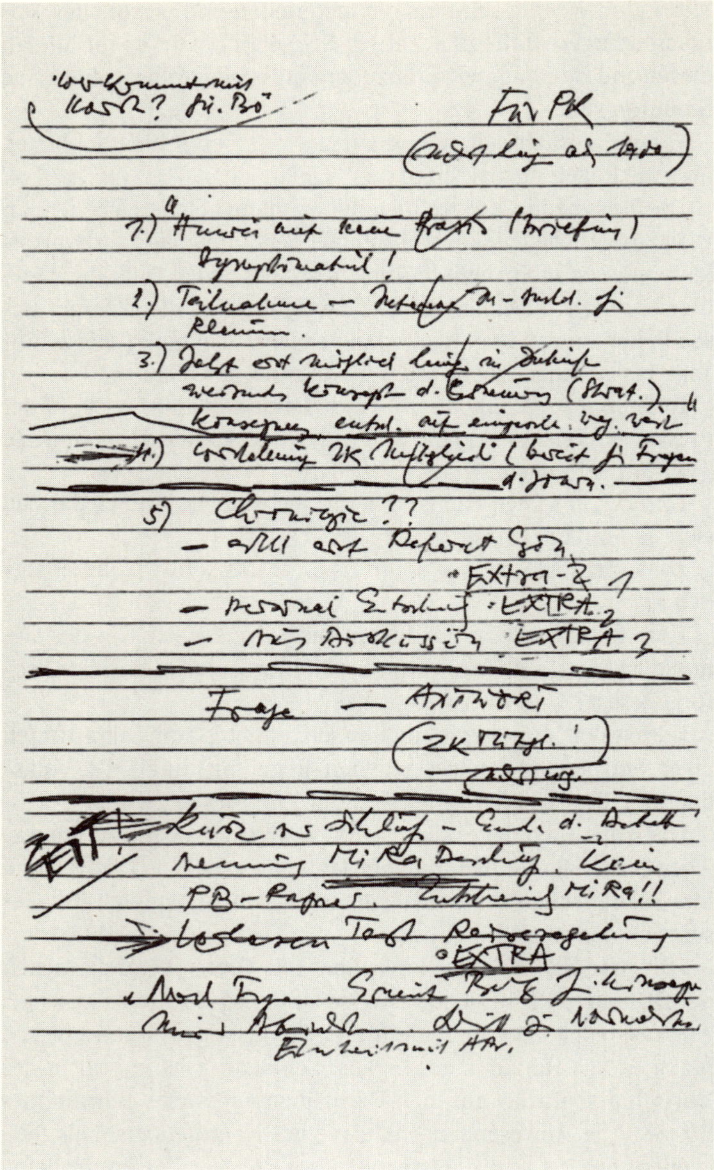
Für PK

2.) Teilnahme

5) Chronologie ??

EXTRA

EXTRA

EXTRA

Frage — ANTWORT

(ZK-Tagung!)

PB-Papier

Text Reiseregelung

EXTRA

Günter Schabowskis Notizen für die Pressekonferenz am 9. November 1989

»Der Schabowski spinnt! Er hat gerade verkündet, dass die Grenzen offen sind. Die DDR-Bürger könnten über jede GÜST ausreisen«, erklärt Harald Jäger sichtlich erregt. Dann springt er auf und läuft in Richtung Ausgang.

»Harald, da musst du was falsch verstanden haben!«, ruft ihm noch einer seiner Operativoffiziere hinterher. Doch da hat sich schon die Tür hinter Oberstleutnant Jäger geschlossen.

Nun blicken alle Kantinengäste auf den Bildschirm und achten sehr genau auf das, was Günter Schabowski da gerade erklärt:

»... sicherlich wird die Debatte über diese Frage, äh, positiv beeinflusst werden können, wenn sich auch die BRD und wenn sich die NATO zu Abrüstungsschritten entschließt und sie durchsetzt, so oder ähnlich wie die DDR das und andere sozialistische Staaten schon mit bestimmten Vorleistungen getan haben. Herzlichen Dank!«

Die Offiziere und Passkontrolleure sehen einander irritiert an. Dann spricht ein Hauptmann der Grenztruppen aus, was sicher auch alle anderen denken:

»Der Schabowski hat über Abrüstung gesprochen. Was immer euer Oberstleutnant da gehört hat, er hat ihn missverstanden.«

19:02 Uhr

Die britische Presseagentur Reuters verbreitet, dass die »Ausreise über alle DDR-Grenzübergänge ab sofort möglich« sei. Es bleibt allerdings unverständlich, weshalb der Hinweis auf die Visumspflicht in dieser ersten Agenturmeldung unterbleibt, obgleich Schabowski auf jener Pressekonferenz explizit darauf hingewiesen hatte: »Die zuständigen Abteilungen Pass- und Meldewesen der VP – der Volkspolizeikreisämter – in der DDR sind angewiesen, Visa zur ständigen Ausreise unverzüglich zu erteilen ...«

Mit schnellen Schritten eilt Oberstleutnant Jäger in Richtung des Lageoffiziers. Noch immer hat er die ihm unverständliche Aussage von Günter Schabowski im Ohr.

»Sofort« und »unverzüglich« – das kann man doch nicht missverstehen. Oder? So ein Gesetzentwurf muss doch erst noch von der Volkskammer ... Aber hieß es vorhin nicht, dies sei nur eine »Übergangsregelung«? Er ärgert sich, anfangs nicht richtig zugehört zu haben. Doch er glaubt sich zu erinnern, dass Schabowski etwas von »Visa zur ständigen Ausreise« gesagt hat. Und auch von »zuständigen Abteilungen Pass- und Meldewesen der Volkspolizeikreisämter« war die Rede. Diese Ämter sind doch heute gar nicht mehr geöffnet. Wie aber passt das mit »sofort« und »unverzüglich« zusammen? Es ist zumindest missverständlich. Wenn *er* sich aber schon solche Fragen stellt, was geht da wohl in diesem Moment in den Köpfen der Hunderttausenden von Fernsehzuschauern vor? Er muss auf der Stelle im Operativen Leitzentrum anrufen und nach Instruktionen fragen.

An der Telefonanlage des Lagepults drückt Harald Jäger den roten Knopf, der ihn umgehend mit der Einsatzleitung im OLZ verbindet.

Nach einem kurzen Moment hört Harald Jäger die bekannte Stimme des Leiters dort: »Ziegenhorn.«

»Hier Oberstleutnant Jäger von der GÜST Bornholmer ...«

»Was ist los, Jäger? Hast du etwa auch den Quatsch von dem Schabowski gehört?«

»Ja.«

»Rufst du deshalb an?«

»Was bedeutet das denn?«

»Nichts! Was soll das schon bedeuten? Der hat irgendwas nicht richtig auf die Reihe gekriegt, das ist alles! Sind bei euch etwa schon welche, die ausreisen wollen?«

»Keine Ahnung, das kann ich von hier nicht sehen.«

»Dann erkunde doch erst mal die Lage und rufe mich dann wieder an.«

19:04 Uhr

Der Generaldirektor der DDR-Nachrichtenagentur ADN, ZK-Mitglied Günter Pötschke, war von Schabowskis Aussage in seinem Büro überrascht worden, wo er die Pressekonferenz im Fernsehen verfolgt hat. Im Gegensatz zu seinen westlichen Kollegen liegt ihm der Originaltext vor – wenngleich mit der Sperrfrist bis vier Uhr morgens. Nach kurzer telefonischer Verständigung mit Regierungssprecher Wolfgang Meyer entschließt er sich, die Meldung mit der Überschrift »DDR-Regierungssprecher zu neuen Reiseregelungen« bereits jetzt abzusetzen. In den westlichen Redaktionen aber bleibt das Telex der staatlichen Nachrichtenagentur der DDR weitgehend unbeachtet.

Auf dem Weg zum Postenhäuschen Vorkontrolle/Ausreise waren ihm jenseits des Zaunes in einiger Entfernung drei Leute aufgefallen, die dort scheinbar zufällig herumstehen.

»War schon jemand da, um auszureisen?«, fragt er den Posten, der ihn irritiert anblickt.

»Sie meinen mit Grenzübertrittspapieren ...?«

»Nein, nein!«

»Also Wildschweine?«

Auf der anderen Seite des Zaunes haben sich inzwischen zu den drei Personen zwei weitere gesellt. Nun blicken sie herüber, und es ist nicht zu übersehen, dass sie die Situation an der Grenzübergangsstelle beobachten. Die kleine Gruppe im Auge behaltend, greift Harald Jäger zum Telefon, das ihn ohne Wählvorgang direkt mit dem Lageoffizier verbindet.

»Kannst du mich noch mal mit der Einsatzleitung verbinden«, bittet Harald Jäger und hat schon Sekunden später wieder Oberst Ziegenhorn in der Leitung.

»In der Nähe des Hinterlandzauns stehen fünf Leute ... jetzt sind es schon sieben ...«

»Wenn sie zu euch rüberkommen, schickt ihr sie nach Hause. Wir haben noch nicht mal den Entwurf von diesen neuen Bestimmungen auf dem Tisch. Also, von unserer Seite gibt es keine Veränderungen.«

Harald Jäger legt den Hörer auf und gibt die Weisung des Vorgesetzten an den Posten weiter:

»Wenn von denen dort jemand rüberkommen sollte, schickst du sie nach Hause!«

Der Posten sieht seinen Oberstleutnant verständnislos an.

»Ja, natürlich!«

Jetzt erst wird Harald Jäger klar, dass dieser Hauptmann ja noch gar nicht weiß, was sich auf jener Pressekonferenz abgespielt hat. Er überlegt, wie er es ihm in knapper Form erklären kann. Denn eine solche Erklärung wird er in den nächsten Minuten womöglich noch öfter liefern müssen.

19:17 Uhr

Die *heute*-Sendung des ZDF meldet, dass das SED-Politbüromitglied Schabowski »vor wenigen Minuten mitgeteilt (habe), dass von sofort an DDR-Bürger direkt über alle Grenzübergänge zwischen der DDR und der Bundesrepublik Deutschland ausreisen dürfen«. Auch hier also kein Hinweis auf die Visumspflicht.

Auf dem Weg zurück zum Lageoffizier kommen Harald Jäger einige der Offiziere entgegen, die bis eben noch in der Kantine saßen.

»Warum hast du dein schönes Essen stehen lassen?«, fragt einer lachend.

»Dafür gibt es doch gar keinen ...«, setzt ein anderer an und wird umgehend von Oberstleutnant Jäger unterbrochen:

»Mir ist der Appetit vergangen!«

Nun bedient er sich zur Informierung seiner Genossen jener knappen Form, mit der er eben auch den Hauptmann an der Vorkontrolle/Ausreise ins Bild gesetzt hat:

»Der Schabowski hat auf dieser Pressekonferenz irgendwelchen Mist verzapft ... die Grenze sei ab sofort für alle geöffnet. ›Unverzüglich‹, hat er gesagt, gelte das neue Reisegesetz. Ich hab schon mit dem OLZ telefoniert. Ziegenhorn hat diese Äußerungen auch gehört, erklärt aber, es bleibe für uns alles beim Alten.«

»Ja, natürlich!«, bemerkt einer der Funktionsoffiziere zustimmend.

»Es kann uns nur passieren, dass einige kommen und rüberwollen. Weil sie das so verstanden haben. Da unten stehen schon welche.«

Nach dieser Bemerkung begibt sich Harald Jäger zur Dienstbaracke. Er instruiert nun die Fahndungsoffiziere an den Monitoren und bittet den Lageoffizier, den Posten oben an der Vorkontrolle/Einreise über die Vorgänge zu informieren. Immerhin sei es ja denkbar, dass auch aus West-Berlin Neugierige von der Nachricht der vermeintlich geöffneten Grenze angelockt würden.

Als Harald Jäger nach einigen Minuten zur Vorkontrolle/Ausreise zurückkehrt, stehen dort schon etwa fünfundzwanzig bis dreißig Personen. Sie haben sich bereits in die Nähe des Postenhäuschens gewagt – zu dem schmalen, etwa sechzig Meter langen Schlauch, der die ausreisenden Fußgänger von der Pkw-Abfertigung trennt. Rechts begrenzt durch die Betonwand, hinter der sich der Dienstparkplatz der GÜST befindet, und links durch den zwei Meter hohen stabilen Gitterzaun. Drüben an der Diplomatenspur stehen in respektvollem Abstand zum Schlagbaum einige Trabis und ein Wartburg. Die Fahrer haben die Motoren ausgeschaltet und warten nun neben ihren Wagen. Neugierig beobachten sie in diesem Moment die zügige Abfertigung eines Diplomatenfahrzeugs.

Harald Jägers Blick trifft sich mit denen der Wartenden vor dem Postenhäuschen, die augenscheinlich schon wieder einige Schritte näher gekommen sind. Er hat den Eindruck, dass der eine oder andere kurz davor ist, ihn anzusprechen. Um dem zu entgehen, betritt er das Postenhäuschen. Und auch, weil er von hier aus die sich verändernde Lage ungestört beobachten kann.

19:56 Uhr

Erst jetzt ist in einer Eilmeldung der Deutschen Presseagentur (dpa) von »kurzfristigen Genehmigungen von Ausreisen und Privatbesuchen« die Rede und davon, dass dies »ohne große Formalitäten« vonstatten gehen werde. Der Hinweis auf »Genehmigungen« und »Formalitäten« (wenngleich keine großen) aber relativiert die dpa-Meldung von 19.41 Uhr, in der es noch hieß: »Die DDR-Grenze zur Bundesrepublik und nach West-Berlin ist offen.« Umgehend beginnt in Hamburg Heiko Engelkes – zweiter Chefredakteur von *ARD Aktuell* – die neueste dpa-Information in die Spitzenmeldung der in vier Minuten beginnenden *Tagesschau* einzuarbeiten.

Bei seinem Routinekontrollgang hat der diensthabende Offizier der Grenztruppen oben von der Brücke aus die sich versammelnden Menschen am Vorposten/Ausreise gesehen und war sofort heruntergekommen. In dessen Gegenwart hat Harald

Jäger noch einmal im OLZ angerufen, von Oberst Ziegenhorn aber erneut die Auskunft erhalten, dass keine neuen Instruktionen vorlägen.

»Sag deinen Leuten, sie sollen die Bürger, die dort bei euch rumstehen, nach Hause schicken«, hat der Vorgesetzte abermals gesagt und dann aufgelegt.

Oberstleutnant Jäger bat daraufhin den Diensthabenden der Grenztruppen, seinerseits das Grenzregiment zu informieren und sich dort die Instruktionen für die Hinterlandstreifen unten in der Kleingartensiedlung »Bornholmer 1« und für die Posten an der vorderen Linie zu holen. Auch solle er das Revier der Volkspolizei am Arnimplatz über die Entwicklung an der Grenzübergangsstelle in Kenntnis setzen. Dann war Harald Jäger wieder hinüber zur Dienstbaracke gegangen, in deren linkem Teil das Dienstzimmer des Grenzzollamtsleiters liegt. Es könnten sich »Provokationen aus dem Reiseverkehr« heraus ergeben, hat er ihm gegenüber eine vorsichtige Warnung ausgesprochen.

Als Oberstleutnant Jäger nun wieder in Richtung des Vorpostens/Ausreise geht, kann er beobachten, wie sich der Hauptmann dort unten offenbar bemüht, die Wartenden dazu zu bewegen, sich zumindest ein paar Meter zurückzuziehen. Er hat einige Mühe, sich gegen die lautstark argumentierenden Menschen jenseits des geschlossenen Grenztores durchzusetzen. Sie verweisen auf die Aussage von Günter Schabowski im Fernsehen. Das sei immerhin ein Mann des Politbüros. Man habe ihnen doch stets eingebläut, dass die Partei immer recht habe. Plötzlich solle das nicht mehr gelten? An der Endhaltestelle in der Mitte der Bornholmer Straße hält eine Straßenbahn und entlässt einige Dutzend neu ankommender Personen. Harald Jäger ahnt, dass sich dieser Vorgang nun im Zehn-Minuten-Takt wiederholen wird.

Er tritt zu seinem verzweifelten Hauptmann und versucht unter den Leuten jenseits des Grenztores Genossen ausfindig zu machen. Er würde sie in die Pflicht nehmen, im Sinne der Partei auf die anderen Bürger einzuwirken. Doch er kann an keinem Revers das Parteiabzeichen erkennen, welches im Volksmund »Bonbon« genannt wird. Entweder sind tatsächlich keine Genossen darunter oder aber sie wollen nicht als SED-Mitglieder erkannt werden, sollten sie tatsächlich die Grenze in Richtung Westen passieren dürfen.

Nun richten die dort Wartenden ihre Forderungen direkt an ihn, den Mann mit den höheren Rangabzeichen. Viele der Männer, von denen die meisten wohl einst ihren Wehrdienst in der Nationalen Volksarmee abgeleistet haben, sprechen ihn sogar mit dem korrekten Dienstgrad an. Für einen Moment gelingt es Oberstleutnant Jäger, dafür zu sorgen, dass man ihm zuhört:

»Genosse Schabowski hat ein neues Reisegesetz angekündigt ... Aber er hat auch gesagt, dass Sie dafür eine Genehmigung brauchen ...«

Gegen den wieder einsetzenden Protest anschreiend, erklärt er:

»Sie werden alle diese Genehmigung erhalten. Es bestehen ja keine Vorbedingungen mehr ... Doch nicht *wir* stellen diese Genehmigungen aus, sondern die Volkspolizei. Sie müssen sich also bis morgen früh ...«

Nun wird Harald Jäger endgültig überbrüllt:

»Er hat aber gesagt, dass das sofort gilt!« – »Unverzüglich hat er gesagt!« – »Ja genau, unverzüglich!«

Einige der neu Hinzugekommenen rufen von hinten:

»Das hat man doch gerade in den Nachrichten bekannt gegeben. Im ZDF! Die Grenzen wären ab sofort offen!«

Wie auf Bestellung fährt in diesem Moment ein Streifenwagen der Volkspolizei vor. Als der Polizist aussteigt, den Harald Jäger als einen Leutnant des für die GÜST zuständigen Reviers am Arnimplatz erkennt, fällt ihm ein Stein vom Herzen. Endlich würde den Menschen eine kompetente Mitteilung gemacht werden. Gemeinsam mit dem diensthabenden Offizier der Grenztruppen, der eben zurückgekehrt ist, kämpft er sich durch die Menge, die den Volkspolizisten umringt.

»Na, Genosse Leutnant, was bringst du uns für Neuigkeiten?«, fragt ihn Harald Jäger, als er ihn endlich erreicht.

Der Polizist aber sieht ihn durch riesige Brillengläser mit offenkundigem Unverständnis an.

»Was denn für Neuigkeiten? Ich habe gehofft, von euch was zu erfahren.«

Das Murren der Umstehenden schwillt wieder bedrohlich an, was Harald Jäger veranlasst, sich ins Postenhäuschen zurückzuziehen.

Nach einer Weile wird es draußen wieder still. Der Leutnant der Volkspolizei hat sich von dem noch immer mitten in der Menge stehenden Streifenwagen aus über Lautsprecher an die Leute gewendet:

»... es ist nicht möglich, Ihnen hier und jetzt die Ausreise zu gewähren.«

Der Rest seiner Ausführungen geht sofort wieder in allgemeinen Protesten und Unmutsäußerungen unter. Oberstleutnant Jäger versteht im Postenhäuschen nur noch Sprachfetzen:

»... Genehmigungen werden unmittelbar erteilt ... keine Voraussetzungen ... bei den Inspektionen der Volkspolizei ...«

Einen Augenblick lang erwägt Harald Jäger, wieder zu dem Polizeiwagen hinüberzugehen, um sich nach Details zu erkundigen. Da beobachtet er, wie Leute in Scharen in Richtung Schönfließer Straße davonziehen, die südwärts auf den Arnimplatz führt. Hat der Genosse Volkspolizist eben etwa verkündet, dass die Ämter für Pass- und Meldewesen außerplanmäßig ihre Pforten geöffnet haben? Das wäre die Lösung! Tatsächlich ist das Revier am Arnimplatz ja nur wenige Fußminuten von hier entfernt. Offenbar haben die Leute, die sich jetzt dorthin begeben, die Nachricht aus dem Streifenwagen so verstanden.

Harald Jäger atmet tief durch. Endlich scheint eine Maßnahme durchgeführt zu werden, die den Druck von den Grenzübergangsstellen nehmen wird. Vor allem von dieser hier. Denn wenn er Oberst Ziegenhorn glauben darf, ist es an den anderen Berliner Grenzübergängen ruhig. Das ist durchaus vorstellbar. Schließlich ist die Bornholmer Straße der einzige Grenzübergang der DDR, der mit der Straßenbahn erreichbar ist. Außerdem liegt er inmitten eines Wohngebiets. Und unter den Leuten, die hier oben am Prenzlauer Berg wohnen, befinden sich – nach Einschätzung der »Firma« – überdurchschnittlich viele »feindlich-negative Elemente«. Anders als an der Heinrich-Heine-Straße. Dort haben überwiegend höhere Kader aus Ministerien und Offiziere der bewaffneten Organe ihren Wohnsitz. Dieses Grenzgebiet hier aber war von jeher als besonders neuralgisch eingeschätzt worden, weshalb es für die GÜST Bornholmer Straße auch ganz spezielle Alarmpläne gibt.

Harald Jäger entschließt sich, im Postenhäuschen auszuharren, um telefonisch erreichbar zu sein. Denn es kann ja nur noch eine Frage von zwanzig oder fünfundzwanzig Minuten sein, ehe die ersten Bürger mit der Ausreisegenehmigung der Volkspolizei wieder hier erscheinen werden. Inzwischen wird wohl das OLZ anrufen, um Instruktionen zu übermitteln, wie nun zu verfahren sei.

20:22 Uhr

Die Bundestagsvizepräsidentin Annemarie Renger unterbricht im Bonner Plenarsaal die Debatte über ein Vereinsförderungs-Gesetz und erteilt dem Kanzleramtsminister Rudolf Seiters das Wort für eine überraschende Regierungserklärung. Er war zuvor – in Vertretung des bei einem Staatsbesuch in Polen weilenden Bundeskanzlers – vom Leiter der Abteilung »Gesellschaftliche und politische Analysen, Kommunikation und Öffentlichkeitsarbeit«, Eduard Ackermann, über die Agenturmeldungen informiert worden und hatte seinerseits telefonisch den Bundeskanzler unterrichtet. Nun wendet sich Seiters an das Parlament. Vorsichtig formulierend verkündet er »die vorläufige Freigabe von Besuchsreisen und Ausreisen aus der DDR«, die er einen »Schritt von überragender Bedeutung« nennt.

Zur gleichen Zeit teilt in Ost-Berlin das seit 1974 für Planung und Finanzen zuständige ZK-Mitglied Günter Ehrensperger dem völlig konsternierten Zentralkomitee seiner Partei mit, »dass wir mindestens seit 1973 Jahr für Jahr über unsere Verhältnisse gelebt haben und uns etwas vorgemacht haben. Es wurden Schulden mit neuen Schulden bezahlt.« Erregt ruft der sechsundachtzigjährige Bernhard Quandt, Mitglied des ZK und des DDR-Staatsrates, in den Raum: »Ich bitte darum, dass der Diskussionsbeitrag nicht veröffentlicht wird! – Das ist unmöglich! Dann laufen uns die letzten Leute weg!« Und Egon Krenz antwortet zustimmend: »Nein, um Gottes willen! – Wir schockieren die ganze Republik!«

Die ersten Leute, die in Richtung Arnimplatz gezogen waren, sind vor wenigen Minuten wieder von dort zurückgekehrt. Die

Revierbesatzung der Volkspolizei hatte ihnen mitgeteilt, dass vor morgen früh die Beantragung der Genehmigungen zum Grenzübertritt nicht möglich sein würde. Das hat sie verständlicherweise aufgebracht. Lautstark haben sie ihren Unmut kundgetan. Und da der Streifenwagen inzwischen weggefahren war, haben sie sich bis an den Grenzzaun herangeschoben. Sie schrien »Wollt ihr uns verscheißern?« und »Das ist mal wieder die alte Nummer – man belügt das Volk!« Weiter hinten hat jemand zu skandieren begonnen: »Wir wollen rüber! Wir wollen rüber!« Nach und nach war es auf die Menge übergesprungen. Im Nu brüllte der ganze Platz im Chor: »Wir wollen rüber!« Nach Einschätzung von Harald Jäger beginnt die Situation, bedrohlicher zu werden. Er beschließt das Refugium an der Vorkontrolle/Ausreise zu verlassen und bittet seine diensthabenden Kollegen von Grenztruppen und Grenzzollamt zu sich ins Leiterzimmer.

Die Stimmung unter den erfahrenen Offizieren ist geprägt von Ratlosigkeit. Keiner fühlt sich befugt, eigenständig irgendeine Entscheidung zu treffen. Deshalb haben sie soeben mit ihren jeweils vorgesetzten Dienststellen telefoniert. Ohne Ergebnis! Dabei sind die Grenztruppen und der Zoll insofern »fein raus« – wie es Oberstleutnant Jäger eher beiläufig bemerkt –, weil eine Lösung für jenes Problem da draußen in der Tat in die Kompetenz des Ministeriums für Staatssicherheit fällt. Aber auch Harald Jäger ist während eines neuerlichen Anrufs bei Oberst Ziegenhorn von diesem unmissverständlich darauf hingewiesen worden, dass er und seine Leute »nach wie vor unter dem Befehl« stünden, »die Sicherheit an der Grenzübergangsstelle und deren zuverlässigen Schutz zu gewährleisten«.

Diesen Befehl kennt er, solange er hier Dienst tut – seit einem Vierteljahrhundert. Doch niemals zuvor war dieser Befehl durch eine vergleichbare Situation schlagartig in den Bereich der Wirklichkeitsferne katapultiert worden. Hat er dem Vorgesetzten wirklich ein realistisches Bild der Lage vermittelt? Wahrscheinlich hat er sich durch die für Oberst Ziegenhorn untypisch nervöse Gereiztheit davon abhalten lassen. Und sicher nicht zuletzt deshalb empfindet er ehrliche Freude, als in diesem Augenblick völlig unvermutet E. auftaucht. Nach den ersten Fernsehbildern, so erklärt der andere stellvertretende PKE-Leiter, habe er sich sofort auf den Weg gemacht. Obgleich ja sein Dienst offiziell erst morgen früh um 8 Uhr beginnt. Aber eine praktikable Lösung für die zunehmend unübersichtlich werdende Situation kann auch dieser operativ erfahrene Offizier nicht herbeizaubern.

Das Telefon klingelt. Harald Jäger stürzt an den Schreibtisch und reißt den Hörer von der Gabel.

»Oberstleutnant Jäger!«

»Hier spricht der Lageoffizier. Ich wollte dir nur Bescheid sagen, dass unser PKE-Leiter jetzt auf dem Weg ins OLZ ist.«

»Ins OLZ?«

»Ein Genosse aus der Schnellerstraße hat hier angerufen. In einer halben Stunde beginnt eine außerordentliche PKE-Leitersitzung bei Generalmajor Fiedler. Ich habe den Chef umgehend davon verständigt.«

Erleichtert legt Harald Jäger auf. Endlich kommt etwas in Bewegung. Wenn General Fiedler, der Leiter der Hauptabteilung VI seine PKE-Leiter zur Sitzung bittet, dann kann das nur bedeuten, dass dahinter eine direkte Anweisung des Ministers steht, wenn nicht gar vom Politbüro.

In dieser Nacht wird Harald Jäger nicht mehr erfahren, dass er in diesem Moment einem tragischen Irrtum aufgesessen ist. Denn natürlich war sein Gedanke ein nahe liegender. Wie kann er auch annehmen, dass auf jener Leitersitzung lediglich »organisatorische Vorbereitungen für die am nächsten Tag in Kraft tretende Übergangsregelung bis zur Verabschiedung des neuen Reisegesetzes durch die Volkskammer« beraten werden sollen? Er kann nicht ahnen, dass sich die Parteiführung derzeit – über die Vorgänge an den Grenzübergangsstellen noch gar nicht informiert – mit der desaströsen Finanzlage des Landes beschäftigt. Und schon gar nicht kann er wissen, dass sich der in den eigenen Reihen längst nicht mehr unumstrittene, fast siebzigjährige DDR-Verteidigungsminister Heinz Keßler noch vor dem Ende der ZK-Tagung auf den Weg in sein Amt in Strausberg begibt. Dort, vor den Toren Berlins, will er sich mit den Befehlshabern der Teil-

streitkräfte treffen, um sie über die bisherigen Ergebnisse der ZK-Tagung zu informieren. Die Generäle aber haben vor, die Arbeit Keßlers – des Armeegenerals und Ministers – zu kritisieren. Tatsächlich also ist zu diesem Zeitpunkt keiner aus der Partei- und Staatsführung mit dem akuten Problem der Passkontrolleinheiten an den Grenzübergangsstellen beschäftigt. Und von Generalmajor Fiedler wird später die an jenem Abend geäußerte Fehleinschätzung bekannt werden: »Wie ich meine Berliner kenne, gehen die um 23 Uhr ins Bett!«

Abermals läutet das Telefon. Diesmal ist es der Posten oben an der Vorkontrolle/Einreise.

»Genosse Oberstleutnant, ich habe hier den Fahrer eines Botschafters. Der Polizist auf West-Berliner Seite hat ihm gesagt, dass hier kein Durchkommen wäre, weil die gesamte Bornholmer Straße blockiert sei ...«

»Was redet der denn für einen Quatsch?«

»Na ja, von hier oben sieht es ganz danach aus.«

»Lass den Wagen rein, den kriegen wir schon irgendwie durch«, entscheidet Harald Jäger.

Doch als er die Dienstbaracke verlässt, findet er vor dem Grenzzaun eine gänzlich andere Lage vor als noch vor zwanzig Minuten. Schockiert muss er feststellen, dass sich die Fahrzeuge tatsächlich auf der Bornholmer Straße bis zur Schönhauser Allee stauen. Auch die Menschenmenge unten am Schlagbaum hat sich inzwischen vervielfacht. Wie viele mögen es sein? Einige hundert oder schon mehr als tausend?

Von der Grenzbrücke nähert sich die dunkle Limousine mit dem Diplomatenkennzeichen. Oberstleutnant Jäger ruft den zuständigen Offizier des Postenbereichs »Diplomatenabfertigung« zu sich und gibt ihm die Anweisung, »dem Wagen des Botschafters unter allen Umständen die Einreise zu ermöglichen«.

Es vergehen einige Minuten, ehe die jenseits des Grenztores wartenden DDR-Fahrzeuge so lange hin und her rangiert wurden, bis eine Lücke entstanden ist. Die Kooperationsbereitschaft der DDR-Bürger verschafft Harald Jäger eine gewisse Beruhigung. Trotz der angespannten Situation verhalten sich die Leute nicht renitent, sondern sind sogar zu einem Zusammenwirken mit den PKE-Leuten bereit. Endlich verabschiedet der Offizier des Postenbereichs den Botschafter eines afrikanischen Landes mit militärischem Gruß.

21:10 Uhr

Als letzter Redner der Bundestagssitzung hat eben der gebürtige Dresdner FDP-Fraktionschef Wolfgang Mischnik sichtlich bewegt erklärt: »Unsere Bewährungsprobe steht uns noch bevor. Erweisen wir uns alle dieser Bewährungsprobe würdig. Kleinkariertes Aufrechnen von Lasten oder Belastungen sind dieser historischen Stunde nicht gerecht.«

Zu dem Zeitpunkt, als Mischnik in Bonn seine Rede begonnen hat, ist in Ost-Berlin die ZK-Sitzung zu Ende gegangen, was ursprünglich bereits für 18 Uhr geplant war. Kurz danach hat im Büro von Egon Krenz das Telefon geklingelt. Jetzt erst erfährt der DDR-Staatschef durch seinen – vor zwei Tagen zurückgetretenen, aber noch amtierenden – Staatssicherheitsminister Erich Mielke von den Vorgängen an der Grenze. Da aber die Information noch sehr diffus ist, versucht Egon Krenz Verteidigungsminister Heinz Keßler zu erreichen. Vergeblich, da dieser sich noch in seinem Dienstwagen auf dem Weg zu seinem Ministerium in Strausberg befindet.

Nun aber meldet sich Mielke erneut bei Egon Krenz: »Die Leute bewegen sich in Richtung Grenzübergänge. Wir müssen irgendwie eine Entscheidung herbeiführen.« Vom Staatschef der DDR aber wird eine solche Entscheidung nicht getroffen und auch nicht vom Vorsitzenden des Nationalen Verteidigungsrates, was Egon Krenz ja beides seit fünf Tagen in Personalunion ist. Zur gleichen Zeit erheben sich in Bonn am Ende der Plenarsitzung die Abgeordneten und singen die Nationalhymne.

Aus der wachsenden Menge ist in der letzten halben Stunde eine unüberschaubare Masse geworden. Harald Jäger beobachtet aus dem Postenhäuschen die Menschen in unmittelbarer Nähe, versucht in den einzelnen Gesichtern deren Gedanken zu lesen. Einige reißen die Arme in die Höhe und bilden mit Zeige- und Mittelfinger das Zeichen für *Victory*. Medienbewusst – denn schon vor einiger Zeit sind freundwärts Fernsehteams aufgetaucht.

Deren auf die Kameras montierte Lampen streifen gleißend hell über die Szene. In der Mitte der Bornholmer Straße stauen sich die Straßenbahnen. Die zunehmend größer werdende Menschenmenge erlaubt ihnen nicht mehr, die Kehre zu fahren, wodurch die Wagen wieder in die entgegengesetzte Richtung gebracht würden. Die Triebwagen sind mittlerweile führerlos. Offenbar haben sich die Fahrer zwischen jene Leute gemischt, die sie selbst zuvor aus dem Berliner Stadtzentrum hierher gebracht haben. Auf der Fahrbahn rechts neben den Gleisen stehen dicht an dicht Trabant und Wartburg, die mit ihren Hupen die Sprechchöre unterstützen.

Zwischenzeitlich ist der Fahrer einer diplomatischen Vertretung Skandinaviens vorn am Grenzzaun erschienen und hat aufgeregt erklärt, dass er dringend den Botschafter zum West-Berliner Flughafen Tegel bringen müsse. Sein Wagen aber stehe ganz hinten an der Schönhauser Allee. Harald Jäger bleibt nichts anderes übrig, als den Mann auf die Grenzübergänge an der Chaussee- oder Invalidenstraße hinzuweisen. Eine andere Lösung kann es nicht mehr geben, da längst auch die Nebenstraßen mit Autos verstopft sind. Nun sieht er hinüber zu den beiden Schlagbäumen, wohin er einen Teil der Passkontrolleure und Funktionsoffiziere als Verstärkung beordert hat. Sein gesamtes derzeit auf der Dienststelle anwesendes Personal besteht aus exakt sechzehn Kollegen – ein jeder von ihnen mit einer Pistole bewaffnet. Hinzu kommen noch die vier Maschinenpistolen, die in der Dienstbaracke unter Verschluss gehalten werden. Ganz abgesehen davon, dass bereits seit Monaten befehlsmäßig abgesichert ist, dass an den Kontrollpunkten die Schusswaffe nur im äußersten Notfall und auch nur zur Verteidigung des eigenen Lebens eingesetzt werden darf. Wenn diese Masse sich das Recht auf Ausreise mit Gewalt verschaffen wollte, hätte man keine Chance, die GÜST zu halten. Wieder greift er zum Telefon, um sich mit Oberst Ziegenhorn im OLZ verbinden zu lassen.

»Noch sind die Leute einigermaßen hinzuhalten. Ich weiß aber nicht, wie lange das noch möglich ist«, ruft er ins Telefon und dann fast flehend: »Es muss jetzt irgendeine Entscheidung fallen!«

Unüberhörbar um Sachlichkeit bemüht, erklärt Oberst Ziegenhorn seinem diensthabenden PKE-Leiter:

»Jäger, du kennst die militärischen Befehlsstrukturen. Ich kann dir keine Entscheidung mitteilen, die nicht von oben abgesegnet ist.«

Harald Jäger will sich gerade danach erkundigen, wann denn mit einem Ergebnis der PKE-Leitersitzung bei Generalmajor Fiedler zu rechnen sei, als er realisiert, dass sein Vorgesetzter grußlos aufgelegt hat.

Beinahe mechanisch legt nun auch er den Hörer auf die Gabel. Er öffnet die Tür des Postenhäuschens, und als er hindurchtritt, schwellen die Rufe der Menschen an. Wie abwesend schreitet Oberstleutnant Harald Jäger nun den Weg hinüber zur Dienstbaracke, hinter sich einen Klangteppich von einigen hundert Stimmen: »Wir kommen wieder! – Wir kommen wieder!«

Auf halbem Wege winkt er den Zugführer, der sich drüben an einer der Passkontrollbaracken für Fußgänger aufhält, zu sich Gemeinsam betreten sie die Dienstbaracke.

Der Lageoffizier und sein Zugführer beobachten, wie der Oberstleutnant an die Alarmkladden tritt und einen Moment nachdenkend davor stehen bleibt. Harald Jäger ist sich bewusst, dass er in wenigen Augenblicken einen Schritt tun wird, zu dem er nicht befugt ist. Doch er ist fest entschlossen, für die Sicherheit seiner Untergebenen Verantwortung zu übernehmen. Und nachdem von Oberst Ziegenhorn keine Entscheidung zu erwarten ist, trifft er nun selbst eine solche. Auch wenn das in letzter Konsequenz seine Absetzung bedeuten kann.

Dann dreht er sich zu Lageoffizier und Zugführer um und erklärt:

»Ich rufe hiermit den Alarmfall aus!«

Den stummen Blickwechsel zwischen den beiden ignorierend, stellt er die Kladden der zu alarmierenden Genossen auf das Lagepult.

»Verständigt sofort die Alarmgruppenführer, dass alle diese Genossen erscheinen müssen.« Harald Jäger mustert nun die beiden Offiziere, ehe er dezidiert fortfährt:

»Der Text lautet: Handeln Sie *abweichend* entsprechend Ihres Auftrages. Ich wiederhole: *abweichend* entsprechend Ihres Auftrages und beordern Sie alle Genossen auf die GÜST Bornholmer Straße.«

Keiner der alarmierten Genossen würde also zum Operativen Leitzentrum fahren und niemand zur Waffenkammer oder zum Konzentrierungsraum, wie es im ursprünglichen Alarmplan vorgesehen ist. Darin wird davon ausgegangen, dass sich die alarmierten Genossen innerhalb von vierzig Minuten im betreffenden Objekt einfinden würden. Doch angesichts des Verkehrschaos auf der Bornholmer Straße rechnet Harald Jäger frühestens in einer Stunde mit der vollen Mannschaftsstärke. Und selbst dann werden die fünfundvierzig alarmierten Genossen gegenüber den Massen dort unten keine nennenswerte Verstärkung darstellen. Aber es ist für ihn derzeit die einzige Chance, ein wenig mehr Präsenz zu zeigen.

21:19 Uhr

Laut einem Bericht, den die West-Berliner Polizeidirektion I ihrem Polizeipräsidenten übermittelt, erzählen Besucher, die aus Ost-Berlin zurückkehren, dass sich auf der Bornholmer Straße vor der Grenzübergangsstelle eine Schlange mit etwa hundert Trabant-Autos gebildet hätte.

»Ich habe Alarm ausgelöst«, sagt Harald Jäger in einem betont ruhigen Tonfall.

Auf dem Weg zur Vorkontrolle/Ausreise hat er sich überlegt, wie er seinen Vorgesetzten jetzt telefonisch informieren will. Schließlich hat er sich vorgenommen, nur diesen einen Satz zu sagen – und ihn *so* zu sagen. Dann abzuwarten, wie sein Vorgesetzter im OLZ darauf reagieren wird.

»Wie viele Leute sind denn jetzt dort bei euch?«, fragt Oberst Ziegenhorn, als habe er die Kompetenzüberschreitung seines Oberstleutnants gar nicht zur Kenntnis genommen.

»Im Moment sechzehn.«

»Ich meine, auf der anderen Seite!«

»Da ist die ganze Bornholmer voll ... von Menschen und Autos. Bis hoch zur Schönhauser Allee.«

Nach einem Moment der Stille sagt Oberst Ziegenhorn den Satz, den sich Harald Jäger erhofft hat:

»Ich denke, es war eine richtige Entscheidung, den Alarm auszulösen.«

Harald Jäger blickt hinüber zu den Menschen, die sich nur wenige Meter von ihm entfernt gegen das geschlossene Grenztor drängen. Er sieht in lachende Gesichter, die fröhlich und optimistisch in seine Richtung schauen, in aggressive Mienen, die ihre Enttäuschung herausschreien, auch in ängstliche, die ihn mit großer Skepsis beobachten.

»Ist noch was?«, hört er den Vorgesetzten fragen.

»Das reicht aber nicht aus!«, sagt Harald Jäger.

Er weiß, dass er nicht befugt ist, einem Oberst Vorschriften zu machen. Und dieser kurze Satz beinhaltet deutliche Kritik an der vorgesetzten Dienststelle. Aber die Situation verlangt jetzt von ihm, Haltung zu beziehen und nach klaren Entscheidungen zu verlangen. Er trägt die Verantwortung für diese Passkontrolleinheit und er hat vor, dieser auch gerecht zu werden.

»Wenn von Ihrer Seite jetzt keine Entscheidung getroffen wird, die unser Problem löst, werde ich mit den alarmierten Kräften die baulichen Objekte sichern und dann meine Leute anweisen ...«

»Bleib mal dran!«, unterbricht Oberst Ziegenhorn den diensthabenden PKE-Leiter, der eben im Begriff war, sich um Kopf und Kragen zu reden.

»Ja?!«

»Bleib in der Leitung, ich rufe jetzt im Ministerium an. Aber du hältst die Klappe, verstanden!?«

Das klopfende Geräusch im Telefonhörer weist auf einen Wählvorgang hin. Nach zwei kurzen Klingelzeichen meldet sich eine etwas hohe Männerstimme mit einem knappen »Ja?«. Harald Jäger kann nicht genau erkennen, ob es sich um die Stimme des Generalleutnants Neiber handelt, dem für die PKE zuständigen stellvertretenden Minister für Staatssicherheit. Aber dass diese beiden Offiziere an diesem Abend schon mehrfach miteinander telefoniert haben, ist unverkennbar. Denn Oberst Ziegenhorn verzichtet auf lange Erklärungen und kommt umgehend zur Sache.

»Ich habe eben einen Bericht von Oberstleutnant Jäger bekommen, dem diensthabenden PKE-Leiter an der Bornholmer Straße. Er sagt, die Situation dort wird langsam bedrohlich.«

»Kann der Genosse Jäger das denn überhaupt beurteilen?«

»Ich denke schon.«

»Vielleicht hat er einfach nur Angst. Das kann man ja auch verstehen, aber ...«

Das ist Generalmajor Niebling, geht es Harald Jäger durch den Kopf. Aber ganz sicher ist er nicht.

»... jetzt gilt es, von unserer Seite besonnen zu bleiben und Aufregungen zu vermeiden.«

Will dieser Mann drüben in der Normannenstraße, im bequemen Sessel des Ministeriums, wer immer er auch ist, ihn als Angsthasen hinstellen? Muss er sich wirklich nach einem Vierteljahrhundert militärischer Erfahrung die Frage gefallen lassen, ob er die Situation da draußen richtig beurteilen kann?

»Ich denke, Sie sollten mal mit eigenen Ohren hören, was hier bei uns los ist!«, brüllt Harald Jäger in die Muschel, reißt die Türe des Postenhäuschens auf und hält den Telefonhörer in Richtung der schreienden Massen.

Oberstleutnant Jäger überrascht sich dabei, dass er die Situation erhebend findet. Das Volk, welches da draußen »Macht das Tor auf!« skandiert, schickt seine Forderung via Telefon direkt ins Ministerium für Staatssicherheit – ohne es zu wissen. Als er den Telefonhörer wieder ans Ohr hält, stellt er fest, dass die Verbindung getrennt worden ist. Schlagartig verwandelt sich die Euphorie des vergangenen Augenblicks in Enttäuschung und Wut. Oberstleutnant Jäger fühlt sich allein gelassen. Nie zuvor hat er deutlicher die Unfähigkeit und Realitätsferne der oberen Leitungskader erlebt als in den vergangenen zwei Minuten. Und nie zuvor war für ihn jene Kluft drastischer zutage getreten – zwischen dem Volk, das da draußen voller Hoffnung, aber auch Verzweiflung ausharrt, und einem selbstgefälligen Staatssicherheitsoffizier im Generalsrang. Harald Jäger dreht sich zu seinem Hauptmann um. Und wenn der um einige Jahre jüngere Offizier den Blick seines Vorgesetzten richtig deutet, dann kann er darin lesen: »Ich fühle mich beschissen!«

21:40 Uhr

Es erfolgt der Rundspruch VPI I-II des Stellvertreters/Operativ des Ost-Berliner Polizeipräsidenten. Demnach sollen DDR-Bürger, die auf ihre sofortige ständige Ausreise bestehen, an die Ausländermeldestelle im »Haus des Reisens« am Alexanderplatz verwiesen werden, die ab sofort geöffnet sei. Besuchsreisen könnten hingegen nach wie vor erst am nächsten Tag beantragt werden.

Wenige Minuten, nachdem die Leitung zum Ministerium gekappt wurde, erfolgt der Rückruf.

»Hör zu, wir verfahren jetzt folgendermaßen ...«, beginnt Oberst Ziegenhorn und stellt damit unausgesprochen klar, dass er Harald Jägers Verhalten von eben nicht thematisieren wird. Offenbar aber hat es andererseits bewirkt, dass endlich eine Entscheidung getroffen wurde.

»Diejenigen, die bei euch an der Vorkontrolle/Ausreise besonders provokativ in Erscheinung treten, isoliert ihr von der Menge. Die lasst ihr ausreisen, aber ihr setzt einen Passkontrollstempel quer über das Lichtbild und zu einem Teil auf das Trägerpapier. Ihr werdet die Personalien und auch die Nummern der Personaldokumente listenmäßig erfassen. Und sorge dafür, dass sie umgehend in die Fahndungskartei eingearbeitet werden ...«

Der Oberstleutnant versteht nicht, was mit dieser Maßnahme bezweckt werden soll. Während er beobachtet, wie sich draußen die ersten seiner Mitarbeiter aus der Alarmgruppe durch die Menge drängen, fragt er nach:

»In die Fahndungskartei?«

»Ja! Die kommen nicht mehr rein«, wird Harald Jäger in knappem militärischen Ton instruiert.

»Mit dem Vermerk der Zurückweisung?«, fragt er noch einmal irritiert nach.

»Ja!«

Die juristische Fragwürdigkeit einer solchen Anweisung vor Augen hält Harald Jäger diese Maßnahme dennoch für geeignet, Druck abzubauen. Wesentlich ist für ihn in diesem Moment nur, dass überhaupt irgendwas passiert.

»Aber es werden sich auch andere mit hereindrängen. So exakt wird sich das nicht trennen lassen!«, gibt Oberstleutnant Jäger noch zu bedenken.

»Dann nehmt die auch mit ... also die zwei, drei Leute, die daneben stehen oder von hinten mit reindrängen. In diesem Fall stempelt ihr aber nicht über das Lichtbild, sondern auf die hintere Seite. Instruiere deine Passkontrolleure entsprechend und achte darauf, dass das auch richtig gehandhabt wird. Denn die lasst ihr ja anschließend wieder rein.«

Schon während Oberst Ziegenhorn jene offenbar in den letzten Minuten ad hoc entschiedene Maßnahme erläutert, überlegt Harald Jäger, wie er diese jetzt gleich praktisch umsetzen könnte. Auf jeden Fall wird er den Sicherheitsoffizier, Hauptmann S., mit dieser Aufgabe betrauen. Vorn an jener Fahrstuhltür, die dieser ja selbst vor ein paar Jahren dort eingebaut hat.

Damals als der Plattenbau, in dem er wohnt, renoviert worden war, ist er mit dieser ausrangierten Fahrstuhltür hier angekommen. Tagelang hat er am Schließmechanismus herumgebastelt, bis die stabile Metalltür per Knopfdruck geöffnet und geschlossen werden konnte. Seither gehen alle Ein- und Ausreisenden durch diese Fahrstuhltür, wofür das von ihm geleitete Kollektiv damals die Neuerer-Prämie einstreichen durfte. Niemand konnte ahnen, dass dieses ulkige Requisit einmal in einer solch dramatischen Situation gute Dienste leisten würde.

Zunächst, so überlegt Harald Jäger, muss er die Passkontrolleure über diese neue Maßnahme unterrichten. Denn wenn die ersten vom Sicherheitsoffizier ausgewählten Provokateure durch die Fahrstuhltür kommen, muss alles ganz schnell gehen.

»Du wirst sehen«, gibt sich Oberst Ziegenhorn optimistisch, »erst lasst ihr ein wenig Druck aus dem Kessel, dann verdampft das Problem von ganz allein.«

Diese Maßnahme wird einmal als einer der letzten Versuche der »alten« DDR in die Geschichte eingehen, dem eigenen Volk gegenüber staatliche Souveränität zu beweisen. Obgleich dieser vollkommen untaugliche Versuch, der Situation an der Grenze Herr zu werden, nur noch ein einsamer Entschluss von realitäts-

fernen Staatssicherheits-Generälen war. Man hatte nicht mal mehr die Kompetenzebene gewahrt, wonach nur das Politbüro einen Schritt von solcher Tragweite hätte beschließen können. Denn es handelte sich ja quasi um eine Ausbürgerung, und zwar – im Gegensatz zu den Botschaftsflüchtlingen – keineswegs mit dem erklärten Einverständnis der Ausgebürgerten. Sie wurden von dieser Konsequenz beim Grenzübertritt nicht mal in Kenntnis gesetzt.

Schon in wenigen Tagen wird eine Revolution über das Land hinwegfegen, die den Überwachungsapparat der Staatssicherheit demontieren wird. Die SED wird per Verfassungsänderung jene Führungsrolle verlieren, welche sie de facto schon längst nicht mehr hatte, an runden Tischen wird über eine neue Verfassung und eine gänzlich neue DDR nachgedacht werden. Doch an jenem Abend kurz nach halb zehn Uhr war im Ministerium für Staatssicherheit eine Maßnahme getroffen worden, die einmal als »Ventillösung« in die Geschichte eingehen wird. Später aber will keiner der einstigen Entscheidungsträger dafür mehr die Verantwortung übernehmen.

21:45 Uhr

In einem Interview mit dem *heute-journal* erklärt Bundeskanzler Helmut Kohl in Warschau: »Für das, was im Augenblick heute berechenbar war, haben wir Vorsorge getroffen; aber es ist eine sehr schwierige Lage, und die Entscheidungen, die hier zu einer Verbesserung der Lage führen können, führen müssen – ich halte das für überfällig –, müssen natürlich in der DDR getroffen werden …«

Zur gleichen Zeit versucht der DDR-Staatsratsvorsitzende Egon Krenz in Moskau Gorbatschow zu erreichen. Doch kurz vor Mitternacht (Moskauer Zeit) ist in der sowjetischen Zentrale niemand mehr bereit, eine Verbindung zum KPdSU-Generalsekretär herzustellen. Auch die Meldungen, die zeitgleich die Ost-Berliner Filiale des sowjetischen Geheimdienstes KGB absetzt, finden in Moskau erst am nächsten Morgen Beachtung.

Der Sicherheitsoffizier ist beim Posten an der Vorkontrolle/Ausreise stehen geblieben, während Offiziere nebenan am Grenzzaun und drüben am Schlagbaum entlanggehen, um diejenigen, die am lautesten protestierten, dorthin zu dirigieren. Mit neugierigen, aber auch angespannten Mienen treten die ersten der »provokant auftretenden Personen« durch die Fahrstuhltür. Wie von Harald Jäger erahnt, mussten auch weniger provokante Personen – quasi zur Absicherung der Maßnahme – durchgelassen werden. Nun werden die Auserwählten gebeten, hintereinander gehend, einem der Operativoffiziere hinüber zu den Passkontrollen zu folgen. Das formierte Anstellen ist deshalb nötig, damit der Offizier dem Passkontrolleur verschlüsselt mitteilen kann, wer den Stempel auf das Passbild bekommen soll: »Die ersten drei, der siebte und achte, die Nummern zwölf bis vierzehn ...«

Die ganze Prozedur nimmt einige Zeit in Anspruch, da die Passkontrolleure die Personalien aller Ausreisenden listenmäßig erfassen. Zudem müssen die Personalausweise mittels der Unterflurkamera abgelichtet und hinüber zu den Fahndern geschickt werden. Denn jene, denen über das Lichtbild gestempelt wurde, müssen nun in die Fahndung eingearbeitet und via Telex den anderen Grenzübergängen gemeldet werden.

Harald Jäger schüttelt fast unmerklich den Kopf. Wie man es auch anstellt, es haut nicht hin. Er stellt sich vor, alle diese Bürger, diese unüberschaubare Menge, durch die Fahrstuhltür zu leiten und an den Passkontrollen ordnungsgemäß abfertigen und registrieren zu lassen. Und diese endlos wirkende Schlange von Autos an den zehn Kfz-Spuren mit der anschließenden Zollkontrolle – das alles würde sicher Tage dauern. Andererseits zeigt sich bereits jetzt, dass jenes befohlene Auswahlverfahren nicht so funktionieren wird, wie man sich das in der Normannenstraße ausgedacht hat. Denn nachdem die Menschen freundwärts mitbekommen haben, dass einige Personen ausreisen dürfen, hat sich der Druck jenseits des Grenzzauns nicht etwa vermindert, sondern erhöht. Ohne Unterbrechung tigern die Funktionsoffiziere hin und her und zeigen auf einzelne oder mehrere »Provokateure«. Gleich der Hydra, der mit jedem abgeschlagenen Kopf zwei weitere nachwuchsen, scheint deren Zahl nicht weniger, sondern mehr zu werden. Wahrscheinlich haben die Menschen da drüben längst mitbekommen, dass man nur laut genug schreien muss, um ausgewählt zu werden. Die Fahrstuhltür öffnet und schließt sich inzwischen fast pausenlos. Mittlerweile jubeln viele schon, wenn sie diese durchschreiten, noch ehe sie sich in die Schlange vor den Passkontrollen anstellen dürfen. Das führt jenseits des Grenzzauns inzwischen zur vielstimmigen Forderung, die Grenze endlich für alle zu öffnen.

Wieder und wieder sieht Harald Jäger das Politbüromitglied Schabowski vor sich. Diesen behäbig wirkenden Mann, der mit hängenden Schultern über seine halbrunde Brille blickend, unsicher in seinen Papieren kramend, herumstottert: »Das tritt nach meiner Kenntnis ... ist das sofort ... unverzüglich.« Dieser Kerl hat gesagt, was er nie hätte sagen dürfen und was auch niemals sein Auftrag gewesen sein kann. Sonst wären klare Instruktionen gekommen – an die Generäle im Ministerium für Staatssicherheit und für Nationale Verteidigung, an die Hauptabteilung VI und an die Passkontrolleinheiten. Wie aber konnte ein erfahrener Parteifunktionär leichtfertig so etwas behaupten, ohne an die Konsequenzen zu denken?

Harald Jäger spürt Hass in sich aufsteigen. Hass, der sich nicht nur gegen diesen wenig umsichtigen Günter Schabowski richtet, sondern gegen alle, die in diesem Moment ihn und seine Leute hier im Regen stehen lassen. Wo bleiben die Anweisungen des für Sicherheitsfragen zuständigen ZK-Referenten Wolfgang Herger? Wo die Direktiven des Nationalen Verteidigungsrates? Und wo ein entscheidendes Wort von Egon Krenz, dem Chef von Staat und Partei? Weshalb werden er und seine Leute an der neuralgischsten Grenzübergangsstelle der DDR vom eigenen Ministerium, dem »Schild und Schwert der Partei«, mit einer halbherzigen und noch dazu völlig unpraktikablen Lösung abgespeist? Offenbar befindet sich die gesamte Führung dieses Landes in einer völlig konfusen Situation. Stattdessen werden dort unten am Grenzzaun hoch qualifizierte Funktionsoffiziere dazu genötigt, darüber zu entscheiden, wem die DDR die Staatsbürgerschaft entzieht und wem nicht. Eine groteske, ja geradezu unerträgliche Situation.

Hinter zwei offenbar angetrunkenen jungen Leuten drängt sich nun der letzte der alarmierten Genossen durch die Fahrstuhltür. Damit ist die volle Mannschaftsstärke von gerade mal einundsechzig Leuten erreicht. Vollkommen entnervt entschuldigt der Hauptmann das späte Erscheinen damit, dass kein Durchkommen gewesen wäre. Harald Jäger klopft ihm auf die Schulter und schickt ihn hinüber zur Operativbaracke, um die dortige Kartei mit zehntausenden von »Ersthinweisen« und »operativen Feststellungsergebnissen« abzusichern. Damit hatte er nun für alle wichtigen Objekte bis zu vier Genossen zur Bewachung abgestellt. Und auch die übrigen Bereiche wurden personell verstärkt – die Dienstbaracke mit dem Lagepult und der Fahndungskartei, die operative Technik, sämtliche Abfertigungsstellen für Fußgänger und Pkw und die Vorkontrollen von Ein- und Ausreise. Einer Lösung des Problems ist man dadurch aber um keinen Schritt näher gekommen. Es ist lediglich für eine behelfsmäßige Absicherung der Objekte gesorgt – für den Fall, dass das Volk sein Schicksal in die eigenen Hände nimmt.

22:28 Uhr

In der *AK Zwo*, dem Nachrichtenmagazin des DDR-Fernsehens, das erst vor zehn Tagen erstmalig auf Sendung ging, wird noch einmal jene ADN-Meldung verlesen, derentwegen bereits der zuvor laufende Spielfilm zweimal unterbrochen worden war. Der Nachrichtensprecher ist angewiesen worden, mit besonderer Betonung darauf hinzuweisen, dass die Abteilungen Pass- und Meldewesen, welche die für den Grenzübertritt notwendigen Visa ausstellen, »morgen um die gewohnte Zeit geöffnet haben«. Auch ständige Ausreisen könnten erst erfolgen, »nachdem sie beantragt und genehmigt worden sind«.

Natürlich ist Oberstleutnant Jäger klar, dass letztlich er die Entscheidung treffen und verantworten muss. Aber ist es in einer solch dramatischen Situation zu viel verlangt, dass man sich gemeinsam berät? Das aber würde voraussetzen, dass jeder seine Einschätzung kundtut und eine Meinung äußert. Er sieht nacheinander jedem einzelnen der im Leiterzimmer versammelten Offiziere in die Augen. Und er stellt dabei allen die gleiche Frage: »Was soll ich tun?« Dem Parteisekretär, dem diensthabenden Zugführer, dem Diensthabenden der Grenztruppen und dem Leiter des Grenzzollamts. Aber alle diese erfahrenen Offiziere blicken dann stumm und verlegen zu Boden.

Er wendet sich an E., der immerhin jetzt an seiner Stelle stehen könnte, wenn sein Dienst nicht erst morgen früh um acht Uhr wieder beginnen würde:

»Was soll ich tun?«

Der andere Stellvertreter des PKE-Leiters senkt seinen Blick nicht. Er sieht seinem Kollegen, mit dem er viele kritische Worte gewechselt und die Vision einer DDR mit offenen Grenzen geteilt hat, in die Augen und erklärt:

»*Du* musst das entscheiden, *du* bist der diensthabende Leiter!«

Nach kurzem Nachdenken entschließt sich Oberstleutnant Jäger, noch einmal eine Lagemeldung an das Operative Leitzentrum abzusetzen.

Sofort nachdem er am Lagepult den roten Knopf gedrückt hat, meldet sich Oberst Ziegenhorn.

»Hier Oberstleutnant Jäger ...«

»Ich habe keine anderen Instruktionen! Jäger, du kennst die Weisung!«, wird er barsch unterbrochen.

Diesmal ist das Auflegen des Telefonhörers auf der anderen Seite unüberhörbar.

Ins Dienstzimmer zurückgekehrt, hebt Oberstleutnant Jäger hilflos die Schultern:

»Ziegenhorn hat keine anderen Instruktionen!«

Plötzlich finden die Offiziere ihre Sprache wieder und stürmen mit hilflosen Forderungen auf Harald Jäger ein:

»Dann musst *du* eben eine Entscheidung treffen!« – »Irgendetwas musst du jetzt unternehmen!«

»Und was?«, brüllt er zurück.

Harald Jäger blickt in die erschrockenen Gesichter hoch dekorierter Offiziere, die er in diesem Moment als Feiglinge erlebt. Keiner von ihnen würde einen Beschluss hinterher verantworten müssen. Er aber möchte einfach nur das Gefühl bekommen, in Übereinstimmung mit ihnen zu handeln. Aber sie sind nicht einmal bereit, ihm dieses Gefühl zu geben. Dabei hat doch ganz sicher jeder von ihnen die gleiche Idee im Kopf, wie das Problem da draußen vor der GÜST zu lösen wäre.

Harald Jäger nimmt sich vor zu provozieren.

»Ich könnte die Schlagbäume öffnen und die Passkontrollen einstellen lassen ...«

Niemand widerspricht.

»Dafür aber habe ich keinen Befehl! – Im Gegenteil! Der Befehl lautet, die Grenzübergangsstelle zuverlässig und ... Na ja, den kennt ihr ja selbst.«

Im Zimmer herrscht gespannte Ruhe. Wie aus weiter Ferne tönen vom Grenzzaun die Rufe der Menschen herüber und schweben wie ein Damoklesschwert über der Dienstbaracke.

»Wozu ich aber befugt bin«, setzt Harald Jäger seine Provokation fort und zeigt auf den Diensthabenden der Grenztruppen, »ich kann ihn bitten, seine Offiziersschüler zur militärischen Absicherung herzuholen. Die können wir von hinten über den Kolonnenweg abgesichert auf die GÜST leiten und ganz schnell vorne in Stellung bringen.«

Harald Jäger beobachtet, auf welch unterschiedliche Weise sich Nervosität auf den Gesichtern der Offiziere abzeichnet.

»Und wenn einer der Provokateure sich zu einem Übergriff hinreißen lässt, vielleicht sogar zu einem tätlichen Angriff – dann wird das Feuer eröffnet!«

Nun rufen alle erschrocken durcheinander, dass dies eine Katastrophe wäre, man über so etwas nicht mal nachdenken dürfe ...

Die Provokation hat gesessen. Und doch kann sich keiner dazu entschließen, dem Oberstleutnant zu der anderen – befehlswidrigen – Alternative zu raten. Dabei hofft unausgesprochen jeder hier im Raum, dass Oberstleutnant Jäger genau diesen Schritt veranlassen und auf die eigene Kappe nehmen wird. Obgleich ein jeder von ihnen weiß, zu welcher Konsequenz eine solche Befehlsverweigerung für ihn vor der militärischen Gerichtsbarkeit führen kann.

Es war in jener Nacht völlig unklar, wer gegebenenfalls befugt wäre, einen Befehl zur Öffnung der Grenze auszusprechen. In letzter Konsequenz natürlich Egon Krenz, der ja als SED-Generalsekretär, Staatsratsvorsitzender und Vorsitzender des Natio-

nalen Verteidigungsrates eine ungeheuere Machtfülle verkörperte. Aber durfte er einen einsamen Entschluss fassen oder musste er dazu die Gremien, denen er vorstand, einberufen? Letztlich würde sich Egon Krenz aber zu überhaupt keinem Entschluss durchringen – weder zu einem Befehl noch zur Einberufung der Gremien. Wenngleich er später behaupten wird, die Öffnung der Mauer befohlen zu haben. In seinem Buch Wenn Mauern fallen *behauptet er: »Ich besprach mit Erich Mielke, dass die Schlagbäume geöffnet werden sollten, auf einen Tag früher oder später käme es nun auch nicht mehr an.« Hinter dieser – nachweislich falschen – Behauptung aber steckt ganz offensichtlich der Versuch, die eigene Untätigkeit in jener historisch bedeutsamen Situation im Nachhinein zu kaschieren. Tatsächlich war ein solcher Befehl nirgendwo angekommen. Die für die Passkontrolleinheiten und den Reiseverkehr zuständigen Staatssicherheits-Generäle Gerhard Niebling und Gerhard Neiber haben in jener Nacht vergeblich auf Entscheidungen von oben gewartet. In einem Gespräch mit dem Historiker Hans-Hermann Hertle wird Generalmajor Gerhard Niebling später erklären: »Es hat keinen Befehl gegeben zur Öffnung der Grenze. Das bestätigt sowohl Generalleutnant Neiber als stellvertretender Minister, der in dieser Nacht Schwerstarbeit geleistet hat. Und ich kann das auch bestätigen denn ich hätte ihn mit Sicherheit auch zur Kenntnis bekommen Es gab keinen Befehl zur Öffnung der Grenze. Minister Mielke hat mir gegenüber nicht reagiert. Ich weiß jedoch, dass er, natürlich damals noch in seiner Eigenschaft als Minister, gesagt hat. ›Es wird sich schon wieder normalisieren.‹«*

22:42 Uhr

Hanns-Joachim Friedrichs beginnt an diesem Abend die *Tagesthemen* mit folgenden Worten: »Guten Abend, meine Damen und Herren. Im Umgang mit Superlativen ist Vorsicht geboten, sie nutzen sich leicht ab. Aber heute Abend darf man einen riskieren: Dieser 9. November ist ein historischer Tag! Die DDR hat mitgeteilt, dass ihre Grenzen ab sofort für jedermann geöffnet sind. Die Tore in der Mauer stehen weit offen!« – Diese Aussage kann der Berlin-Korrespondent Robin Lautenbach wenige Minuten später während einer Live-Schaltung keineswegs bestätigen. Vor dem Grenzübergang an der Invalidenstraße, deren Tore unübersehbar geschlossen sind, berichtet er: »Die Lage an den innerstädtischen Berliner Grenzübergängen ist im Moment recht konfus und unübersichtlich. Hier in der Invalidenstraße hat sich am ganzen Abend noch nichts getan. Viele Schaulustige und West-Berliner stehen hier und warten weiterhin auf die ersten Ost-Berliner oder DDR-Bürger, die hier zu einem ersten kurzen Besuch herüberkommen.«

Die Masse drückt von hinten die vorne Stehenden gegen den zwei Meter hohen Zaun, der parallel zu den Fahrspuren für die Pkw verläuft. Das stabile Gitter ist inzwischen schon bedenklich nach außen gebeult. Drüben, an der Kfz-Abfertigung, stehen, parallel zum Schlagbaum, zehn Offiziere einer riesigen Menschenmenge gegenüber. Weniger als einen halben Meter voneinander entfernt. Und jeder dieser Offiziere trägt eine Pistole. Laut Dienstanweisung darf von der Waffe ausschließlich bei einer konkreten Gefährdung für Leib und Leben Gebrauch gemacht werden. Der Ermessensspielraum aber, wann sich in einer solchen Weise der betreffende Offizier gefährdet sieht, erscheint Harald Jäger in dieser für alle ungewöhnlichen Situation als nahezu unkalkulierbar. Er mag sich gar nicht vorstellen, was passieren würde, wenn jemand auf der anderen Seite gegen einen seiner Leute in provokativer Absicht die Hand erheben würde.

23:07 Uhr

Der *Spiegel-TV*-Reporter Georg Mascolo und der Kameramann Rainer März treffen auf der Grenzübergangsstelle Bornholmer Straße ein, wohin sie unmittelbar nach dem *Tagesthemen*-Bericht aufgebrochen waren. Sie richten ihre Kameras auf die Menge, die hinter den geschlossenen Grenztoren ruft: »Tor auf, Tor auf!« und »Wir kommen wieder!«

Auf einem der Monitore beim Lageoffizier entdeckt Oberstleutnant Jäger inmitten der Menschen vor dem Schlagbaum einen Mann, der offenbar auf irgendetwas gestiegen ist. Jedenfalls ragt er aus der Menge heraus. Es sieht aus, als ob er eine Ansprache hielte. Harald Jäger ruft einen der beiden Wachen zu sich, die er für die Dienstbaracke eingeteilt hat:

»Schau mal, da hält einer 'ne Rede. Lauf mal rüber! Ich will wissen, was ...«

Der junge Offizier rennt aus dem Raum und stößt draußen fast mit einem der beiden Zolloffiziere zusammen, die schimpfend die Baracke betreten.

»Was sollen wir denn da noch das Auto kontrollieren? Sollen sie meinetwegen ihre Kameras aufpflanzen, wo sie wollen ...!«

Auf den Monitoren 6 und 7 kann Harald Jäger in Augenschein nehmen, worauf sich der Unmut der beiden Zöllner bezieht. Drüben bei den Schlagbäumen an der Kfz-Abfertigung haben zwei Zivilisten Position bezogen. Der eine mit einer Kamera auf dem Schulterstativ und der andere mit einem Mikrofon in der Hand. Während er noch überlegt, ob er etwas gegen deren Anwesenheit im Gebiet der Grenzübergangsstelle unternehmen soll, beobachtet Harald Jäger, dass sich sein Sicherheitsoffizier auffallend nah im Bereich der Kamera aufhält. Er scheint deren Nähe geradezu zu suchen, läuft ständig durchs Bild.

Er kennt diesen Hauptmann, seit sie im Sommer 1964 gemeinsam hier auf der Bornholmer Straße angefangen haben. Einige Jahre waren sie im gleichen Zug. Während der ČSSR-Krise haben sie sich oben auf dem Postenturm abgewechselt. Er weiß nur zu gut um dessen Stärken und Schwächen. Und dessen Bedürfnis, sich ständig in den Vordergrund zu spielen, zählt er nicht zu seinen Stärken.

Harald Jäger war schon Gruppenführer in der Operativgruppe und »Abwehrchef« des damaligen PKE-Leiters, als er von seinem Vorgesetzten um eine Einschätzung dieses Mannes gebeten wurde. Damals war erwogen worden, jenen Hauptmann zu einem stellvertretenden Zugführer zu machen. Harald Jäger hatte davon abgeraten. Und zwar, weil dies perspektivisch die Beförderung zum Zugführer zur Folge gehabt hätte. Dieser Mann habe nicht die charakterliche Voraussetzung, Menschen zu führen, hatte er damals geurteilt. Kurze Zeit später aber hat er den ehemaligen Stahlwerker wegen dessen technischer Begabung als Sicherheitsoffizier vorgeschlagen. Die Fahrstuhltür an der Vorkontrolle/Ausreise ist nur eines der Ergebnisse dieser Empfehlung.

Der junge Wachoffizier kommt zurück und meldet völlig unmilitärisch:

»Der Mann verliest 'ne Meldung vom ADN. Ich hab's nicht so gut verstanden, irgendwas, dass ADN gemeldet habe, die Grenze sei offen ...«

»Ist das ein Journalist von ADN, oder was?«, will der Oberstleutnant wissen.

»Das habe ich nicht richtig mitgekriegt, aber ich glaube schon.«

»Tritt er provokativ in Erscheinung?«

Das Telefon klingelt und Harald Jäger geht selbst an den Apparat. Der Posten an der Vorkontrolle/Einreise meldet:

»Wir haben jetzt hier oben welche, die den Stempel auf dem Lichtbild haben und wieder einreisen wollen. Sie machen Ärger ...«

»Bin gleich da!«

Während Harald Jäger aus dem Raum des Lageoffiziers läuft, ruft er entnervt:

»Jetzt haben wir einen Zweifrontenkrieg!«

Als er oben am Postenhäuschen ankommt, stehen dort acht bis zehn Personen. Ein Betrunkener schreit: »Dann bleib ich eben im Westen ... mir doch scheißegal« – und torkelt in Richtung Brücke zurück. Eine junge Frau läuft Harald Jäger entgegen. Tränenaufgelöst fleht sie:

»Ich muss doch nach Hause. Meine Kinder liegen im Bett, die müssen morgen früh zur Schule. Ich wollte doch nur mal mit meinem Mann kurz rüber, weil es doch im Fernsehen hieß, dass man das jetzt darf.«

Harald Jäger nimmt der verzweifelten Frau den Personalausweis aus der Hand. Von hinten schreien einige:

»Was habt ihr euch denn da jetzt wieder für eine Scheiße ausgedacht?« – »Ich bin DDR-Bürger und muss nachher arbeiten. Geht ihr für mich Briefe austragen?«

Tatsächlich ist das Lichtbild der weinenden Frau gestempelt, das ihres Mannes aber nicht. Oberstleutnant Jäger kann sich beim besten Willen nicht vorstellen, dass diese schmächtige Frau vorhin provokativ in Erscheinung getreten war. Offenbar sind in der Hektik unten an den Passkontrollen Fehler passiert.

»Sie dürfen einreisen. Alle!«, entscheidet er und wendet sich an den Posten.

»Ruf unten an und sag den Passkontrolleuren, dass die Weisung nicht mehr gültig ist. Wer raus ist, darf auch wieder rein!«

Auf dem Weg zurück zur Dienstbaracke entdeckt Harald Jäger, dass sich sein Sicherheitsoffizier drüben an der Kfz-Abfertigung gerade vor der Kamera der Fernsehleute aufbaut, offenbar bereit, ein Interview zu geben. Harald Jäger geht einige Meter in dessen Richtung und ruft:

»Genosse Hauptmann!«

Erschrocken läuft ihm der Angesprochene entgegen, verfolgt von den Fernsehleuten. Als sich die beiden Offiziere gegenüberstehen, erklärt Harald Jäger kategorisch:

»Du gibst keine Stellungnahmen ab! Du sagst überhaupt nichts! Ist das klar?«

»Jawohl!«, antwortet der Sicherheitsoffizier militärisch knapp.

Oberstleutnant Harald Jäger geht in Richtung seiner Dienstbaracke. Einer der beiden Fernsehleute ruft hinter ihm her:

»Können wir Sie einen Moment bitte ...?«

Im nächsten Moment schließt der Oberstleutnant die Tür hinter sich.

Auf den Monitoren kann er verfolgen, dass sich der Sicherheitsoffizier an seine Anweisung hält. Er sieht aber auch, dass die Menschen jenseits des Schlagbaums immer unruhiger werden. Offenbar versuchen einige, mit den Soldaten zu diskutieren. Noch reagieren die Offiziere nicht. Doch was mag in deren Köpfen vorgehen? Ist die Unruhe dort unten durch das Verlesen jener Meldung noch größer worden? Durch das Auftreten dieses ADN-Mannes oder wer immer das war? Auf einem anderen Monitor sind Menschen zu sehen, die am Grenzzaun rütteln. Einige, vor allem kleinere, schmächtigere Personen werden bereits durch die Wucht der Masse dagegengedrückt. Von der Seite kommen die ersten der Rückkehrer ins Bild. Sofort sind sie von Menschen umringt, denen sie gestenreich von ihrem Ausflug erzählen.

Auf Monitor 2 ist die von der Turmkamera aufgenommene gesamte Bornholmer Straße zu sehen. Sie ist schwarz von Menschen.

»Wie viele sind das?«, fragt Oberstleutnant Jäger den Lageoffizier.

»Fünfundzwanzig-, dreißigtausend!?«, antwort dieser prompt. Wahrscheinlich hat er sich diese Frage schon mehrfach selbst gestellt.

Harald Jäger wendet sich von den Monitoren ab. Nachdenklich stützt er sich auf das Lagepult. Vom OLZ ist wohl keine Entscheidung mehr zu erwarten. Die PKE-Leiter konferieren womöglich noch immer bei Generalmajor Fiedler. Jedenfalls ist der eigene Chef nicht da. Vielleicht steckt er irgendwo da draußen im Stau. Wie lange kann er eigentlich noch warten? Wenn diese Menschen dort hinter dem Schlagbaum erst mal beginnen, selbst die Initiative zu übernehmen, wird es zu einer Katastrophe kommen. Ohne einen Befehl zur Öffnung der Grenze wären die Grenztruppen befugt, den unerlaubten Grenzdurchbruch zu verhindern. Ja, sie wären geradezu verpflichtet dazu, die Sperranlagen zu schließen. Die zuschnappenden Sperrschlagbäume könnten schwere Verletzungen verursachen, womöglich wären sogar Tote zu beklagen. Eine Massenpanik wäre dann die fast zwangsläufige Folge.

Harald Jägers Blick fällt auf das Rapportbuch, in welches der Lageoffizier kurz nach 20 Uhr den letzten Eintrag geschrieben hat.

»Führst du keinen Rapport mehr?«, fragt er ihn erstaunt.

Der Lageoffizier schüttelt den Kopf.

»Was soll ich denn schreiben? Wie soll ich bei dieser Situation einen Rapport schreiben?«

Einer der Zugführer betritt den Raum und wendet sich, vollkommen unüblich, unter Verwendung des militärischen Dienstgrades an den Vorgesetzten:

»Genosse Oberstleutnant, meine Leute fragen ...«

»Hör zu«, unterbricht ihn Harald Jäger. Er weiß längst, was die einzelnen Züge von ihm erwarten. »Du veranlasst, dass unverzüglich sämtliche Passkontrollutensilien hierher gebracht werden: Stempel, Sicherungsfarbe, Zählkarten, Visaformulare – alles. Außerdem von der Kfz-Abfertigung die kleine Fahndungskartei. Das packst du alles in den Safe!«

Der Zugführer sieht ihn erwartungsvoll an und Harald Jäger setzt hinzu:

»Und dann sollen sie die Passkontrollen einstellen.«

Während der Zugführer kehrtmacht und fast aus der Baracke rennt, dreht sich Harald Jäger zum Lageoffizier um.

»Das kannst du jetzt in deinen Rapportbericht schreiben!«

Oberstleutnant Harald Jäger spürt das heftige Klopfen der Halsschlagader, während er die Dienstbaracke verlässt und hinüber zum Schlagbaum schreitet. Der kurze Weg erscheint ihm plötzlich endlos. Als er dort ankommt, schwillt der Chor der Zehntausenden an: »Tor auf! Tor auf!«

Keiner seiner Offiziere wagt ihn anzusehen. Wollen sie die Menschenmenge vor sich nicht aus den Augen lassen? Oberstleutnant Jäger beobachtet, wie die Passkontrolleure mit den Kisten zur Dienstbaracke hinüberlaufen. Im nächsten Moment machen sich auch von der Kfz-Abfertigung zwei seiner Leute mit der kleinen Fahndungskartei auf den Weg. Als sich die Tür der Baracke hinter ihnen schließt, tritt Harald Jäger ganz nah an seine Offiziere heran. Dann brüllt er ihnen den Befehl zu:

»Macht den Schlagbaum auf!«

Nun erst sehen einige von ihnen irritiert zu ihrem diensthabenden PKE-Leiter. Sofort läuft der Sicherheitsoffizier herbei. Die beiden Offiziere, die sich so lange kennen, sehen einander in die Augen. Betont militärisch wiederholt der Oberstleutnant:

»Den Schlagbaum auf!«

Das nun folgende Geschehen nimmt Harald Jäger wie in Zeitlupe wahr. Die Offiziere, die den Schlagbaum nach innen führen, die Menschen, welche sich johlend an ihnen vorbeidrängen oder den Uniformierten auf die Schulter klopfen, sie sogar umarmen. Diese Bürger, so geht es ihm durch den Kopf, haben sich die Öffnung der Grenze soeben selbst erkämpft. Durch ihre Beharrlichkeit und durch ihren Mut. Niemand konnte wissen, ob die Staatsmacht nicht doch anders reagieren würde. Harald Jäger ist diesen Menschen, die in diesem Augenblick durch die Schlagbäume und die Fahrstuhltür einer ihnen fremden Welt entgegenlaufen, aber auch dankbar. Für ihre Besonnenheit. Schließlich hätten sie gänzlich anders reagieren können.

Hinten an den Passkontrollstellen für Fußgänger gibt es einen Stau. Während die Menschen auf den Kfz-Spuren entlanglau-

Kameramann Rainer März hält für SPIEGEL TV *den Moment der Grenzöffnung im Bild fest.*

fen und vor freudiger Erwartung hüpfen, stehen die Leute dort drüben Schlange. Aber warum? Er hatte doch ausdrücklich befohlen, die Passkontrollen einzustellen. Es sind ja auch gar keine Stempel mehr da. Was treiben die Passkontrolleure denn dort? Es muss unbedingt ein zügiges Durchkommen sichergestellt werden, ehe sich jemand zu Unmutshandlungen hinreißen lässt.

Er entschließt sich, den Lageoffizier vom Postenhäuschen der Vorkontrolle/Ausreise aus zu instruieren. Das würde schneller gehen, als zu versuchen, sich durch diese Menschenmenge zur Dienstbaracke durchzukämpfen. »Vorkontrolle/Ausreise« – wie absurd klingt doch plötzlich die Bezeichnung für diesen Posten angesichts dieser völlig unkontrollierbaren Situation.

Wie schon so oft an diesem Abend greift er zu jenem Telefon, das ihn ohne Wählvorgang mit dem Lageoffizier verbindet.

»Ich hatte die Anweisung gegeben, dass die Passkontrollen eingestellt werden ...«

»Ja?!«

»Ich weiß nicht, was die Passkontrolleure dort treiben, aber es gibt einen Stau.«

»Ich kümmere mich drum!«

Harald Jäger legt den Telefonhörer auf die Gabel, obgleich er weiß, dass er jetzt eigentlich der Einsatzleitung im Operativen Leitzentrum Meldung zu machen hätte – dem Oberst Ziegenhorn.

23:29 Uhr

In der Sondersendung *DDR öffnet Grenzen*, die über die drei nördlichen Sendeanstalten (SFB, NDR, Radio Bremen) der ARD ausgestrahlt wird, schaltet der Studio-Moderator Horst Schättle nun erneut live an den Grenzübergang Invalidenstraße. Gemeinsam mit dem Regierenden Bürgermeister Walter Momper und weiteren Studiogästen sehen die Fernsehzuschauer in Ost und West noch einmal Robin Lautenbach, der nicht viel Neues zu berichten weiß: »Jetzt, in diesem Augenblick, sind sehr viele Touristen und Schaulustige von West-Berliner Seite aus über die Grenzlinie gegangen bis direkt hinten hin, wo die Grenzmauer steht, zu dem Wachturm. Es werden Parolen gerufen, aber ganz offenbar ist bisher an dieser Stelle aus Ost-Berlin noch niemand herübergekommen.«

Oft hatte Harald Jäger hier gestanden. Auf dieser kleinen Anhöhe kurz hinter der Vorkontrolle/Ausreise. Um sich einen Überblick zu verschaffen über die Gesamtsituation auf der GÜST. Hierhin hat er sich auch jetzt begeben – aus demselben Grund. Das Bild aber, welches sich ihm in diesem Augenblick bietet, unterscheidet sich gänzlich von den theoretischen Bedrohungsszenarien der Vergangenheit. Ein massenweiser Ansturm auf eine Grenzübergangsstelle war zur Horrorvision stilisiert worden, der »zuverlässige Schutz« derselben hingegen zu einer fortwährenden Heldentat. Nun aber sieht er keineswegs eine aggressive, rachelüsterne Meute vor sich, sondern fröhliche Menschen, die jubeln und tanzen. Harald Jäger erlebt den »feindlichen Akt gegen die Staatsgrenze der DDR« als riesiges Volksfest.

Die Beharrlichkeit und der Mut tausender Wartender werden endlich belohnt. Die ersten DDR-Bürger haben die Grenze nach West-Berlin überschritten.

Drüben, auf der Diplomatenspur, gibt es einen letzten Stau. Offenbar haben die Offiziere noch Schwierigkeiten, den nach oben schwingenden Schlagbaum zu öffnen. Die dahinter wartenden Menschen kommentieren lachend das Geschehen. Daneben bauen sich Kamerateams auf. Vielleicht hatten sie vorhin nicht die richtige Position für bildwirksame Aufnahmen. Oder es kam die Öffnung letztlich doch zu überraschend. Als die Lampen auf den Kameras angeschaltet werden, ist auch der Sicherheitsoffizier wieder da. Unter allgemeinem Gejohle wird nun auch der Diplomaten-Schlagbaum nach oben geschwungen. Womöglich gehen heute Nacht diese Bilder um die Welt – die des falschen Schlagbaums.

Es lässt sich nicht länger verdrängen – er muss Oberst Ziegenhorn Meldung machen. Sofort beginnen ihm die Knie zu zittern. Eiskalt spürt er seinen Rücken und im Bauch ein Gefühl, als ob er sich übergeben müsste. Dabei hat er nichts mehr gegessen, seit ihm der Appetit durch Günter Schabowskis »sofort« und »unverzüglich« vergangen war.

Was soll er Oberst Ziegenhorn sagen? Während er sich quer zu den in Richtung Grenzbrücke strömenden Menschen zur Dienstbaracke hinüberbewegt, überlegt er verschiedene Varianten. Soll er seinen Schritt begründen? Darf er dem Operativen Leitzentrum vorwerfen, ihn hier allein gelassen zu haben? Oder den Genossen im Ministerium?

Harald Jäger hätte nach hinten in das Leiterzimmer gehen und via Telefon ein Vieraugengespräch mit dem Dienstvorgesetzten führen können. Doch die Anwesenheit des Lageoffiziers, eines Zugführers und der beiden Fahndungsoffiziere hier vorn am großen Telefonpult empfindet er als unterstützend, obwohl keiner etwas sagt. Sie alle haben den Augenblick der Grenzöffnung auf den Monitoren verfolgt. Dorthin werden noch immer die Bilder übertragen, welche noch vor wenigen Stunden unvorstellbar waren. Im Raum herrscht bedrücktes Schweigen. Als Harald Jäger zum Telefonhörer greift, verlassen alle wie auf ein verabredetes Zeichen hin den Raum. Nur der Lageoffizier bleibt hinter seinem Pult sitzen.

Nach nur einem Klingelton hört Harald Jäger wieder die ihm so vertraute Stimme:

»Ziegenhorn!«

Dem Oberstleutnant gelingt es, seine Meldung knapp und in einem sachlichen Ton vorzubringen:

»Ich habe die Passkontrollen einstellen lassen ...!«

Und nach einem Augenblick des gemeinsamen Schweigens:

»Die GÜST war nicht mehr zu halten!«

Trotz der fortgesetzten Geräuschkulisse des Freudentaumels von draußen kann er am anderen Ende der Leitung das schwere Atmen seines Vorgesetzten hören. Und schließlich dessen müde Stimme:

»Ist gut, mein Junge!«

23:37 Uhr

Die West-Berliner Polizeidirektion I übermittelt dem Polizeipräsidenten den Bericht, dass der »Übergang Bornholmer Straße praktisch offen« sei und sich von Ost nach West ein Menschenstrom »wie die Ameisen« bewege. Die Grenzer hätten sich zurückgezogen.

Er glaubt, gespürt zu haben, dass auch Oberst Ziegenhorn eben ein Stein vom Herzen gefallen war. Ist das die Lösung, die auch der Einsatzleiter im OLZ schon seit Stunden im Kopf hatte, aber nicht sagen durfte? Diesmal hatten sie beide gleichzeitig das Gespräch grußlos beendet.

Der Lageoffizier starrt vor sich auf die noch immer leere Seite des Rapportberichts. Harald Jäger verlässt den Raum und entdeckt den Zugführer, der sich in der entferntesten Ecke des Flures gedankenverloren eine Zigarette anzündet. Die zwei jungen Wachen stehen mit hängenden Schultern und leeren Gesichtern neben der Tür, die sie von dem Geschehen draußen trennt. Die beiden Fahndungsoffiziere beobachten die schwer fassbaren Vorgänge – hinter geschlossenen Gardinen, auf Monitoren.

Vor der Dienstbaracke kann Harald Jäger nun auch bei seinen anderen Kollegen diesen offensichtlichen Drang nach Vereinzelung beobachten. Nur selten stehen irgendwo zwei Uniformträger beieinander. Die meisten hingegen laufen scheinbar ziellos zwischen den Menschen auf dem belebten Platz umher. Harald Jäger verspürt nun ebenfalls das Bedürfnis nach Rückzug. Doch er möchte nicht in die Dienstbaracke zurück. Dorthin, wo sich bis vor wenigen Minuten noch Herz und Kopf dieser Grenzübergangsstelle befand.

23:46 Uhr

MfS-Oberst Rudi Ziegenhorn informiert das Ministerium für Staatssicherheit telefonisch über die eigenmächtige Öffnung der Grenze an der Bornholmer Straße. Dort sagt ihm Generalleutnant Gerhard Niebling, der sich kurz mit dem stellvertretenden Staatssicherheitsminister Gerhard Neiber bespricht: »Ja, macht auf, es bleibt euch gar nichts anderes übrig.« Vom Operativen Leitzentrum der Hauptabteilung VI aus weist Oberst Ziegenhorn nun auch die anderen Grenzübergangsstellen an, die Schlagbäume zu öffnen. Kurz darauf kann Robin Lautenbach – live in die Sondersendung *DDR öffnet Grenzen* geschaltet – an der Invalidenstraße die ersten Ost-Berliner auf West-Berliner Gebiet begrüßen.

Die Operativbaracke auf der anderen Seite des Platzes war einmal das einzige Gebäude dieses Grenzübergangs – vor einem

Vierteljahrhundert, als er hier als einfacher Passkontrolleur angefangen hatte. Von jener Baracke aus hatten er und seine Genossen den gewaltigen Ansturm bewältigt, der nach dem ersten Passierscheinabkommen mit dem West-Berliner Senat einsetzte. In diesen Räumen hat er einst das Abschöpfen von Reisenden erprobt und gelernt, deren Auskünfte nach Ersthinweisen und operativen Feststellungsergebnissen zu sortieren. An diesen Ort, wo einst alles für ihn angefangen hatte, zieht es ihn nun zurück. Harald Jäger hofft, dass dort drüben die Anspannung der letzten Stunden aus dem Körper weichen wird. Wenn er endlich unbeobachtet seinen Gefühlen freien Lauf lassen kann. Doch als er die Operativbaracke betritt, steht dort bereits ein Hauptmann, dem Tränen über das Gesicht laufen. Wie konnte er vergessen haben, dass er selbst vorhin zwei Leute zur Bewachung hier heraufgeschickt hatte? Auf gar keinen Fall darf er diesem Offizier gegenüber Schwäche zeigen. Der andere Offizier sitzt in dem alten Vernehmungszimmer und wird von Weinkrämpfen geschüttelt.

Mittlerweile hat sich Oberstleutnant Jäger wieder so weit im Griff, dass er dem Kollegen im Flur die Hand auf die Schultern legen und sagen kann:

»Das Leben geht weiter!«

Er weiß, dass dies nicht nur als Trost für diesen jungen Offizier gemeint ist, sondern auch für sich selber. Das Leben geht weiter – aber wie?

24:00 Uhr

In der Sorge um die unabsehbaren Folgen der überraschenden Grenzöffnung für die gesamte West-Berliner Infrastruktur, richtet sich der Regierende Bürgermeister Walter Momper in der Sendung *DDR öffnet Grenzen* »an alle, die uns jetzt in der DDR sehen« mit dem hilflosen Appell: »Was heute möglich ist, muss auch und wird auch morgen möglich sein. Bitte, bei aller verständlichen Freude, nun in den Westen zu kommen: Bitte machen Sie's morgen, machen Sie's übermorgen. Wir haben im Moment Schwierigkeiten, das dann verkraften zu können.«

Doch die Realität sieht in diesen Minuten völlig anders aus, wie Robin Lautenbach kurz danach wieder live berichtet: »Hier am Grenzübergang Invalidenstraße spielen sich im Moment unbeschreibliche

Szenen ab ... Die DDR-Posten sind offenbar machtlos und können hier nichts mehr unternehmen. Die Situation an dem Kontrollpunkt scheint bereits unkontrollierbar zu sein; die Grenzsperren sind überwunden, und jeder herausfahrende Trabi oder andere DDR-Wagen wird mit Sekt und Jubel und Blumen begrüßt.«

Nun erst erhalten der in Strausberg tagende DDR-Verteidigungsminister Heinz Keßler und seine dort versammelten Generäle die Information, dass ein diensthabender Offizier einer Berliner PKE eigenmächtig die Grenze geöffnet hat. Kurz darauf meldet der Chef der Grenztruppen, Generaloberst Klaus-Dieter Baumgarten, dass mittlerweile auf Weisung des MfS alle Grenzübergänge geöffnet worden seien. Die vollkommen irritierten Militärs beginnen damit, verschiedene Handlungsszenarien durchzuspielen – auch ein militärisches.

Der Posten an der Vorkontrolle/Einreise, vor dessen Augen sich soeben eine gewaltige Ausreise vollzieht, erzählt Harald Jäger lauter belanglose Dinge. Zum Beispiel, dass er den Schlaf nach einer Nachtschicht oftmals als viel erholsamer empfinde als den nach der Tagschicht. Manchmal wird sein Redeschwall für einen kurzen Moment unterbrochen – von wildfremden Frauen, die ihm einen Kuss auf die Wange drücken. Oder von Männern, die ihm kumpelhaft auf die Schultern klopfen. Gleich danach aber berichtet er seinem diensthabenden PKE-Leiter bis ins letzte Detail, welche technischen Veränderungen er an seinem Wartburg 353 vorgenommen hat, den er einst dem Schwager seiner Frau abgekauft und in Raten bezahlt habe. Er redet und redet. Auch dann noch, als eine Braut aus einer Hochzeitsgesellschaft ausschert, um ihm das Bouquet zu schenken, ehe sie sich tanzend der Grenzbrücke nähert.

Warum erzählt ihm der junge Mann das alles? Möchte er mit diesen profanen Schilderungen eine Normalität vorgaukeln, die nicht von der Realität gedeckt ist? Will er einfach nicht zur Kenntnis nehmen, was um ihn herum vorgeht – dass das Volk in dieser Nacht ein gewaltiges Fest feiert? Auf jenem Platz, der für fast alle diese Menschen in den letzten achtundzwanzig Jahren tabu war. Das alles war doch nicht sinnlos, sagt sich Harald Jäger immer wieder, während der Posten neben ihm davon berichtet, dass sein ältester Sohn Vogelkundler werden möchte. Dieses Ereignis hier kann seine Meinung nicht revidieren, dass es Gründe gegeben habe, weshalb diese Grenze so bestand, wie sie bestand. Wohl aber fördert das, was sich hier abspielt, bei ihm die Erkenntnis, dass es sicher mehr als eine Ursache hat, weshalb dies jetzt nicht mehr so ist. Wenn ihn in diesem Augenblick jemand nach seinen Gefühlen fragte, so würde Harald Jäger antworten: »Dies ist die schlimmste und gleichzeitig die glücklichste Nacht in meinem ganzen Leben!«

00:17 Uhr

Überraschend taucht Walter Momper an der Grenzübergangsstelle Invalidenstraße auf. Später wird er erklären, er habe Sorge gehabt, »es würde zu einem Blutbad, zu Schießereien kommen«. Tatsächlich hatte der diensthabende PKE-Leiter zunächst die Offiziersschüler als militärische Verstärkung angefordert. Als die jungen Leute dann aber mit langer Waffe und voll aufmunitioniert in Bussen angekarrt worden waren, hat er sich entschlossen, sie umgehend in die Kasernen zurückzuschicken. Nun muss er miterleben, wie der Regierende Bürgermeister von West-Berlin den weißen Strich überschreitet und sich auf DDR-Territorium begibt. Während Walter Momper auf einen Tisch der DDR-Zollkontrolle steigt und sich über ein Megafon an die Menge wendet, unterrichtet der diensthabende PKE-Leiter aus seinem nur fünfzig Meter vom Geschehen entfernten Büro telefonisch Generalmajor Fiedler. Der Chef der Hauptabteilung VI lehnt jedoch den Vorschlag, Walter Momper festzunehmen, ab.

Unten im Grenzbereich laufen die Posten Streife wie eh und je. Während die Soldaten weiter »zuverlässig den Schutz der Staatsgrenze der DDR« garantieren, finden oben auf der Brücke längst Verbrüderungen statt. Inzwischen nämlich hat auch eine Bewegung von West nach Ost eingesetzt. An der Art, wie viele ihn vorsichtig beäugen, kann Harald Jäger erkennen, dass es sich bei ihnen nicht um rückkehrende DDR-Bürger handelt. Eine junge Frau mit langen blonden Haaren, die mit beiden Händen ihre abgeschabte gefütterte Wildlederjacke zuhält, kommt auf ihn zu und fragt:

Auch nach Öffnung des Schlagbaums lösen sich die Staus an der Grenzübergangsstelle nicht sofort auf.

»Verzeihung ... äh ... darf man bei Ihnen rein? Ich würde gerne Freunde in Ost-Berlin besuchen.«

»Herzlich willkommen in der Hauptstadt der Deutschen Demokratischen Republik!«, sagt Harald Jäger.

Unterhalb der Brücke, auf dem Kolonnenweg, erkennt er den diensthabenden Leiter der Grenztruppen, der offenbar zwei vorgesetzte Offiziere, einen Oberstleutnant und einen Major, über das Geschehen unterrichtet. Kurz darauf nähern sich die drei Offiziere der Treppe. Womöglich werden sie hier heraufkommen. Was hat deren Besuch zu bedeuten? Bringen Sie aus dem Ministerium für Nationale Verteidigung Instruktionen für ihre Leute von den Grenztruppen mit? Aber welche? Sie sind schon fast an der Treppe angelangt. Harald Jäger entschließt sich, die wenigen Meter zum Postenhäuschen zurückzugehen – auch auf die Gefahr hin, dass ihm der Posten von der Briefmarkensammlung seines Großvaters erzählt.

Nach einer Weile tauchen die Offiziere jenseits der Fahrbahn hinter einer kleinen Mauer auf, von wo aus die Treppe in diesem Augenblick zwei gegensätzliche Welten miteinander verbindet.

Die beiden Vorgesetzten des Diensthabenden lassen, die Hände hinter dem Rücken, den Blick schweifen. So, als hätten sie während einer Stadtrundfahrt einen Stopp eingelegt. Mit ernsten, aber interessierten Mienen blicken sie hinüber zur Brücke. Dann wieder hinunter zur Bornholmer Straße. Nur noch vereinzelt bewegen sich dazwischen Autos im Schritttempo.

Die Offiziere kommen auf ihn zu, und der diensthabende Leiter des Grenzabschnitts macht sie miteinander bekannt – seinen Regimentskommandeur und dessen Stabschef mit dem diensthabenden PKE-Leiter, dem »Genossen Oberstleutnant Harald Jäger«. Unerwähnt bleibt dessen Rolle bei der Öffnung der Grenze. Jedenfalls während seiner Anwesenheit.

Dem militärischen Gruß folgt von beiden Seiten eine gewisse Unbeholfenheit.

»Tja, das ist alles noch ein bisschen ungewohnt, aber ... wahrscheinlich ging es ja nicht anders«, sagt der Regimentskommandeur.

In diesem Moment sehnt sich Harald Jäger nach den belanglosen Geschichten des Postens, der rechts von ihm versucht, die Anwesenheit der Grenztruppen-Offiziere zu ignorieren.

»Na, dann wollen wir mal unsere Mannschaft auf dem Turm inspizieren!«

Mit dieser Bemerkung verabschieden sich der Regimentskommandeur, sein Stabschef und der diensthabende Leiter dieses Grenzabschnitts, um zielgerichtet den Wachturm anzusteuern.

Später wird dieser Regimentskommandeur in einer Fernsehdokumentation sagen, er sei in diesem Moment beruhigt gewesen, weil er gesehen habe, dass seine Offiziere und Soldaten von der Menge abgeküsst worden seien. »Das waren die PKE-Leute, die da geküsst wurden«, wird sich Harald Jäger dann empören. Zu Recht, denn die Grenztruppen patrouillierten zu dieser Stunde unten auf dem Grenzstreifen oder saßen oben im Turm. So, als fände gar nicht statt, was sich vor ihren Augen abspielt.

00:20 Uhr

Der Chef der Grenztruppen, Klaus-Dieter Baumgarten, befiehlt auf Weisung des Verteidigungsministers Keßler »erhöhte Gefechtsbereitschaft« für die 12 000 Soldaten der Berliner Grenzregimenter. Entsprechend der Direktive des Ministers für Nationale Verteidigung bedeutet dieser Befehl, dass »Maßnahmen zur Verstärkung der Grenzsicherung und zur Erhöhung ihrer Bereitschaft zum Übergang zur gefechtsmäßigen Grenzsicherung sowie zur Erfüllung von Gefechts- und Mobilmachungsaufgaben« durchzuführen sind – inklusive der stabsmäßigen Vorbereitung und Sperrung der Grenzübergangsstellen. Dafür aber werden keinerlei Vorbereitungen getroffen. Im Laufe der Nacht werden die Kommandeure der Grenzregimenter, in Ermangelung weiterer eindeutiger Befehle, die Maßnahmen auf eigene Verantwortung wieder einstellen.

Ist es Zufall, dass sie sich wieder bei den Betonblöcken treffen? Ohne Verabredung, an diesen hässlichen Gebilden mit den Blumenkästen, in denen in dieser Jahreszeit nichts blüht, und an den Sperrschlagbäumen, die keiner mehr braucht. In der Vergangenheit, wenn sie sich unter vier Augen unterhalten wollten, waren Harald Jäger und E. hierher gekommen – die beiden ungleichen Stellvertreter des PKE-Leiters. Die Ereignisse der letzten Stunde lassen die einstigen Treffen schon jetzt als historisch erscheinen, stattgefunden in einer vergangenen Ära.

Lässig an die Betonblöcke gelehnt, blicken die beiden Offiziere stumm zur Grenzbrücke hinauf. Inmitten all dieser Menschen, die zwischen Ost und West hin- und herfluten und sich um die beiden Oberstleutnante nicht kümmern.

Plötzlich sagt E.:

»Tja, das war's ja denn wohl!«

Hatte sein Offizierskollege eben tatsächlich den Gedanken ausgesprochen, den er sich selbst bisher nicht gestattet hat?

»Was meinst du?«, will Harald Jäger wissen.

Sein Kollege sieht ihn ruhig und ohne erkennbare innere Regung von der Seite an.

»Na, was meine ich wohl? – Das war's mit der DDR!«

1:00 Uhr

Im Ministerium für Nationale Verteidigung geht zu dieser späten Stunde die militärische Führung der DDR im Streit auseinander. Nach teils heftiger Kritik über Mängel in seiner Leitungstätigkeit hatte Minister Heinz Keßler abschließend noch einmal das Wort ergriffen: »Genossen, sicherlich haben wir jetzt andere Aufgaben, als uns wegen Führungstätigkeit und Mängeln zu streiten. Die Republik ist in Gefahr! Wir müssen jetzt sehen, dass wir alles machen, um die Republik zu retten. Wir verschieben die Diskussion jetzt und werden darüber noch mal in Ruhe reden.« Keiner der anwesenden Militärs weiß, dass am Brandenburger Tor bereits West-Berliner Bürger die Mauer erklommen haben. Dies ist nach DDR-Gesetzen eindeutig eine Grenzverletzung und fällt damit nicht in die Verantwortung einer PKE der Staatssicherheit, sondern in die der Grenztruppen.

Es sind die gleichen Personen wie zwei Stunden zuvor, die sich um den Schreibtisch im Leiterzimmer gruppieren – der Parteisekretär, Oberstleutnant E. und der Chef des Grenzzollamts. Nur sitzt diesmal der PKE-Leiter dahinter und dessen diensthabender Stellvertreter steht davor. Wie Harald Jäger vermutet hatte, war sein Chef mit dem Wagen nicht mehr durchgekommen. Er hat das Fahrzeug schließlich in einer Nebenstraße abgestellt und sich zu Fuß durchgekämpft. Jetzt lässt er sich Bericht erstatten und sein Oberstleutnant erlebt die letzten Stunden nun durch die eigene Meldung noch einmal: die Pressekonferenz des Günter Schabowski mit den Reizworten »sofort« und »unverzüglich«, das schnelle Anwachsen der Menge vor der Vorkontrolle/Ausreise, seine Hilfe suchenden Anrufe bei Oberst Ziegenhorn, der untaugliche Versuch, mit der Ausweisung von Provokateuren Druck abzubauen ...

Aufmerksam hört sich Harald Jägers Chef die Ausführungen seines Stellvertreters an, beobachtet von den stumm lauschenden Offizieren.

»Ich sehe schon, das war das Einzige, was du machen konntest«, sagt der PKE-Leiter schließlich.

Plötzlich scheint auch das Mitteilungsbedürfnis des Parteisekretärs wieder zum Leben zu erwachen.

»Die Situation hat uns wirklich keine andere Wahl gelassen«, sagt er und die beiden anderen Offiziere nicken zustimmend.

2:00 Uhr

In der Nachrichtensendung von Radio DDR I wird eine Erklärung des DDR-Innenministeriums verkündet, wonach die derzeitige »Übergangsregelung« der offenen Grenzen nur bis zum Morgen des 10. November um acht Uhr gelte. Danach sei für das Passieren der Grenze ein Visum notwendig. Sofort bilden sich im ganzen Land vor den Pass- und Meldestellen der Volkspolizei lange Schlangen.

In der Luft des kleinen Leiterzimmers hängen inzwischen dicke Rauchschwaden. Der Nichtraucher Harald Jäger kämpft mit Hustenreiz und tränenden Augen. Wieder und wieder verlässt er daher den Raum und tritt hinaus ins Freie. Dabei hat er keineswegs das Gefühl, irgendetwas zu versäumen. Im Leiterzimmer war in der letzten Stunde kein einziger neuer Gedanke und keine Vorstellung von der Zukunft formuliert worden. Vielmehr glaubt Harald Jäger einen eigenartigen Widerspruch beobachten zu können. Zwischen dem, was formuliert, und dem, was vermutlich gedacht wird. Jeder hängt zwar augenscheinlich seinen eigenen Gedanken nach, aber ausgesprochen werden nur Banalitäten. Man freue sich, dass die Öffnung der Grenze so problemlos vonstatten gegangen sei und sich die »Bürger unserer Republik so besonnen verhalten« hätten. Als ob irgendeiner der versammelten Kettenraucher daran einen Anteil gehabt hätte. Es ist ja fast so wie auf den Parteiversammlungen, denkt Harald Jäger. Auch dort haben alle ihre eigenen Überlegungen. Verbal aber schließen sie sich den Beschlüssen an, die andere für sie gefasst haben.

In das verrauchte Leiterzimmer zurückkehrend, wird Harald Jäger über einen Beschluss von ganz oben unterrichtet. Eben sei die Meldung gekommen, dass »die sich dort draußen vollziehende Regelung nur bis zum Morgen um acht Uhr gültig« sei. Der PKE-Leiter wirkt erleichtert, dass die Partei- und Staatsführung die Entwicklung endlich wieder in die eigenen Hände genommen hat. Morgen früh, sagt er, müsse es mit »dieser chaotischen Situation« vorbei sein. Dann gelte jene Übergangsregelung, die Günter Schabowski eigentlich hatte verkünden sollen. In wenigen Stunden dürfe also nur noch die Grenze passieren, wer ein gültiges Grenzübertrittsvisum habe. Schon in Kürze würde die Volkskammer dann das neue Reisegesetz verabschieden, welches eine für alle befriedigende Regelung beinhalte.

Harald Jäger sieht hinüber zu E., und in dem kurzen Blickwechsel glaubt er eine Übereinstimmung zu erkennen, in dem Gefühl von Hoffnung und Skepsis. Hoffnung, dass mit diesem neuen Reisegesetz beim Volk tatsächlich Vertrauen zurückgewonnen werden kann – für diesen Staat und seine Repräsentanten. Mit anderen Worten, dass die DDR noch einmal eine Chance bekommt. Gleichzeitig aber auch Skepsis, ob diese Menschen dort draußen ab acht Uhr wieder jenen Respekt vor dem Schlagbaum empfinden werden, den sie in dieser Nacht gerade erst verloren haben. Und während der Leiter der Passkontrolleinheit selbstgefällig einen Vortrag über die »oft schwierigen und widerspruchsvollen Bedingungen« hält, mit denen man beim Aufbau des Sozialismus konfrontiert sei, zünden sich seine

Offiziere neue Zigaretten an und Harald Jäger beginnt wieder zu husten.

2:06 Uhr

In einer Meldung berichtet die amtliche DDR-Nachrichtenagentur ADN über ein von DDR-Seite so nie geplantes Ereignis – in einem Wortlaut, der das genaue Gegenteil assoziiert: »Zahlreiche DDR-Bürger passierten heute Nacht nach der Veröffentlichung der neuen Reiseregelungen Grenzübergänge zu Berlin (West), nachdem sie ihre Personalausweise den DDR-Grenzposten vorgezeigt hatten. Viele erklärten, sie würden nach einem mehrstündigen Besuch in die DDR zurückkehren. Auch Bürger von Berlin (West) hielten sich kurzzeitig in der Hauptstadt der DDR auf.«

Wer hatte vorhin eigentlich die Idee, die Passkontrolleure dazu zu verpflichten, die Wirtschaftsbaracke zu öffnen und sich als Kantinenpersonal zu betätigen? Wer immer es war, es ist eine gute Idee gewesen. Harald Jäger hängt seinen Gedanken nach.

Nicht die wahrhaft dramatischen Stunden sind es, die ihn in diesen Minuten beschäftigen, sondern immer wieder dieser kurze, unerfreuliche Dialog mit dem PKE-Leiter eben. »Du hast wohl nur deinen Arsch im Kopf?«, hat dieser drüben im Leiterzimmer gesagt. Dabei hatte Harald Jäger seinen Vorgesetzten lediglich noch einmal darauf aufmerksam gemacht, dass er am nächsten Morgen ziemlich pünktlich die Dienststelle zu verlassen wünsche, um rechtzeitig um zehn Uhr im Klinikum Buch sein zu können. Vorsichtiger konnte er seinen Wunsch nicht formulieren, den morgendlichen Rapport möglichst ohne Verzögerung zu beginnen. Denn auch wenn sich da draußen Weltgeschichte vollziehen mochte, das eigene Leben sei ihm immer noch näher, hat er ihm erklärt, und machte damit klar, dass er die Bemerkung des Vorgesetzten vollkommen überflüssig und zudem auch nicht besonders intelligent fand. Das aber sagte er nicht. Denn intelligente Bemerkungen hat man von diesem Mann ohnehin nur selten gehört. Er ist das, was man oft abfällig als »Apparatschik« bezeichnet. Ein Funktionärstyp, der Befehle und Weisungen ordnungsgemäß ausführt, über gesellschaftliche Zusammenhänge aber nur selten nachdenkt. Ein Pragmatiker, der kreative Initiativen seiner ihm untergebenen Offiziere nicht durchweg behindert, solche aber nie selbst entwickelt. Er gehört zu jenen Offizieren, denen die Distanz zu den Mannschaftsdienstgraden wichtig ist. Ein ehemaliger Lehrer, der sich von wem auch immer zu einer Offizierslaufbahn im MfS hat überreden lassen. Er scheint geradezu stolz darauf zu sein, seine Karriere nicht ganz unten begonnen zu haben.

In letzter Zeit hat sich Harald Jäger öfter bei der Vorstellung ertappt, wie er die Leitung der Passkontrolleinheit organisieren will, wenn er in vier Jahren die Nachfolge seines Vorgesetzten antreten soll. An seinem eigenen Verhalten würde er nichts ändern wollen. Nach wie vor würde er sich um ein gutes Verhältnis zu den Passkontrolleuren und den Funktionsoffizieren bemühen. Ohne je einen Zweifel daran zu lassen, wer letztlich das Sagen hat. Er würde die weniger Intelligenten nicht überfordern und die Cleveren behutsam fördern. In diesem Moment aber stellt er sich die Frage, wie in vier Jahren wohl die Aufgaben an den Grenzübergangsstellen der DDR aussehen würden. Falls der PKE-Leiter recht behält und nicht sein Stellvertreter E. – falls die DDR also dann noch existiert.

Harald Jäger wagt eine Vision. Die Vision zweier souveräner deutscher Staaten mit normalen Beziehungen, an deren Grenzen sich die Abfertigung der Reisenden in beiden Richtungen in etwa so gestaltet, wie dies in den letzten Jahren schon an den Grenzen zwischen der DDR und der ČSSR der Fall war.

Harald Jäger lehnt sich zurück und betrachtet für einen Moment das ungewohnte Bild in dieser ihm sonst so vertrauten Wirtschaftsbaracke: die Passkontrolleure, die Kaffee aufbrühen und Stullen schmieren. Er blickt hinauf zu dem abgeschalteten Fernsehgerät, auf dem er vor mehr als sechs Stunden eine nachlässig dahingesprochene Bemerkung eines verantwortungslosen Politfunktionärs gehört hat. Mit weitreichenden Folgen. Und weil sich langsam Müdigkeit in seinem Körper breitmacht, bittet er einen der Hauptleute um einen extra starken Kaffee.

10. November 1989: Schlagzeilen der internationalen Presse

»Giant gap in the Iron Curtain« (»Riesiger Riss im Eisernen Vorhang«)
THE TIMES

»Historische Stunden in Berlin«
BERLINER MORGENPOST (Extrablatt)

»East Germany Opens Berlin Wall and Borders, Allowing Citizens to Travel Freely to the West« (»Ost-Deutschland öffnet Berliner Mauer und Grenzen und erlaubt den Bürgern frei in den Westen zu reisen«)
THE WASHINGTON POST

»DDR öffnet ihre Grenzen zum Westen – Die Mauer verliert ihre Funktion«
TAGESSPIEGEL

»Berlin: le Mur tombe« (»Berlin: die Mauer fällt«)
LE FIGARO

»Die Mauer ist weg! Berlin ist wieder Berlin!«
B.Z.

»Ostdeutschland öffnet Staatsgrenze zu Westdeutschland – Nach 28 Jahren Zusammenbruch der Berliner Mauer«
YOMIURI (Tokio)

»4. Parteikonferenz der SED für den 15. bis 17. Dezember 1989 einberufen.«
NEUES DEUTSCHLAND

Das Wartezimmer ist gut gefüllt. Die Köpfe der meisten Patienten scheinen sich hinter den ausgebreiteten Zeitungen zu verstecken. Die Titelblätter der DDR-Presse melden für Mitte Dezember eine Parteikonferenz der SED. Andere Wartende sind eingenickt. Mit nach vorn gesunkenen Köpfen hocken sie auf den unbequemen Stühlen. Die mollige Krankenschwester, die ab und zu erscheint und einen Namen in den Raum ruft, bringt für einen Augenblick Unruhe in das erstarrt wirkende Ensemble. Alles ist hier genauso wie bei der vorigen Untersuchung im August und bei der davor im letzten Frühjahr. Nichts weist darauf hin, dass in diesem Land heute Nacht eine Veränderung von weltpolitischer Bedeutung passiert ist. Und schon gar nicht kann jemand von diesen lesenden oder schlafenden Menschen wissen oder auch nur erahnen, dass sie hier mit jemandem warten, der daran einen nicht unwesentlichen Anteil hat.

Oder war alles nur ein Traum? Es würde ihm letztlich schwerfallen, zu entscheiden, ob dies ein Albtraum ist oder ein Wunschbild. Je nachdem, ob E. mit seiner Prognose recht hat oder nicht.

Vor zwei Stunden war er Marga und Manuela im Flur der Wohnung begegnet. Für Minuten nur – die Frauen befanden sich auf dem Sprung zur Arbeit. Marga hatte angemerkt, er sähe müde aus. Dann sagte er: »Ich habe heute Nacht die Grenze geöffnet!« Da hat Marga ihn irritiert angesehen, den Kopf geschüttelt und ihn gebeten, »nicht solchen Quatsch« zu reden.

Seit achtundzwanzig Stunden ist er nun auf den Beinen. War es vielleicht eine Halluzination? Nein, denn als er seine Schwester Anita aus Bautzen anrief, hatte sie bereits aus den Medien von dem Ereignis erfahren. Er habe die schwerste Nacht seines Lebens hinter sich, hatte er zu ihr gesagt. Nach einem Moment der Stille hatte sie ihm versichert: »Du hast das Richtige getan! Denn du hast dich für die Menschen entschieden.« Das half.

Jetzt kann er sich wieder dem Wesentlichen zuwenden – seiner Gesundheit. Die mollige Krankenschwester ruft in den Raum: »Herr Jäger, bitte!«

VIII. Mittwoch, 3. Oktober 1990

Um 00.00 Uhr endet die staatliche Existenz der Deutschen Demokratischen Republik. Entsprechend einem Beschluss der Volkskammer vom 23. August ist die DDR nach Artikel 23 des westdeutschen Grundgesetzes mit Wirkung des 3. Oktober 1990 der Bundesrepublik Deutschland beigetreten.

Jenem Beschluss war am 18. März die erste freie Parlamentswahl in der Geschichte der DDR vorausgegangen, bei der die konservative »Allianz für Deutschland« mit 47,8 Prozent der Stimmen einen überwältigenden Sieg davontrug. Für die SED-Nachfolgepartei PDS hatten nur 16,3 Prozent der Wähler gestimmt.

Seit vierzehn Stunden ist Harald Jäger nun das, was er im Gegensatz zu hunderttausenden seiner Landsleute nie werden wollte – ein Bürger der Bundesrepublik Deutschland. Das will er auch jetzt nicht sein, wenngleich ihn niemand danach fragt. Er musste das Scheitern seiner Weltanschauung erleben, und er hat nicht vor, nun schon das Hohe Lied der neuen Ordnung zu singen. Harald Jäger hat einen Feind verloren, nicht aber das Feindbild.

Zur Mittagsstunde an diesem Tage null hatte er sich entschlossen, noch einmal dorthin zurückzukehren, wo er jede Bordsteinkante kennt und jeden Baum. Wo er in langen Nachtstunden die Fenster der im Dunkel liegenden Wohnhäuser gezählt hat und die Schritte zwischen Vorkontrolle/Einreise und Dienstbaracke. An jenen Ort, an dem er ein Vierteljahrhundert lang ein Tor in der Grenze jenes Staates bewacht hatte, der in der letzten Nacht aufgehört hatte zu existieren. Marga hat gefragt, was ihn jetzt noch »an die Bornholmer« ziehen würde. Er konnte ihr die Antwort nicht geben.

Vom U-Bahnhof Schönhauser Allee aus ist er durch die Schivelbeiner und die Schönfließer Straße geschlendert. Von der Ecke Bornholmer Straße aus blickt er nun hinauf in Richtung jener Brücke, an der für ihn und die meisten DDR-Bürger einmal die Welt zu Ende war – bis zum 9. November 1989. Ist es wirklich erst elf Monate her, dass diese Straße hier voller Menschen war, die er über Stunden mit gerade mal einundsechzig Mann in Schach hielt? Noch immer ist es für ihn ein Wunder, dass jene Nacht ohne ernsten Zwischenfall verlaufen ist.

Eigentlich will er sich diese Frage nicht mehr stellen: »Warum musste ausgerechnet ich in diese Situation geraten?« Sein Bruder Christoph hat ihm auch dazu geraten. Er würde sonst irgendwann verrückt werden. Doch beinahe täglich schleicht sich dieser 9. November in seine Gedanken, beeinflusst seine Träume und lässt ihn wieder und wieder diese Frage formulieren.

Während sein Blick über den einstigen Ort des Geschehens streift, wird er von einem heftigen Gefühl überrascht. Schlag-

In der Nacht vom 2. auf den 3. Oktober 1990 feiern tausende von Menschen die Vereinigung Deutschlands vor dem Brandenburger Tor.

artig empfindet es Harald Jäger als großes Glück, dass er es war, den das Schicksal auserkoren hatte. Für einen Augenblick nur hat er sich vorgestellt, was passiert wäre, wenn nicht er, sondern sein damaliger Chef an jenem Abend Dienst gehabt hätte. Ganz sicher wäre der Schlagbaum nicht ohne Befehl geöffnet worden. Niemals! Die Konsequenzen solchen Starrsinns mag er sich gar nicht ausmalen.

Noch Tage und Wochen nach jener Nacht lieferte Harald Jägers Vorgesetzter Beispiele für eine dogmatische Haltung. Bereits am Tag nach der Maueröffnung und das gesamte folgende Wochenende, als von staatlicher Seite versucht worden war, den unkontrollierten Grenzübertritt wieder zu unterbinden, begrüßte er das mit dem Hinweis: »Wir dürfen nicht den Ast absägen, auf dem wir sitzen.« Und er tobte jedes Mal, wenn sein Stellvertreter wieder den Schlagbaum hatte öffnen lassen. Dabei ließen die untauglichen Maßnahmen der Regierung gar keine andere Wahl. Das Anstellen der Menschen an einer von der Volkspolizei auf der GÜST eingerichteten provisorischen Visumstelle, das Ausfüllen einer Zählkarte und das listenmäßige Erfassen an der Passkontrolle hatten sofort wieder zu endlosen Warteschlangen geführt.

Harald Jäger wusste damals nicht, dass zu diesem Zeitpunkt der Militärstaatsanwalt bereits Ermittlungen wegen der befehlswidrigen Grenzöffnung vom 9. November eingeleitet hatte. Es wäre nur noch eine Frage von Tagen gewesen, bis man ihn als deren Urheber ermittelt, festgenommen und vor ein Militärgericht gestellt hätte. Doch die rasante Entwicklung in der DDR setzte einer solchen Strafverfolgung ein schnelles Ende. Augerechnet der jahrelang als »feindlich-negativ« verfolgten Opposition und der nun einsetzenden Arbeit der neu gebildeten Bürgerkomitees verdankte es Harald Jäger schließlich, dass er straffrei ausging. Das alles aber wird er erst Jahre später erfahren.

Noch Mitte Dezember, als Harald Jäger mit dem Kommandanten der Grenztruppen die Entfernung jener Betonblöcke mit den Sperrschlagbäumen verabredete, stießen sie auf den energischen Widerstand des PKE-Leiters. Es könne ja mal wieder anders kommen, sagte er. Außerdem dürfe man nicht den Ast absägen ... Erst als Harald Jäger Oberst Ziegenhorn überzeugt hatte, konnten Grenztruppen-Pioniere jene Requisiten vergangener Zeiten samt Blumenkästen entsorgen. Die nun anbrechende neue Zeit aber erlebte Harald Jäger als eine Zeit der fortgesetzten Demütigungen.

7. Februar 1990

Auf den Tag genau neunundzwanzig Jahre nachdem er als Siebzehnjähriger in Großglienicke bei Potsdam zum ersten Mal die Uniform der DDR-Grenzpolizei angezogen hatte, musste er im ehemaligen Ministerium für Staatssicherheit seinen Dienstausweis abgeben. Die Behörde hieß mittlerweile »Amt für Nationale Sicherheit«, und die Hauptabteilung VI war bereits Wochen vorher herausgelöst worden. Seither schwammen die Passkontrolleinheiten im gesellschaftlichen Niemandsland, wenngleich mit den alten Dienstausweisen des MfS in der Tasche. Und diesen zeigte er an jenem Vormittag ein letztes Mal vor.

Der am Eingang positionierte Volkspolizist schien an dem Dokument nicht besonders interessiert zu sein. Mit einer kaum merklichen Kopfbewegung wies er auf den bärtigen Herrn neben ihm, der Harald Jäger abfällig musterte. Umgehend stimmte man in der gegenseitigen Antipathie überein. Der langjährige Oberstleutnant der Staatssicherheit empfand es als demütigend, sich gegenüber einem Angehörigen des Bürgerkomitees ausweisen zu müssen. In diesem Moment des gegenseitigen Musterns war ihm nicht in den Sinn gekommen, worüber er später manchmal nachdenken wird. Nämlich, dass dieser Mensch womöglich einst als »feindlich-negativ« eingeschätzt, verfolgt und drangsaliert worden war. Harald Jäger wusste nicht erst seit den Seminaren an der Juristischen Hochschule, dass der Fantasie seiner Genossen in den anderen Hauptabteilungen diesbezüglich keine Grenzen gesetzt waren. Wie also konnte er von jenem Menschen Freundlichkeit erwarten, als er sich ihm gegenüber als Mitarbeiter der Staatssicherheit legitimierte. An jenem Morgen des 7. Februar aber ließ sich Harald Jäger nur mit innerem Widerwillen von jenem

Vertreter des Bürgerkomitees mustern. Es kostete ihn Überwindung, dem bärtigen Zivilisten den Dienstausweis entgegenzuhalten, ehe er diesen Minuten später für immer abgeben würde.

Am nächsten Tag durfte er sich beim zuständigen Regimentskommandeur für den Dienst in den Grenztruppen bewerben. Wenn es nach der Leitung der Hauptabteilung VI gegangen wäre, hätte er diese Chance nicht bekommen. Dort hatte man Wochen zuvor eine »Arbeitsgruppe« gebildet. Sie gab vor zu prüfen, welche Mitarbeiter zu einer Weiterbeschäftigung bei den Grenztruppen empfohlen werden sollten. Tatsächlich aber hatte deren Tätigkeit darin bestanden, sich untereinander Posten zuzuschieben. Der Name des Maueröffners Jäger jedenfalls stand nicht auf der Liste jener »Arbeitsgruppe«. Offenbar aber hatten die Grenztruppen rechtzeitig von der Mauschelei Wind bekommen und eigene Übernahmekriterien erarbeitet. Nun durfte sich auch Harald Jäger bewerben.

Der Leiter der einstigen Hauptabteilung VI, Generalmajor Heinz Fiedler, fällt in diesen Tagen durch rätselhaftes Verhalten auf. Fiedler war bekanntermaßen passionierter Jäger. Als eines Tages zwei Volkspolizisten dessen Jagdwaffen kontrollieren wollen, versucht der soeben entlassene MfS-General zur Überraschung der beiden Polizisten zu fliehen. Beim Sprung aus einem der oberen Stockwerke seines Hauses bricht er sich den Fuß. Die Antwort auf jenes Rätsel bekamen seine Ex-Genossen erst später. Drei Jahre danach wird Heinz Fiedler tatsächlich verhaftet. Ihm wird vorgeworfen, im Auftrag von Erich Mielke in den frühen 90er-Jahren insgesamt drei Mordanschläge auf einen ehemaligen DDR-Bürger im Ausland organisiert zu haben. Das Opfer dieser – glücklicherweise erfolglosen – Tötungsversuche hatte interne Kenntnisse aus langjähriger Stasi-Haft in einer Dissertation verarbeitet und so den Zorn der ostdeutschen Behörde erregt. Noch während der Ermittlungen der Staatsanwaltschaft entzieht sich der ehemalige Generalmajor Heinz Fiedler im Gefängnis Berlin-Moabit am 15. Dezember 1993 der Verantwortung durch Selbstmord.

Am definitiv letzten »Tag der Staatssicherheit«, dem 8. Februar, saß Harald Jäger dem für die Bornholmer Straße zuständigen Regimentskommandeur als Zivilist gegenüber. In einer Kaserne der Grenztruppen in Niederschönhausen. An diesem Morgen, ausgerechnet am 40. Gründungstag des Ministeriums für Staatssicherheit, hatte sich in Berlin ein Komitee konstituiert mit dem Ziel der »Auflösung des ehemaligen Ministeriums für Staatssicherheit/Amt für Nationale Sicherheit durch den Ministerrat der DDR«. Für die 85 500 hauptamtlichen und mehr als doppelt so vielen Inoffiziellen Mitarbeiter gab es an diesem Tag also nicht die Edelbiere Radeberger und Wernersgrüner, sondern die Entlassungspapiere.

Am frühen Nachmittag saß Harald Jäger also jenem Regimentskommandeur gegenüber, dem er am 9. November an der Vorkontrolle/Einreise zwischen all den jubelnden Menschen begegnet war. In jener bedeutsamen Nacht drei Monate zuvor wäre er ihm gern aus dem Weg gegangen – nun war er froh, dass diese Begegnung stattgefunden hatte. Man ging vertraut miteinander um. Von ihm erfuhr Harald Jäger, dass sich der Grenztruppenkommandant an der Bornholmer Straße für ihn als seinen Stellvertreter stark gemacht habe. War das der Judaslohn dafür, dass er zuvor in dessen Auftrag auf der GÜST Bornholmer Straße die Selektion der Bewerber vorgenommen hat?

Die Grenztruppen hatten keine Bedenken gehabt, nach der bevorstehenden Auflösung der Staatssicherheit von der PKE erfahrene Passkontrolleure zu übernehmen. Warum sollten diese nicht auf der Dienststelle verbleiben, auch wenn diese künftig von den Grenztruppen befehligt wird? In den Wochen zuvor aber hatte die Staatssicherheit den erhöhten Personalbedarf an den Grenzübergangsstellen mit Leuten aus Bereichen gedeckt, in denen man diese nicht mehr brauchte. Also wurden ehemalige Observateure, Vernehmer und Mitarbeiter, die in der »Abteilung M« Briefe und Paketsendungen kontrollierten, im Schnellverfahren zu Passkontrolleuren umgeschult. Solche Leute aber wollten die Grenztruppen nicht haben. »Niemanden, der in der Öffentlichkeit für das MfS gearbeitet hat« – so hieß die offizielle Formel. Man wolle vermeiden, dass das Ansehen der Grenztruppen Schaden nehmen könne, wurde hinter vorgehaltener Hand erklärt. Harald Jägers Rolle war nun tatsächlich die eines Judas. Er hatte quasi eine »reine Liste« der potenziellen Bewerber für eine Übernahme zu den Grenztruppen zu erstellen, die deren Ansprüchen entsprachen. In der Folge war es zu teils dramatischen Szenen gekommen. Der ehemalige Parteisekretär der GÜST, der sich vier Jahre zuvor mit Erfolg für die Kreisleitung der Staatssicherheit beworben hatte, war Ende November hierher zurückgekommen. Er wollte partout nicht einsehen, weshalb er nicht als Bewerber in Frage kommen sollte.

»Ich war doch viele Jahre Passkontrolleur wie die anderen auch«, flehte er.

Harald Jägers Aufgabe bestand nun darin, ihm klarzumachen, dass er in den letzten Jahren eben leider jenes Kriterium erfüllte, das eine Bewerbung bei den Grenztruppen ausschließt. Harald Jäger verschwieg ihm aber, dass er offenbar kaum Freunde auf der GÜST hat. Eine ganze Reihe der Kollegen nahm ihrem ehemaligen Parteisekretär übel, dass er sich nach dem Wechsel in die Kreisleitung nicht mehr um ihre Belange gekümmert habe. Vor allem dessen Nachfolger in der Funktion des Parteisekretärs kam immer wieder an und bestand energisch darauf, dass der Name seines Vorgängers nicht auf die Liste kam.

War es also der Judaslohn für diese Selektierung, dass nun dieser Regimentskommandeur die Meinung vertrat, Harald Jäger solle seine bisherige Tätigkeit an der Grenzübergangsstelle fortsetzen? Ab sofort aber als Angehöriger der Grenztruppen und Stellvertreter des Kommandanten – und nur noch im Range eines Majors, ein Dienstgrad, den er zuletzt im Januar 1985 bekleidet hatte.

Tatsächlich ging man in jenen Tagen – fünf Wochen vor der ersten freien Parlamentswahl in der Geschichte der DDR – in den Kasernen von NVA und Grenztruppen noch immer von einem perspektivischen Fortbestand des Staates aus. An jenem

8. Februar 1990 jedenfalls war weder Harald Jäger noch dem Regimentskommandeur klar, dass sie beide sich in weniger als sieben Monaten neue Arbeitsplätze würden suchen müssen. Viele Demonstranten auf den Straßen der DDR aber riefen längst »Wir sind ein Volk!« und »Deutschland, einig Vaterland!«, die Blockparteien ersuchten ihre westdeutschen Schwesterorganisationen um Beistand im bevorstehenden Wahlkampf, und KPdSU-Generalsekretär Gorbatschow hatte am 30. Januar erklärt, »prinzipiell« nichts gegen die Vereinigung der beiden deutschen Staaten zu haben.

Von da, wo einmal der Posten Vorkontrolle/Ausreise stand, kann Harald Jäger mit nur einem Blick zwei gegensätzliche Bilder erfassen – die abgefackelte Dienstbaracke und die eingerüstete Grenzbrücke. Bilder, die geradezu symbolhaft für Untergang und Neubeginn zu stehen scheinen. Nichts sonst erinnert daran, dass hier bis vor wenigen Monaten eine für die DDR gleichermaßen neuralgische wie operativ bedeutsame Grenzübergangsstelle lag.

Das riesige Glasfaserdach, welches einmal die gesamte Kfz-Abfertigung überspannt hatte, soll mittlerweile an einer Tankstelle Verwendung gefunden haben. Und die einstigen Passkontrollbaracken dienen an verschiedenen Großbaustellen inzwischen Pförtnern als Arbeitsplatz. Sie waren hier zur gleichen Zeit abgebaut worden, als in der DDR die D-Mark als Zahlungsmittel eingeführt worden war. Weil aber die Währungsunion bereits die finanzpolitische Angliederung an die Bundesrepublik bedeutete, konnte endlich auch der östliche Teil der Grenzbrücke eingerüstet werden. Da die DDR kein Geld mehr für eine solche Rekonstruktion hatte, war zunächst nur deren westlicher Teil erneuert worden. Nun hat man auf dem Gelände der ehemaligen GÜST Baumaterialien gelagert, die Grenztruppen mangels anderer Aufgaben für deren Bewachung abgestellt und die Dienstbaracke zu einem Aufenthaltsraum degradiert. Nur das gewaltige Lagepult erinnert noch daran, dass hier einmal das Herz einer Grenzübergangsstelle geschlagen hat.

Sämtliche vertraulichen Verschlusssachen waren schon vor Wochen aus der Dienstbaracke zur Hauptabteilung nach Schöneweide gebracht worden – in Abstimmung mit dem Bürgerkomitee und zu dessen offizieller Verfügung. Die Schulungsmaterialien, die Fahndungskartei, die Passkontrollordnung – alles, außer der Operativkartei. Denn diese gab es ja offiziell gar nicht. Sie zu führen war von jeher illegal und wahrscheinlich selbst nach DDR-Gesetzen strafbar. Wochen nachdem die Bürgerkomitees im ganzen Land Kreis- und Bezirksämter der Staatssicherheit besetzt hatten, lagen in der einstigen Operativbaracke noch immer die Karteikarten, zahlreiche Hefte mit persönlichen Aufzeichnungen und andere Materialien herum. Da sie in keinen offiziellen Unterlagen auftauchten, wussten die Bürgerkomitees auch nichts von deren Existenz. Wie lange aber konnte das gut gehen?

Es war der Grenztruppen-Kommandant, Harald Jägers neuer Vorgesetzter, der Ende März das Problem ansprach. Sechs Wochen zuvor hatte er ja nicht nur die Passkontrolleure und deren schrumpfenden Aufgabenbereich, sondern auch jenes illegale Requisit geerbt. Sein neuer Stellvertreter, mit dieser Kartei seit mehr als zwei Jahrzehnten bestens vertraut, hatte vorgeschlagen, alles durch den Reißwolf zu jagen. Das hätte diese Unterlagen zwar unbrauchbar gemacht, doch die Papiermenge würde geschreddert eher noch gewaltiger sein. Außerdem wäre man mit dieser Tätigkeit tagelang beschäftigt. Da hatte der Grenztruppen-Kommandant schließlich eine bessere Idee – das Heizkraftwerk Glienicke. Die Anlage unterstand der Grenzabteilung Schildow-Glienicke, und ihre Grenztruppenausweise würden ihnen den Zutritt verschaffen. Es musste aber möglichst unauffällig vonstatten gehen. Denn wem konnte man noch trauen?

Es gab keinen mehr in der Truppe, den man zu Parteidisziplin verpflichten konnte. Denn die Parteiorganisationen der ehemaligen SED waren schon aus Truppenverbänden und Betrieben herausgelöst worden, als sie noch nicht PDS hieß. Außerdem konnte man zwei Wochen, nachdem die konservativen

Parteien haushoch die Volkskammerwahlen gewonnen hatten, schlecht einfache Grenztruppensoldaten per Befehl dazu verdonnern, bei der Beseitigung einer illegalen Stasi-Kartei mitzuwirken. Zudem könnte einer auf die Idee kommen, sich diese Information von einem Reporter der *Bild*-Zeitung großzügig honorieren zu lassen. In Glienicke würden dann womöglich schon die Fotografen lauern.

Am Ende waren der Grenztruppenkommandant und sein Stellvertreter höchstpersönlich damit beschäftigt, die einstmals abgeschöpften Ersthinweise und operativen Feststellungsergebnisse von zehntausenden von Bundesbürgern in große Säcke zu stopfen. Viel zu viel, um sie gemeinsam mit dem zuverlässigen Fahrer in einer einzigen Fuhre nach Glienicke zu schaffen.

Am Heizwerk angekommen, hatte man das Vertrauensproblem erneut. Wie würde der Heizer reagieren? Vorsichtshalber verwickelte der Grenztruppenkommandant den Mann in ein privates Gespräch, während Harald Jäger und der Fahrer die Säcke zum Kessel schleppten. Als sie am Nachmittag zurückkehrten, war der Bezirksschornsteinfeger auf der Anlage. Sicher würde er sich schon aus professioneller Neugier dafür interessieren, was hier verbrannt werden sollte. Diesmal war es Harald Jäger, der sich dem Mann gegenüber als gelernter Ofensetzer offenbarte und ihn mit einer ganzen Reihe praktischer Fragen konfrontierte, den geplanten Bau eines Kamins in der eigenen Datsche betreffend. Während sich der Schornsteinfeger in der Rolle des Fachmanns gefiel, der praktische Tipps geben und über Vorschriften informieren durfte, schleppten der Grenztruppen-Kommandant und sein Fahrer die letzten Säcke zum Heizkessel. Es ist der 5. April 1990. In Berlin wird die CDU-Politikerin Sabine Bergmann-Pohl zur Volkskammer-Präsidentin gewählt, als im Heizkraftwerk Glienicke zwei Grenztruppen-Offiziere eine Kartei verbrennen, die es offiziell nie gegeben hat.

Am Freitag vor zwei Wochen hatte sich Harald Jäger zum letzten Mal in der Dienstbaracke aufgehalten, deren angekohlte Reste er nun aus der Nähe betrachtet. Angeblich war dem Auftraggeber die Absicherung der Baumaßnahmen durch die Grenztruppen zu teuer geworden. Jedenfalls war die ganze Truppe in die Kaserne nach Niederschönhausen beordert worden, wo es noch weniger zu tun gab als hier. Während sie nun auf dem Kasernengelände auf das Ende von Republik und Fahneneid warteten, hatten an der Bornholmer Straße Unbekannte die letzte der verbliebenen Baracken angezündet. Hier wie dort herrschte Endzeitstimmung.

Sommer 1990

Der Regimentskommandeur war ziemlich aufgebracht, als er Harald Jäger dessen Bewerbung beim Bundesgrenzschutz auf den Tisch knallte. Im ersten Moment hat dieser die Erregung des Vorgesetzten gar nicht verstanden. Nur die Begriffe »Arroganz« und »borniertes Verhalten« wurden ihm wie Giftpfeile entgegengeschleudert. Schon zu Beginn des Sommers hatte es aber doch geheißen, man sei verpflichtet, sich beim Bundesgrenzschutz zu bewerben. Andernfalls würde im Falle der Arbeitslosigkeit nach der für den 3. Oktober festgesetzten staatlichen Wiedervereinigung keine Unterstützung bezahlt. Deshalb hatte er die ausgeschriebenen Stellen studiert und sich schließlich um die mit der geringsten Qualifikation beworben – als Kurierfahrer. Damit wollte er lediglich der Form genügen. Erst langsam begriff Harald Jäger, dass der Regimentskommandeur dies durchschaut hatte, ganz offenbar aber für verurteilenswert hielt.

Nach einer Weile brüllte er etwas weniger, sprach von »Erfahrung, hoher Qualifikation« und »dem Titel eines Diplom-Juristen«, was sich durchweg nicht mit der Tätigkeit eines Kurierfahrers vereinbaren lasse. Hätte er dem Vorgesetzten klipp und klar sagen müssen, dass er gar nicht die Absicht habe, die verhasste Uniform des Gegners zu tragen? Oder ihm davon berichten sollen, dass er jüngeren Soldaten in seiner Truppe sogar davon abgeraten hatte, sich zur Aufnahme in eine speziell für ihre Altersgruppe geplante BGS-Einheit in Rahnsdorf zu bewerben? Womöglich würden sie gegen Demonstranten eingesetzt, hatte er argumentiert.

Schließlich hat der Regimentskommandeur dem stellvertretenden Grenztruppenkommandanten noch einmal die Stellenausschreibungen des Bundesgrenzschutzes vorgelegt. Harald Jäger deutete auf die erste Position ganz oben: Leiter des Grenzkommandos Ost.

»Das möchte ich gerne werden!«

Nun brüllte der Regimentskommandeur wieder. Dies sei »der Gipfel der Arroganz«! Hatte er die hintergründige Ironie nicht bemerkt oder sich womöglich selbst auf diese Stelle beworben – und sich im Gegensatz zu Harald Jäger sogar ernste Hoffnungen gemacht?

Es ist nicht festzustellen, ob sich unter den meterhoch gestapelten Baumaterialien kurz vor der Brücke noch immer das Klinkerpodest befindet, auf das irgendwann einmal die Vorkontrolle/Einreise gestellt worden war. Harald Jäger erinnert sich nicht, ob es vor einigen Wochen zusammen mit dem Postenhäuschen von hier entfernt wurde. Doch er erinnert sich sehr wohl an jene groteske Geschichte, die einst zum Bau dieses Klinkerpodests geführt hatte.

Es gab eine Zeit, da stand das Postenhäuschen zu ebener Erde. Weil die Brücke gekrümmt ist, blickte man zunächst auf körperlose Gestalten. Gesichter kamen näher, und erst nach und nach wurden die Personen um Rumpf und Beine vervollständigt. Eines Tages wurde dort auf der Brücke, wo Panzerhöcker den Weg begrenzten, eine Frauenleiche gefunden: eine DDR-Rentnerin, die Stunden zuvor ausgereist war. Anhand des Stempels in ihrem Pass konnte das bis auf dreißig Minuten eingegrenzt werden. Dutzende von Reisenden mussten über die Leiche gestiegen sein, ohne davon Meldung zu machen. Fassungslosigkeit herrschte unter den Grenzoffizieren. Die Zeitungen jenseits der Grenze berichteten in dicken Schlagzeilen über die Tote auf der Grenzbrücke. Spekulationen wurden angestellt. Dann der Anruf von ganz oben. Erich Mielke höchstselbst kümmerte sich um den Fall – wie immer, wenn es ein Vorkommnis aus seinem Dienstbereich auf die Titelseite der *Bild*-Zeitung brachte. Der PKE-Leiter hatte seinem Minister versichert, dass man von dem Postenhäuschen die

Tote nicht habe sehen können. Das war das Ende der herannahenden Kopfmenschen. Man baute das Klinkerpodest, und die Posten an der Vorkontrolle/Einreise konnten fortan die gesamte Brücke überblicken.

September 1990

Die Verabschiedungszeremonie der Grenztruppen im Kinosaal der Kaserne in Niederschönhausen sollte einen feierlichen Charakter haben. Zunächst sah auch alles danach aus. Obgleich sich Harald Jäger nicht für die patriotische Rede seines Regimentskommandeurs begeistern konnte, die er auf das »neue Deutschland« hielt. Schon während der erneuten Vereidigung, die man nach der Volkskammerwahl und der Ernennung von Pastor Eppelmann zum »Verteidigungs- und Abrüstungsminister« für angebracht hielt, hatte er diese neue Eidesformel nicht mitgesprochen. Da war es nur konsequent, dass er auch dieser Wendehals-Rede den Applaus verweigerte. Das immerhin durfte man jetzt, ohne negative Folgen befürchten zu müssen.

Dann aber war dieser schlaksige, blonde, für die Finanzen zuständige Hauptmann aufgetreten. Er erläuterte den »langjährigen Grenztruppen-Angehörigen«, wie hoch – gestaffelt nach Dienstjahren – ihre Abfindung ausfallen würde, die sie sich in den nächsten Tagen gemeinsam mit den Entlassungspapieren abholen könnten. Vielleicht weil er immer wieder von den »langjährigen Grenztruppen-Angehörigen« sprach, hatte sich dann einer der PKE-Angehörigen gemeldet und darauf hingewiesen, dass sie ja erst vor sieben Monaten zu den Grenztruppen gestoßen waren.

»Ihr habt doch eure Abfindung schon bekommen ... beim Ausscheiden aus dem Ministerium für Staatssicherheit«, stellte der schlaksige Hauptmann fest und löste damit einen Sturm der Entrüstung aus.

Tatsächlich nämlich hatten die PKE-Leute jenen auf die zurückliegenden Dienstjahre bemessenen Teil der Abfindung vor ihrer Bewerbung zu den Grenztruppen wieder zurückbringen müssen. Sie würden dem neuen Arbeitgeber überwiesen, hieß es. Im Falle eines »vorzeitigen Ausscheidens« – und darum handelte es sich ja nun – würde das Geld dann von den Grenztruppen ausbezahlt. Für Harald Jäger waren das immerhin 8000 Mark. Selbst wenn dieser Betrag entsprechend der inzwischen erfolgten Währungsumstellung im Verhältnis 1:2 umgetauscht würde, wäre dies noch immer eine ansehnliche Summe. Sollte das Geld womöglich gar nicht bei den Grenztruppen angekommen sein?

Während die einstigen Passkontrolleure und PKE-Offiziere lauthals protestierten und der blonde Hauptmann irritiert in die Runde schaute, fiel Harald Jäger ein, was ihm im letzten Frühjahr zwei seiner Offiziere erzählt hatten. Sie waren die Einzigen, welche die Abfindung bis zum Stichtag noch nicht zurückgebracht hatten. Nach eindringlicher Ermahnung waren sie dann endlich ins ehemalige Ministerium gefahren, anschließend aber mit der gesamten Summe zurückgekehrt. Dort hätten chaotische Zustände geherrscht, berichteten sie. Riesige Mengen an Banknoten wären achtlos in Kartons geworfen und auf Tischen gestapelt worden. Als sie nun ihre Abfindung hätten zurückzahlen wollen, habe man abgewinkt und gesagt, man ersticke schon in Papier. Es wäre nicht einmal aufgefallen, wenn sie noch ein paar Scheine zusätzlich mitgenommen hätten. Hier lag für Harald Jäger die Ursache dieses Missverständnisses – im Chaos der sich auflösenden Behörde.

Vielleicht wäre er dem hilflosen Finanzoffizier sogar zu Hilfe gekommen, wenn der Hauptmann nicht diesen Lapsus begangen und den protestierenden PKE-Leuten entgegengeschleudert hätte:

»Regt euch mal nicht so auf! Euch von der Staatssicherheit haben wir doch das ganze Schlamassel zu verdanken.«

Harald Jäger schnellte von seinem Sitz hoch und rief in den Raum:

»Schlamassel? Wer hat denn die Leute an der Mauer erschossen ... mit Dauerfeuer aus der MP? Wer hat an den Grenzen Minen verlegt und Selbstschussanlagen montiert? Das waren doch nicht unsere Passkontrolleure ...!«

Durch die lautstark einsetzenden gegenseitigen Schuldzuweisungen an jenem »Schlamassel« war es mit dem beabsichtigten feierlichen Charakter dieser Verabschiedungszeremonie endgültig vorbei.

Der Gang auf die Brücke war einst nur wenigen PKE-Leuten erlaubt. In jedem Fall brauchte es genau definierte Anlässe.

Die exakte Grenze verlief im letzten Drittel der Brücke westwärts und war mit einem breiten weißen Strich markiert. Davon ist längst nichts mehr zu sehen, obgleich die völkerrechtliche Grenze bis gestern 24 Uhr hier verlaufen war. Doch an diesem Tag der nationalen Einheit ist die Trennung zwischen Ost und West, wenngleich unfreiwillig, auf ganz andere Weise erkennbar. Exakt markiert, durch den eingerüsteten Ostteil der Brücke, der sich deutlich von dem bereits rekonstruierten westlichen Teil abhebt.

Harald Jäger stellt sich quer zum Brückenverlauf, einen Fuß im Westen und einen im Osten. Ganz abgesehen davon, dass sein linker Fuß jetzt dort steht, wo er damals nie stehen durfte, hat er diese Position hier oft eingenommen. Parallel zur Fahrbahn. Das hatte mindestens zwei Gründe. Wenn er nämlich gemeinsam mit dem Sicherheitsoffizier den Grenztruppenkommandanten hierher begleitete, so steckte in dem Kugelschreiber in seiner linken Brusttasche ein winziges Mikrofon aus westlicher Produktion. Damit waren, nachdem der Kommandant dem gegnerischen Revierleiter eine Protestnote vorgetragen hatte, dessen Reaktionen aufgezeichnet worden. Dem folgte das mühselige Schreiben eines detailreichen Berichts. Wie wurde die Protestnote, beispielsweise weil S-Bahnfahrgäste bei der Fahrt über die Grenze zwischen Friedrichstraße und West-Berlin mit Bierflaschen warfen, feindwärts aufgenommen? Wurde sie von der anderen Seite kommentiert? Gab es den Versuch, Fragen zu stellen?

Manchmal aber hatte auch Harald Jäger dem West-Berliner Polizisten etwas mitzuteilen. Organisatorisches, den reibungslosen Ablauf der Grenzabfertigung Betreffendes. Dann kam er mit E. oder einem der Zugführer hierher. Vorher mussten derartige Ausflüge zum weißen Strich beim Grenztruppenkommandanten

Eine Aufnahme des Grenzübergangs Bornholmer Straße aus dem Jahr 1961: Der weiße Strich in der Mitte markiert die Grenze zwischen Ost- und West-Berlin.

angemeldet werden, der seinerseits die Soldaten auf dem Turm verständigte. Trotzdem hatte es sich Harald Jäger zur Angewohnheit gemacht, bevor er die Brücke betrat, die Turmbesatzung noch einmal zu fragen, ob man sie auch tatsächlich informiert hatte. Er wollte nicht das Risiko eingehen, als Deserteur missverstanden und womöglich in den Rücken geschossen zu werden.

Man musste nie lange am weißen Strich warten, ehe einer der West-Berliner Polizisten aus dem Häuschen auf der anderen Seite hierherkam. Aber es war Harald Jäger und seinen Leuten verboten, mit dem feindlichen Beamten zu sprechen. Auch dann, wenn der Polizist – was selten vorkam – Fragen stellte. Deshalb hatte Harald Jäger einen Trick entwickelt. Wieder stellte er sich parallel zur Fahrbahn. Nur unterhielt er sich diesmal mit dem ihm begleitenden Genossen. Ihm teilte er nun alles mit, was eigentlich für den nur dreißig Zentimeter entfernten Polizisten gedacht war. Er sagte dann Sätze wie: »Es wäre doch schön, wenn man die Reisenden ab morgen darauf aufmerksam machen würde, dass zu den Feiertagen alle Kfz-Spuren geöffnet sind. Man darf also die gesamte Breite der Grenzübergangsstelle nutzen ...« Oder: »Wenn die Ampelphasen drüben im Westen in kürzeren Intervallen geschaltet wären, könnte man am Wochenende die Staus hier auf der Brücke vermeiden ...«

Wie absurd kommt ihm plötzlich sein eigenes Verhalten von damals vor, das ja seinerseits nur eine realitätsfremde Vorschrift umschiffte. Denn wer konnte annehmen, er würde Staatsgeheimnisse verraten, wenn er sich direkt mit dem West-Berliner Polizisten unterhielt? In Gegenwart eines zweiten Offiziers!

1. Oktober 1990

Die Außenstelle der Bundeswehr, bei der er sich zu melden hatte, lag ausgerechnet am Weidendamm. Dort, wo einst die Gefechtswaffen der Passkontrolleinheiten für den Alarmfall verwahrt worden waren. Wieder also musste er sich irgendwo melden, der finanziellen Unterstützung wegen. Er empfand es als Demütigung, nun den vermeintlichen Sieger der Geschichte aufsuchen zu müssen und um Geld zu bitten. Doch wovon sollten er und seine Familie in der nächsten Zeit leben? Marga hatte schon seit Monaten keine Arbeit mehr. Nun kam noch hinzu, dass er von der zurückgezahlten Abfindung definitiv nichts mehr sehen würde.

Zumindest in den ersten Wochen in diesem neuen Deutschland wollte er sich in Ruhe nach Arbeit umsehen. Er konnte sich vieles vorstellen – Taxifahrer, Zeitungsverkäufer, Pförtner ... Harald Jäger ist jetzt siebenundvierzig Jahre alt – zu jung, um sich zur Ruhe zu setzen. Jedenfalls hat er nicht die Absicht, diesem gesamtdeutschen Staat dauerhaft auf der Tasche zu liegen. Um aber die erste Zeit überbrücken zu können, musste er sich zu dieser Außenstelle der Bundeswehr – in die Höhle des Löwen – begeben. Das fiel ihm nicht so leicht wie anderen. Dem einstigen Parteisekretär zum Beispiel, der mittlerweile in einem Abrisskommando der Bundeswehr am Abbau jenes Bauwerks mitwirkt, welches er noch vor einem Jahr konsequent als »antifaschistischen Schutzwall« bezeichnet hat. Oder jenem Major der Grenztruppen, der am 9. November der Diensthabende war und schon kurze Zeit danach am weißen Strich den West-Berliner Polizisten fast in die Hintern kroch. Vielleicht, so überlegte Harald Jäger in letzter Zeit oft, würde auch ihm manches leichter fallen, wenn er deren Wandlungsfähigkeit besitzen würde. Eine solche Eigenschaft aber hat Paul Jäger seinem Sohn offenbar nicht vermittelt.

Die Brücke, die bis gestern – nach offizieller Sprachregelung der alten DDR – die Hauptstadt der Deutschen Demokratischen Republik mit der selbstständigen politischen Einheit West-Berlin verbunden hatte, ist heute nur noch eine von zahlreichen Berliner Brücken. Zum ersten Mal überquert sie Harald Jäger inmitten der Bundesrepublik. Am anderen Ende bleibt er stehen. Genau an der Stelle, wo einst die Baracke der West-Berliner Polizisten stand und der hohe Gliedermastturm. Plötzlich fällt ihm wieder jene Frau ein. Schätzungsweise Anfang dreißig, blond, etwa 1,70 Meter groß. So jedenfalls hatten sie damals diese Person im Bericht beschrieben und ihr den Codenamen »Demonstrativtäterin Ingrid« gegeben.

Wochenlang hatte sie hier auf einem Hocker gesessen, mit einem Plakat um den Hals, auf dem ein Kinderporträt zu sehen und der Satz zu lesen war: »Gebt mein Kind frei!«

Harald Jäger dreht sich um und blickt hinüber zum Eingang des S-Bahnhofs Bornholmer Straße, rechts hinter dem weißen Strich. Achtundzwanzig Jahre lang hat dort kein Zug gehalten, war kein Zivilist die Treppen zu den Bahnsteigen hinuntergestiegen. In die leere Eingangshalle hatte die Operativgruppe damals einen Hochstand gebaut und Sehschlitze ins Mauerwerk geschlagen. Rund um die Uhr hielten dort jeweils zwei seiner Leute Fotoapparate im Anschlag. Eine Panoramakamera und eine mit langem Objektiv. Sämtliche Personen, die sich mit der Frau unterhielten, wurden abgelichtet, und die Kennzeichen aller Autos notiert, deren Fahrer dort anhielten. Wenn einer von

Die Brücke an der Bornholmer Straße heute.

ihnen anschließend auf die GÜST kam, wurde er ausführlich befragt, ehe er eine intensive Zollkontrolle über sich ergehen lassen musste. Was wusste er über diese Frau? Worüber hat er mit ihr gesprochen? Jeden Abend musste eine Dokumentationsmappe erarbeitet und an die Hauptabteilung VI geschickt werden. Mit Fotos, die in dem kleinen Labor in der Operativbaracke entwickelt wurden. Nach und nach hatten sie das Porträt dieser Frau und ihre Geschichte zusammengesetzt. Offenbar war sie in der DDR inhaftiert gewesen und in die BRD abgeschoben worden. Gegen Devisen, versteht sich. Aber sie hatte ihr Kind nicht mitnehmen dürfen. Es sei in der DDR zu fremden Leuten gekommen, hat sie damals behauptet und von »Zwangsadoption« gesprochen. Ein Begriff, der in der westlichen Berichterstattung seinerzeit häufig auftauchte, von den DDR-Medien aber als »Feindpropaganda« bezeichnet wurde. Wie einst die Selbstschussanlagen, von deren Existenz Harald Jäger aus dem *Neuen Deutschland* erfahren hat – wenige Jahre, nachdem jene Frau hier saß.

Warum hatte ihn die Nachricht von den Selbstschussanlagen damals in eine tiefe Krise gestürzt, die Existenz dieser Mutter, der man das Kind weggenommen hat, aber nicht? Weil man sie als Staatsfeindin betrachten konnte? Warum konnte er nicht sehen, dass Humanität nicht mit inhumanen Mitteln erreicht werden kann? Weshalb nur glauben inzwischen so viele, dass die kapitalistische Gesellschaft diesen Zielen besser zum Durchbruch verhelfen kann? Harald Jäger nimmt sich vor, das kritisch zu prüfen und nicht vorschnell neuen Parolen hinterherzulaufen.

Am Fuße der einstigen Grenzbrücke wagt er den Blick zurück. Nicht nur zum östlichen Teil dieses imposanten Bauwerks, das derzeit noch eingerüstet ist. Er stellt sich wieder die Frage, über die er in den letzten Wochen so oft diskutiert hat – mit Marga und den Kindern, mit seinen Geschwistern in Bautzen, mit Carstens Schwiegervater und mit jenem ehemaligen Oberleutnant, mit dem er dort drüben auf dem Posten Vorkontrolle/Einreise manch kritischen Dialog geführt hat: »Ist unsere große soziale Idee wirklich gestorben?« Diese Idee, die für ihn seit früher Jugend das Motiv des politischen Handelns war? Seine heutige Antwort lautet: »Nein. In der vergangenen Nacht ist die DDR zu Grabe getragen worden, nicht jene soziale Idee.« Aber Harald Jäger beginnt zu ahnen, dass sie für immer genau das bleiben wird – eine Idee!

Ein abschließendes Gespräch

Herr Jäger, sind Sie inzwischen angekommen in dieser Bundesrepublik Deutschland?
Inzwischen ja, aber es war eine lange und beschwerliche Reise.
Was war das Beschwerliche daran?
Zunächst mal wollte ich gar nicht ankommen, denn die Bundesrepublik war für mich das feindliche System. Und da sowohl ich als auch meine Frau zunächst in der Arbeitslosigkeit angekommen waren, konnte ich in der Bundesrepublik auch nicht das »gelobte Land« sehen. Aber ganz unabhängig davon wirkte natürlich die Ideologie fort, die ich von Kindesbeinen an kennen gelernt hatte. Sie dürfen ferner nicht übersehen, dass sich während der fast drei Jahrzehnte meiner Tätigkeit in den bewaffneten Organen der DDR ein tief verwurzeltes Feindbild festgesetzt hatte ...
... welches Sie am Tag der Wiedervereinigung nicht einfach über Bord werfen konnten?
Natürlich nicht! Vielschichtige Erziehungsmaßnahmen in Parteischulungen auf den unterschiedlichen Ebenen und im Ministerium für Staatssicherheit haben da ihre Spuren hinterlassen. Aber auch viele andere gesellschaftliche Einflüsse haben eine Rolle gespielt, wie wir das ja in der Arbeit zu diesem Buch ausführlich behandelt haben.
Worin aber bestand das Feindbild nach dem 3. Oktober 1990?
Es war das gleiche Feindbild wie zuvor. Der Klassenfeind hatte zwar gesiegt, aber für mich war jeder Uniformträger, vom einfachen Polizisten bis zum Bundeswehrsoldaten, nach wie vor der Gegner. Das hat sich erst im Laufe der Jahre geändert, als die

Söhne meiner Verwandten und auch die im Bekanntenkreis zur Bundeswehr eingezogen wurden. Da begann das Feindbild langsam zu bröckeln. Ich ertappe mich sogar heute noch manchmal dabei, dass jenes alte Feindbild hochkommt. Nur, dass ich inzwischen im Kopf weiß, woher dieses im Bauch auftretende Gefühl kommt. Und dann kann ich über mich selbst lachen.

Wie lange hat diese »Reise« gedauert?

Ich beschreibe diese Entwicklung immer gern am Beispiel der Fußball-Weltmeisterschaften. Als im Sommer 1990 die damals westdeutsche Nationalmannschaft in Italien im Finale stand, habe ich noch gehofft, sie möge verlieren. Sie sollten nicht auch noch im Fußball Sieger sein. Vier Jahre später hatte ich keine Meinung dazu. Mir war es egal, ob die deutsche Mannschaft Weltmeister wird oder nicht. Bei der WM 2002 in Japan/Südkorea hätte ich zumindest nichts mehr dagegen gehabt, wenn die deutsche Mannschaft das Finale gewinnen würde. Ich habe mich auch schon ein wenig auf die nächste WM in Deutschland gefreut. Und als es im letzten Sommer dann so weit war, habe ich gehofft, wir – ich sage inzwischen »wir« – würden Weltmeister werden. Als wir es nicht wurden, war ich traurig. Der Fußball, diese schönste Nebensache der Welt, ist für mich eine Art Gradmesser für meine Identifizierung als Bürger des neuen Deutschlands.

Als »BRD-Bürger«, wie es bei Ihnen hieß ...

Na ja, ich meine schon, dass die Bundesrepublik sich in dieser Zeit auch verändert hat. Nicht in ihren politischen Grundlagen, aber die Angliederung von sechzehn Millionen ehemaligen DDR-Bürgern hat die Mentalität dieses Landes verändert. Auch wenn dies vielen der »alten BRD-Bürger« nicht immer gefällt.

Können Sie sich denn inzwischen auch mit den eben von Ihnen zitierten politischen Grundlagen identifizieren?

Ich habe nach der Wiedervereinigung viele Jahre im Zeitschriftengewerbe gearbeitet. Erst als Angestellter, danach in einem eigenen kleinen Laden. Und da lagen nun immer die ganzen Zeitschriften herum, und ich las mal die eine und dann eine andere. Das war insofern eine gute politische Schule, weil ich nämlich eingestehen musste, dass es nicht nur eine Zeitungsvielfalt, sondern auch eine Meinungsvielfalt gibt. Ich bekam einen unmittelbaren Einblick, was eine offene und kritische Berichterstattung bedeutet. Sozusagen eine Lektion an Presse- und Meinungsfreiheit. Und manchmal reagierte ich darauf, wie nur einer reagieren kann, der so wie ich aufgewachsen ist und in der DDR gelebt und gearbeitet hat.

Nämlich?

(lacht) Wenn eine Zeitung zum Beispiel besonders hart mit dem Bundeskanzler oder einem Regierungsmitglied umgesprungen ist, dann habe ich gedacht: Das können die doch nicht machen. Man muss doch Respekt vor der eigenen Regierung und ihren Repräsentanten haben. Das passiert mir sogar heute manchmal noch – wenn ich zum Beispiel eine politische Talkshow sehe.

Gibt es weitere Einflüsse, die Ihnen bei der Identifizierung mit dieser Bundesrepublik hilfreich waren?

Vor allem die Reisen. Nun habe ich nie die finanziellen Möglichkeiten gehabt, in die ganz fernen Länder zu reisen. Dennoch haben meine Frau und ich einige schöne Reisen gemacht. Wir waren beispielsweise in Norwegen und schon sehr früh auf der dänischen Ostseeinsel Bornholm. Vielleicht, weil ich an der Bornholmer Straße gearbeitet habe und meine Kollegen manchmal herumgesponnen haben, dass wir unser nächstes Kollektivvergnügen dorthin machen würden. Jedenfalls habe ich auf diesen Reisen ein Gefühl der Freiheit erlebt, das ich früher nicht kannte. Obgleich wir ja innerhalb der befreundeten Länder auch reisen konnten. Aber ich benötigte plötzlich kein Visum mehr, und niemand schrieb mir vor, wie viel Geld ich mitnehmen und im Ausland umtauschen darf. Da habe ich dann diesen Mann verstanden, der damals mit den Orangen an die GÜST kam und den wir zurückschicken mussten. Als er mir nämlich sagte, Freiheit wäre es, wenn der Staat einem nicht vorschreiben dürfe, wann und wohin man reise.

Nun kann ich Ihnen einen Rückblick auf die DDR nicht ersparen. Und zwar den aus Ihrer heutigen Perspektive. Denn im Buch haben wir uns ja immer nur mit dem Harald Jäger und seinem Bewusstsein während des jeweiligen Zeitraums beschäftigt ...

Da gibt es in der Beurteilung einige Unterschiede. Als es die DDR noch gab, habe ich sie ziemlich lange aus der Perspektive des

Kriegskindes gesehen. Unsere sozialistische Gesellschaft, nicht nur in der DDR, sondern auch in den anderen sozialistischen Ländern, war für mich ein Garant für den Frieden. Und auch, dass der Faschismus keine Chance mehr bekommen würde.

Und Sie haben dafür einen anderen Unrechtsstaat akzeptiert?

Das ist wahr! Der Zweck heiligte die Mittel.

Wenn Sie den Unrechtsstaat DDR, dem Sie als Offizier der Staatssicherheit dienten, aus heutiger Sicht beschreiben würden ...

... dann würde ich das Machtmonopol der SED als eine ganz wesentliche, wenn nicht *die* wesentliche Ursache für dieses Unrecht ansehen. Also der bedingungslose Führungsanspruch der Partei. Selbst als ich schon vieles kritisch sah und innere Konflikte mit meiner Partei ausgetragen habe, war mir das nicht bewusst. Auf der Grundlage dieses Führungsanspruchs wurde in der DDR jeder Ansatz von Meinungspluralismus und Individualität unterdrückt. In der Verfassung wurden zwar alle Arten von Freiheit garantiert – Meinungsfreiheit, Versammlungs-, Vereinigungs- und Pressefreiheit ... Aber immer nur unter der Prämisse, dass es diesem Führungsanspruch nicht widerspricht. Dahinter steckte dieses »Die Partei hat immer recht!«. Damit wurde die Volkswirtschaft in das Korsett einer bürokratisch-zentralistischen Planung gezwängt und jede Eigeninitiative eingeschränkt bis unmöglich gemacht.

Was bedeutete dieses Machtmonopol für Ihren Dienstbereich?

Nun könnte ich sagen, wir waren Passkontrolleure und die erfüllen auf der ganzen Welt staatliche Hoheitsaufgaben. Aber das wäre nur die halbe Wahrheit. Denn es macht ja auch für Passkontrolleure einen Unterschied, ob es den Bürgern ihres Staates erlaubt ist, das Land ohne Probleme zu verlassen oder nicht. Unsere ganze operative Arbeit war zu einem Großteil darauf ausgerichtet, herauszufinden, wer will die DDR illegal verlassen und wer will dieser Person von westlicher Seite dazu verhelfen. Das Machtmonopol der Partei hat in der Folge dann zu diesen unglaublichen Perversitäten an unserer Westgrenze geführt. Das, was man verharmlosend den »zuverlässigen Schutz der Grenze mit pioniertechnischen Mitteln« nannte, führte schließlich zum Einbau von Selbstschussanlagen und der Verlegung von Minen.

Aber auch wir Passkontrolleinheiten waren ja nicht ohne Grund beim Ministerium für Staatssicherheit ...

Sie waren vielleicht nur ein Rädchen im Getriebe dieses Systems, aber kein bedeutungsloses!

Das stimmt! Aber lassen Sie mich zunächst feststellen, dass ich zwar eine auch für DDR-Verhältnisse nicht alltägliche Offizierskarriere gemacht habe, es mir aber darum letztlich nie ging. Also die Karriere war nie ein Selbstzweck. Ich wollte wirklich etwas für meinen Staat tun. Die Aus- und Weiterbildungen, die ich später absolvierte, habe ich immer genau aus diesem Grund gemacht. Natürlich unter Maßgabe der konkreten Aufgabenstellungen. Das aber brachte mit sich, dass ich vom anfänglichen Befehlsempfänger zum Befehlsgeber wurde. Doch die Tragweite der eigenen Befehle und Maßnahmen hatte sich ja nicht von einem Tag zum anderen verändert, sondern allmählich. Dann aber, und das ist eben dieser Widerspruch, der einer solchen Entwicklung innewohnte, habe ich immer mehr Zusammenhänge und Auswirkungen meiner Arbeit erkannt.

Welche denn?

Na ja, darüber haben wir ja in den letzten Monaten viel gesprochen. Lassen Sie mich deshalb zusammenfassend sagen, dass sich das gesellschaftliche Leben in der DDR eben nicht so entwickelte, wie es in den von der Partei dominierten Medien dargestellt wurde. Statt für die gesellschaftlichen Widersprüche Lösungen zu suchen und mit der Bevölkerung zu diskutieren, wurde nur der Machtapparat qualitativ wie quantitativ ausgebaut.

Vor allem der Apparat des MfS, der mit Hilfe von zehntausenden von IM das eigene Volk ausspionierte ...

Nun hatte ich ja zunächst nichts gegen Inoffizielle Mitarbeiter – anderswo nennt man sie V-Leute –, wenn sie denn gegen wirkliche Staatsfeinde eingesetzt würden. Also gegen Kräfte, die tatsächlich die Grundlagen des sozialistischen Staates zerstören wollten. Aber schon während meiner Zeit an der Hochschule des MfS bekam ich ja mit, dass in den Arbeitsplänen der operativen Bereiche die Gewinnung neuer IM zu einem vordergründigen Ziel geworden war. Wirklich durchgeblickt durch dieses irre System habe ich aber erst, als mir der V-Nuller, also der Verbindungsoffizier, reinen Wein einschenkte. Da habe ich begriffen, dass die IM-Gewinnung zu einer Art Selbstzweck geworden war.

Dennoch blieben Sie das Rädchen ...

Ich blieb innerhalb dieses Räderwerks ein bereitwilliges Mitglied, das ist wahr. Auf der einen Seite wurden meine Fähigkeit zu Differenzierungen und teilweise meine Ablehnung größer und auf der anderen Seite erfüllte ich ordnungsgemäß die mir zugedachten Aufgaben. Und damit habe ich das Unrecht dieses Systems mitgetragen. Ich wusste irgendwann von den Selbstschussanlagen, von den Toten an der Mauer ohnehin, und ich hatte Kenntnis von diesem immer weiter aufgeblähten IM-Netz. Jeder in meiner Position wusste das. Wer etwas anderes sagt, lügt. Und insofern, aber das gestehe ich mir noch nicht so lange ein, bin auch ich mitverantwortlich an diesem Unrecht.

Haben Sie unter diesem Widerspruch zwischen Erkenntnis und Handeln gelitten?

Ich habe darunter gelitten, dass der Staat, für den ich damals gelebt habe, sich anders entwickelte, als es mir vorschwebte. Die innere Entwicklung der DDR verlief anders, als es meinem Ideal entsprach. Darüber habe ich im Verwandten- und Freundeskreis auch durchaus gesprochen. Der Einzige aber, der jemals zu mir gesagt hat, ich solle meine Arbeit doch einfach hinschmeißen, war mein Sohn Carsten. Das war ein junger Mann damals, und da sagt man schnell etwas Leichtfertiges. Trotzdem habe ich darüber nachgedacht. Vor allem darüber, was die Konsequenzen sein würden. Der Westen war natürlich für mich keine Alternative. Ich wollte ja den Sozialismus aufbauen und nicht im Kapitalismus leben. Aber ich war nicht zum Dissidenten geboren. Denn das hätte für meine Familie Konsequenzen gehabt, die ich ihr nicht hätte zumuten wollen. Mein Sohn studierte noch. Man hätte ihn, wenn ich seinen Rat befolgt hätte, vor die Alternative gestellt, sich entweder von mir zu distanzieren – was er nicht gemacht hätte – oder seinen Studienplatz zu verlieren. Nein, dazu war ich nicht bereit. Lieber hielt ich diesen Widerspruch aus. Wenn aber die DDR nicht untergegangen wäre, sondern diese Erstarrung der späten Honecker-Ära weiter angehalten und der Machtapparat des MfS immer mehr Einfluss gewonnen hätte –

dann wäre irgendwann der Punkt gekommen, an dem ich nicht mehr hätte mitmachen können. Aber das kann ich natürlich nicht beweisen.

Was hingegen wäre damals, also in dieser späten Honecker-Ära, Ihre gesellschaftliche Wunschvorstellung gewesen?

Wahrscheinlich hätte ich Ihnen ins Ohr geflüstert: »Ein demokratischer Sozialismus!« Aber ich hätte nicht genau gewusst, was das eigentlich ist. In der Wendezeit habe ich deshalb mit großer Aufmerksamkeit die Verhandlungen am Runden Tisch verfolgt, die ja im Fernsehen übertragen wurden. Da ist mir klar geworden, die wissen auch nur, was sie *nicht* wollen.

Die PDS verfolgt noch immer das Ziel eines »demokratischen Sozialismus« ...

Das ist als Ziel ja auch sympathisch. Ich habe nur inzwischen gelernt, dass es auf nahezu keine politische Frage auf dieser Welt eine Antwort gibt, die man entweder mit Schwarz oder mit Weiß beantworten kann. Und wenn es irgendwo einmal einen Sozialismus geben sollte, der ohne ein Schwarz-Weiß-Schema auskommt und sich Pluralismus leistet, dann schaue ich mir den mal genauer an. Vorerst aber bin ich froh, dass ich mich nach der langen Reise als Bürger dieses Landes begreife und trotz der vielen politischen und gesellschaftlichen Probleme darin sogar wohl fühle.

Spätestens jetzt könnte Ihnen jemand vorwerfen, ein »Wendehals« zu sein!

Wenn ich ein Wendehals wäre, wäre ich viel schneller angekommen. Ich habe genug dieser Wendehälse erlebt, die ihre Fahne sofort in den neuen Wind gehängt hatten. Nein, ich habe einen langwierigen Prozess hinter mir, mit sehr persönlichen Erfahrungen und Erkenntnissen. Vor allem das Begreifen der eigenen schuldhaften Verstrickung hat diese Entwicklung ja nicht leichter gemacht. Wer mich als einen Wendehals bezeichnet, den würde ich gerne fragen, wie er mich nennen würde, wenn ich die DDR noch immer in rosigen Farben schildern würde.

Wahrscheinlich einen »Betonkopf« oder eine »rote Socke« ...

Genau. Davon gibt's ja auch noch viele. Aber ich gehöre nun mal nicht mehr dazu.

Berlin, im Herbst 2006

Anhang

Abkürzungen

ADN	*Allgemeiner Deutscher Nachrichtendienst (offizielle DDR-Nachrichtenagentur)*
BGS	*Bundesgrenzschutz*
DEFA	*Staatliche Filmproduktionsfirma der DDR*
FDGB	*Freier Deutscher Gewerkschaftsbund*
FDJ	*Freie Deutsche Jugend (staatlicher Jugendverband)*
GÜST	*Grenzübergangsstelle*
HA	*Hauptverwaltung (Organisationseinheit innerhalb des MfS)*
HVA	*Hauptverwaltung Aufklärung (Auslandsgeheimdienst der DDR)*
IM	*Inoffizieller Mitarbeiter (konspirativ tätiger Mitarbeiter des MfS)*
KGB	*sowjetischer Geheimdienst*
LPG	*Landwirtschaftliche Produktionsgenossenschaft*
MfS	*Ministerium für Staatssicherheit*
ND	*Neues Deutschland (Zentralorgan des ZK der SED)*
NVA	*Nationale Volksarmee*
OLZ	*Operatives Leitzentrum*
PKE	*Passkontrolleinheit*
Politbüro	*hauptamtliches Führungsgremium der SED (vom ZK gewählt)*
SED	*Sozialistische Einheitspartei Deutschlands*
Tschekist	*WetscheKa ist die Abkürzung für »Außerordentliche Allrussische Kommission zur Bekämpfung von Konterrevolution, Spekulation und Sabotage«. Es handelt sich um den ersten, noch von Lenin und Leo Trotzki im Dezember 1917 ins Leben gerufenen sowjetischen*

	Geheimdienst. In Anlehnung daran nannten sich später die Geheimdienstmitarbeiter der sozialistischen Staaten intern Tschekisten.
VEB	*Volkseigener Betrieb*
ZK	*Zentralkomitee (Parteivorstand der SED)*

Hauptabteilungen des Ministeriums für Staatssicherheit

Hauptabteilung I (HA I)	Überwachung und Absicherung der NVA und Grenztruppen
Hauptabteilung II (HA II)	Spionageabwehr
Hauptabteilung III (HA III)	Funkaufklärung, Funkabwehr
Hauptabteilung VI (HA VI)	Passkontrolle, Tourismus (z. B. Interhotels)
Hauptabteilung VII (HA VII)	»Abwehr« im Ministerium des Innern und der Volkspolizei
Hauptabteilung VIII (HA VIII)	Beobachtung, Ermittlung
Hauptabteilung IX (HA IX)	Disziplinar- und Untersuchungsorgan
Hauptabteilung IX/11	Aufklärung von Nazi- und Kriegsverbrechen
Hauptabteilung XII (HA XII)	Zentrale Auskunft/Speicher
Hauptabteilung XVIII (HA XVIII)	Volkswirtschaft
Hauptabteilung XIX (HA XIX)	Verkehr
Hauptabteilung XX (HA XX)	Staatsapparat, Kultur, Kirche, Untergrund
Hauptabteilung XXII (HA XXII)	»Terrorabwehr«
Hauptabteilung (HA PS)	Personenschutz
Hauptabteilung (HA KaSch)	Kader und Schulung
Hauptverwaltung Aufklärung	Auslandsspionage (HVA)

Literatur

Karl Wilhelm Fricke: Die DDR-Staatssicherheit, Köln 1989
BStU-Dokumente: Das Wörterbuch der Staatssicherheit, Berlin 1993
Hannes Bahrmann, Christoph Links: Chronik der Wende, Berlin 1994
Hans-Hermann Hertle: Chronik des Mauerfalls, Berlin 1996
Kathrin Elsner, Hans-Hermann Hertle: Mein 9. November, Berlin 1999
Stefan Wolle: Die heile Welt der Diktatur, Bonn 1999
Günter Schabowski: Das Politbüro, Reinbek 1990

Web-Links

MfS-Handbuch
Anatomie der Staatssicherheit / Geschichte – Struktur – Methoden
www.bstu.bund.de/cln_043/nn_712454/DE/Publikationen/Anatomie-der-Staatssicherheit/anatomie-der-staatssicherheit__node.html__nnn=true

Wer war wer im MfS?
www.bstu.bund.de/cln_043/nn_713804/DE/MfS-DDR-Geschichte/Grundwissen/wer-war-wer/wer-war-wer-a-b/wer-war-wer-a-b__node.html__nnn=true

Die Wendejahre 1989/90 im kalendarischen Überblick
www.bstu.de/mfs/kalender/1989/index.htm

TV-Dokumentation »Chronik der Wende«
www.chronikderwende.de/_/index_jsp.html

DDR-Dokumente 1989/90
www.ddr89.de

Danksagung

Zunächst gilt mein Dank Harald Jäger für seine Kooperation und den Mut, auch unbequemen Fragen nicht aus dem Weg zu gehen. Ferner danke ich seiner Frau Marga und seiner ganzen Familie in Berlin und Bautzen für die Unterstützung.

Ich möchte mich bedanken bei all jenen, die hier namentlich nicht genannt werden möchten, gleichwohl aber wichtige Informationen beigetragen haben.

Dieses Buch wäre nicht möglich gewesen, ohne jene, die an dieses Projekt von Beginn an geglaubt haben: Andrea Kunstmann vom Heyne Verlag, Barbara Wenner, Susanne Bader und Karin Graf von der Literaturagentur Graf&Graf in Berlin, Christa Müller und Ute Bredemeyer von der Stiftung Preußische Seehandlung, Berlin.

Nicht unerwähnt bleiben darf eine ganz wichtige Mitarbeiterin – meine Lektorin Regina Carstensen.

Stellvertretend für viele Freunde, die auf vielfältige Weise meine Arbeit unterstützten, danke ich Johanna Wameling und ihrer Familie auf dem Sennberg bei Bielefeld.

Bildnachweis

Andreas Schoelzel: 202, 208

Ch. Links Verlag: 166 (Hans Hermann Hertle, Chronik des Mauerfalls © Ch. Links Verlag, 2006)

Bundesarchiv: 44 (Filmplakat »For eyes only« Sign. BA-FA 3316)

picture-alliance/Berliner Kurier: 143

picture-alliance/dpa: 233

picture-alliance/ZB: 236

Privatarchiv Harald Jäger: 13, 22, 46, 54, 79, 84, 106, 131

Siegbert Schefke/Robert-Havemann-Gesellschaft: 113

Spiegel TV GmbH: 200

SV-Bilderdienst/AP: 28

SV-Bilderdienst/Werek: 100

SV-Bilderdienst/Vollmer M.: 219